Helmut Koopmann

Das Junge Deutschland

Helmut Koopmann

Das Junge Deutschland

Eine Einführung

Wissenschaftliche Buchgesellschaft
Darmstadt

Einbandgestaltung: Neil McBeath, Stuttgart.

Einbandbild: Genrebild. Redaction (Lithographie um 1840).
Standort: Staatsbibliothek Preußischer Kulturbesitz, Berlin.

Die Deutsche Bibliothek – CIP-Einheitsaufnahme

Koopmann, Helmut:
Das Junge Deutschland: eine Einführung /
Helmut Koopmann. – Darmstadt: Wiss. Buchges.,
1993
ISBN 3-534-08043-2

Bestellnummer 08043-2

Gedruckt auf säurefreiem und alterungsbeständigem Werkdruckpapier
Druck und Einband: Wissenschaftliche Buchgesellschaft, Darmstadt
Printed in Germany

ISBN 3-534-08043-2

INHALT

Vorbemerkung VII

I. Allgemeine Umrisse 1

II. Die Julirevolution und Goethes Tod 14

III. Die Zeit und ihre Gesichter 27

IV. Tendenzen 38

V. Manifeste 49

VI. Vorbilder 55

VII. Jungdeutsche im Urteil von Jungdeutschen 64

VIII. Die neue Literatur und ihre Formen 81

IX. Das Verbot des Jungen Deutschland: die Reaktionen der Schriftsteller 96

X. Literarische Geheimberichte über das Junge Deutschland 110

XI. Polemiken 117

XII. Das Ende des Jungen Deutschland 123

Forschungsliteratur 128

Register der Personennamen 151

Register der Sachbegriffe 153

VORBEMERKUNG

Die Bewegung des Jungen Deutschland umfaßt, als literarische Epoche gesehen, nur wenige Jahre, nämlich die Zeit zwischen 1830 und 1840; die meisten literarischen Zeugnisse stammen sogar aus einem noch kürzeren Zeitraum, aus den Jahren zwischen 1833 und 1839. Dennoch ist dieses literarische Gebiet eines der undurchdringlichsten der neueren deutschen Literaturgeschichte geblieben. Das liegt nicht daran, daß diejenigen, die sich dieser Bewegung zurechneten, zu wenig geschrieben hätten; es gibt vielmehr fast zahllose Äußerungen der Jungdeutschen zu sich, zur eigenen Gegenwart, zur Literatur der Zeit, zur Politik und zur Religion, zu den sozialen Verhältnissen; zur Vergangenheit und zur Zukunft, zur Weltgeschichte und zu unscheinbaren Tageserscheinungen. Sie finden sich in Essays und Romanen, Autobiographien und Memoiren, in Dramen und in Erzählungen, in Briefen und Manifesten, in Literaturgeschichten und philosophischen Arbeiten. Gerade die Vielzahl dieser Stellungnahmen macht die Bewegung so undurchsichtig und so schwer greifbar.

Die hier vorliegende Einführung will, die Fülle der überlieferten Materialien nutzend, in zwölf Essays die Charakteristika dieser Bewegung skizzieren. Dabei ist das Selbstverständnis der Jungdeutschen ebenso berücksichtigt wie der öffentliche Streit um das Junge Deutschland, werden die jungdeutschen Zeitanalysen, Manifeste und Vorbilder wie die geheimen Berichte über das Junge Deutschland und das spektakuläre Verbot dieser Bewegung am 10. Dezember 1835 behandelt, die literarische Umorientierung nach dem Tod Goethes wie die Vielzahl neuer literarischer Formen. Jedem der Essays sind einige für das Verständnis des jeweiligen Themas aufschlußreiche kurze Texte vorangestellt - sie enthalten in Abbreviaturen zentrale Äußerungen zu den jeweils behandelten Aspekten des Jungen Deutschland. Eine ausführliche Anthologie müßte viele hundert Seiten umfassen, und sie wäre auch dann vermutlich ebenso unbefriedigend wie bereits früher erschienene Sammelwerke.[1] Innerhalb der jungdeutschen Lite-

---

1 Das Junge Deutschland. Texte und Dokumente. Hrsg. von Jost Hermand. Stuttgart 1966; Alfred Estermann (Hrsg.): Politische Avantgarde 1830-1840. Eine Dokumentation zum "Jungen Deutschland". 2 Bde. Frankfurt/M. 1972. Sehr nützlich ist hingegen die ausführlich kommentierte Darstellung von Hartmut Steinecke:

ratur mischt sich sehr oft Wichtiges mit Peripherem, stehen wesentliche Aussagen zur Zeit neben belanglosen Beobachtungen zum Tage. Auch das rechtfertigt es, diese Einführung mit einzelnen paradigmatischen Texten zu begleiten. Daß die hier zitierten und ausgewerteten Beispiele eine ausführliche Beschäftigung mit der jungdeutschen Literatur nicht ersetzen können und wollen, liegt auf der Hand. - Die einzelnen Kapitel sind so geschrieben, daß sie auch aus sich heraus verständlich sind; sie setzen also nicht in jedem Fall die Kenntnis der vorangegangenen Abschnitte voraus. Daß es gelegentlich zu kleineren Überschneidungen kommt, ist unvermeidlich und wurde bewußt in Kauf genommen. - Eine ausgewählte Bibliographie zur Forschung folgt am Ende dieses Bandes.

Literaturkritik des Jungen Deutschland. Entwicklungen - Tendenzen - Texte. Berlin 1982.

I. ALLGEMEINE UMRISSE

Über das Junge Deutschland schien schon zu Beginn unseres Jahrhunderts das meiste gesagt zu sein. Die Darstellungen von Proelß[1] und Houben[2] hatten das Phänomen nicht nur aus der Sicht der Literarhistoriker beschrieben, sondern ebenfalls umfangreiches dokumentarisches Material bereitgelegt, aus dem hervorging, in welchem Ausmaß diese Bewegung die allgemeinen Tendenzen des Restaurationszeitalters zu unterlaufen schien. Zugleich stellte sich die Generation der Jungdeutschen als Wiederholung literarhistorischer Vorbilder dar: Houben hatte programmatisch vom "jungdeutschen Sturm und Drang" gesprochen, und damit schien eine Formel gefunden, mit deren Hilfe diese literarische Gruppe faßbar wurde.

Die Untersuchungen der Jahrhundertwende blieben bei aller Bereicherung unseres Wissens um die einzelnen Aspekte und Phasen der Konstituierung und des Zerfalls dieser Bewegung lange Zeit ohne Folgen. Erst spät gab es noch eine zweite Zeit einer intensiven Beschäftigung mit dem Jungen Deutschland. Vor allem in den 60er und frühen 70er Jahren hat man sich erneut ausführlich mit dem Jungen Deutschland befaßt, einerseits aus dem Versuch heraus, das Restaurationszeitalter historisch genauer zu durchforschen, als das die Autoren der Jahrhundertwende hatten leisten können, andererseits aus der Sympathie von Wahlverwandten mit der liberalen und für revolutionär angesehenen Strömung der 30er Jahre des 19. Jahrhunderts.[3] Dennoch hat die Bewegung des Jungen Deutschland etwas Enigmatisches behalten, und in gewisser Hinsicht wissen wir heute eher weniger

---

1 Johannes Proelß: Das Junge Deutschland. Ein Buch deutscher Geistesgeschichte. Stuttgart 1892.

2 Heinrich Hubert Houben: Jungdeutscher Sturm und Drang. Ergebnisse und Studien. Leipzig 1911. An älteren Studien ist außerdem noch zu nennen: Hugo von Kleinmayr: Welt- und Kunstanschauung des 'Jungen Deutschland'. Studien zur Geistesgeschichte des 19. Jahrhunderts. Wien, Leipzig 1930. - Feodor Wehl: Das Junge Deutschland. Hamburg 1886.

3 Erwähnt seien hier: Walter Dietze: Junges Deutschland und deutsche Klassik. Zur Ästhetik und Literaturtheorie des Vormärz. Berlin [3]1962 ([1]1957). - Das Junge Deutschland. Texte und Dokumente. Hrsg. von Jost Hermand. Stuttgart 1966. Weitere Arbeiten nennt die Bibliographie zur Forschungsliteratur am Ende dieses Bandes.

denn je, was wir unter dem Jungen Deutschland zu verstehen haben. Handelte es sich um eine breite Bewegung liberaler Autoren, oder haben wir es nur mit einer sehr kleinen Zahl von Schriftstellern zu tun? Gab es verbindliche Zielsetzungen und Aufgaben, oder lag das Gemeinsame eher in einer vagen, nirgendwo deutlicher artikulierten Tendenz? War man sich einer tieferen Zusammengehörigkeit bewußt, oder gab es nur die üblichen schriftstellerischen Bekanntschaften?

Fragen dieser Art lassen sich auch heute noch kaum eindeutig beantworten. Doch der Fragenkatalog an das Junge Deutschland ist noch sehr viel umfangreicher. Haben wir eine politisch-revolutionäre Bewegung vor uns, oder hatten allgemeine Weltverbesserungsideen das Unglück, von den Regierungen völlig mißverstanden zu werden? War das Junge Deutschland wirklich eine staatsgefährdende Verschwörerclique, oder lief nicht alles am Ende doch nur auf literarische Fehden hinaus, auf Auseinandersetzungen mit anderen Schriftstellern, vor allen Dingen mit den einflußreichen der Zeit, also mit den Repräsentanten der Romantik und denen der endenden Goethe-Zeit? Finden sich nicht andererseits konservative Gesinnungen gerade dort, wo man sie am wenigsten vermuten würde, nämlich in ästhetischen Manifesten und in den Programmschriften dieser Gruppe von jungen, sich allmählich erst profilierenden Schriftstellern? Und was ist mit den Zweifeln, ob die Goetheaner nicht doch recht gehabt hatten, als sie eine zweite unabhängige Welt der Kunst propagierten? War Goethes Tod das Signal zum Aufbruch in eine neue literarische Ära, oder war er ein Zeichen dafür, daß damit die letzte große und geschlossene Periode der Literatur zu Ende gegangen war? In die Verachtung Goethes und seiner Zeit mischen sich jedenfalls immer wieder Anerkennung und Bewunderung für die Kunstperiode. Zur Romantik gab es ähnlich widerspruchsvolle Äußerungen. So finden sich harte Attacken gegen den alt gewordenen August Wilhelm Schlegel, gegen Nicolai, Arnim und Tieck. Aber der jungdeutsche Roman lebte zugleich von den Strukturen, die die Frühromantiker ihren Romanen aufgeprägt hatten, und der in seiner Zeit am stärksten angefeindete, nämlich Gutzkows "Wally, die Zweiflerin", führte Themen weiter, die schon eine Generation zuvor in Friedrich Schlegels "Lucinde" diskutiert worden waren. Schließlich: liegen die eigenen Leistungen vornehmlich auf literarkritischem und literartheoretischem Gebiet, oder haben die Romane, Novellen und Dramen größeres Gewicht? Waren die vielen literarischen Kleinformen, die man zunehmend nutzte, Ausdruck einer neuen literarischen Mobilität, oder gestanden sie nur das Unvermögen ein, sich in den überlieferten literarischen Großformen auch fernerhin bewegen zu können? Haben wir, alles in allem, nur eine Gruppe etwas exzentrischer, in ihrer Bedeutung weit überschätzter junger Literaten vor uns, die sich mit allen Unklarheiten darin gefiel, anders und gegen die Tendenzen der Zeit zu schreiben, oder äußerten sich da Wortführer einer wirklich ernstzunehmenden literarischen Neuorientierung?

Alle diese Fragen lassen sich auch heute noch nicht eindeutig beantworten. Daran ist freilich die Literaturgeschichte nicht ganz unschuldig, weil sie das Junge Deutschland für mancherlei in Beschlag genommen hat, was direkt nichts damit zu tun hatte. Zunächst: wer rechnete überhaupt zum Jungen Deutschland? Und wie lange existierte diese Bewegung? Um der Klarheit der Konturen willen, aber auch vom Selbstverständnis des Jungen Deutschland her tut man gut daran, sowohl den Kreis der zum Jungen Deutschland Gehörigen als auch die Zeit ihrer Wirkung nicht extensiv anzusetzen, sondern auf einige wenige Autoren zu beschränken, die in dem Jahrzehnt von 1830 bis 1840 tätig waren. Für die Annahme, daß es sich um eine breite Volksbewegung gehandelt habe und daß die jungdeutsche Literatur gewissermaßen nur die Spitze einer großräumigen liberalen Tendenz sei, spricht nicht viel, und man verwässert den Begriff des Jungen Deutschland, zählt man jedermann hinzu, der sich einmal in dieser Zeit fortschrittlich geäußert hat. Ebensowenig ist gewonnen, wenn man die Zeit des Jungen Deutschland ausufern läßt bis zur Februar-Revolution von 1848. Das Junge Deutschland unterscheidet sich vom literarischen Vormärz, der etwa um 1840 beginnt, in einem sehr wesentlichen Punkt: die Texte des Vormärz sind in einem ungleich höheren Maße als die des Jungen Deutschland politisiert, und wenn das Junge Deutschland tagespolitische Ereignisse zum Anlaß nahm, um grundsätzliche Aussagen zur Literatur, zur Politik, zur Religion zu treffen, so gehen die Intentionen des Vormärz beinahe in die umgekehrte Richtung: grundsätzliche Überzeugungen stehen allenfalls im Hintergrund, die eigentlichen Intentionen zielen hingegen auf tatsächliche Veränderungen ab. Der Aktivismus des Vormärz ist dem Jungen Deutschland verdächtig und fremd gewesen. Es kommt hinzu, daß einige Schriftsteller des Jungen Deutschland, vor allem Heine, die Autoren des Vormärz sehr kritisch beurteilt haben; im "Romanzero" finden sich späte, doch untrügliche Hinweise auf die von seiten Heines durchaus gewollte Distanz zu den politischen Kannegießern vor 1848. Es gibt im übrigen eine Reihe von Zeugnissen dafür, daß die Bewegung des Jungen Deutschland um 1840 aus verschiedenen Gründen an ein Ende kam: die jungen Autoren waren nicht mehr jung, das Verhältnis zum Staat hatte sich entspannt oder entspannte sich doch spätestens 1842 nach der offiziellen Aufhebung des Verbots des Jungen Deutschland in Preußen; die sachlichen Gegensätze waren zu persönlichen Fehden geworden, die inneren Gemeinsamkeiten auf ein Minimum reduziert; einige Jungdeutsche waren auch völlig verstummt oder ins bürgerliche Lager abgewandert. Nicht zufällig mehren sich in den Rückblicken derer, die sich selbst zum Jungen Deutschland gerechnet hatten, in dieser Zeit und danach abwehrende Tendenzen und zurückhaltende Stellungnahmen, und aus der Retrospektive wird deutlicher noch als aus den zeitgenössischen Ereignissen, daß das Junge Deutschland bereits um 1840 der Vergangenheit anzugehören begann. Dem nachlassenden Druck von außen entsprachen innere Auflösungserscheinungen, und der große Artikel von Theodor Mundt[4] über "Heine, Börne, und das sogenannte junge Deutschland. Bruchstücke" von 1840 liest sich eigentlich schon wie ein Nekrolog.

Es bleiben allerdings auch bei der Eingrenzung auf wenige Namen und einen Zeitraum von etwa 10 Jahren genug Probleme. Wer gehörte in welchem Ausmaß wirklich dazu, und wer von denen, die dazugehörten, gehörte wie lange dazu? Aus den Spekulationen über den Kreis der möglichen Mitglieder des Jungen Deutschland befreien allein die Aussagen der Jungdeutschen selbst: und in ihnen wird deutlich, daß Gutzkow, Laube, Mundt und Wienbarg in erster Linie das Junge Deutschland waren und Heine und Börne vielfach als ihre Chorführer angesehen wurden, obwohl Heine, der sich zeitweise dafür interessierte, das Verbot des Jungen Deutschland am Ende als ein ihn nur persönlich treffendes Mißverständnis dargestellt hatte und Börne sich zwar peripher dafür begeisterte, aber schon aus Altersgründen wie auch aus Gründen der geographischen Distanz (er lebte ja schon vor 1830 für längere Zeit und danach nur noch in Paris) nicht mehr eindeutig dazugezählt werden konnte. Gelegentlich erscheint noch der Name Gustav Schlesiers, gelegentlich der von Ferdinand Kühne und von Ernst Willkomm; im Hintergrund tauchen als ältere Sympathisanten Varnhagen von Ense und Karl Immermann auf. Aber damit ist der Kreis der Jungdeutschen im wesentlichen schon ausgeschritten. Doch auch diese wenigen sogenannten Mitglieder einer sogenannten literarischen Schule, die weitaus mehr eine Bewegung als eine feste Verbindung oder Gruppierung war, lassen sich schlecht auf eine Linie festlegen. Wenn die Selbstbekenntnisse nicht täuschen, hat es starke Sympathien, aber noch stärkere Antipathien unter den Jungdeutschen gegeben, und beide bestimmen über die jeweilige Zugehörigkeit des Einzelnen zur Bewegung des Jungen Deutschland im Grunde entscheidender als sachliche Gemeinsamkeiten oder auch Zwänge von außen. Es ist zwar zu bedenken, daß die an sich so aufschlußreichen

---

4 In: Der Freihafen. Jg. 3. 1840. Heft 4. S. 182-274.

Lebensrückblicke die Verhältnisse verfälschen und die vorhandenen Gemeinsamkeiten stärker personalisieren können, als das in den Jahren zwischen 1830 und 1840 tatsächlich der Fall gewesen sein mochte. Aber man kommt nicht um die Feststellung herum, daß persönliche Zugehörigkeiten, Beziehungen, Aversionen und Gemeinsamkeiten den entscheidenden Untergrund bildeten für das, was als Junges Deutschland dann so hartnäckig von den Regierungen verfolgt wurde. Die verschiedenen Reaktionen auf das Bundestagsverbot, die vom Erschrecken über pures Erstaunen bis zum ungläubigen Nicht-Ernstnehmen reichten, zeigen in aller Deutlichkeit, wie sehr hier von außen her eine literarische Vereinigung geschaffen worden war, die in Wirklichkeit als solche niemals existiert hatte. Programme des Jungen Deutschland hat es im Grunde genommen nicht gegeben, gemeinsame Ansichten waren vage, die wenigen Manifeste hatten immer nur provisorischen und vorläufigen, nie aber bindenden Charakter. Wohl gab es gewisse gemeinsame Vorbilder: Lessing, Luther, Kant, zeitweise auch Jean Paul, und für die Jüngeren dieser Bewegung dann Börne und Heine. Lessing war unter diesen das entscheidende Gestirn am jungdeutschen Fixsternhimmel, und die Bewunderung für ihn zieht sich durch die Schriften der Jungdeutschen klar hindurch. Bei den Gegnerschaften war man sich schon nicht mehr so einig. Die Haltung zu Goethe ist eigentümlich zwiespältig, läßt eine sonderbare Mischung aus Bewunderung und Kritik erkennen; aber auch hier ist das Mischungsverhältnis im einzelnen sehr unterschiedlich. Börne hat Goethe leidenschaftlich bekämpft; Heine sah sich immer in einer kritischen Parallele, doch sind seine ausführlichen Charakteristiken nie frei von Bewunderung; Gutzkow fand bestimmte Maximen des Goetheschen Lebens als Ideale des 19. Jahrhunderts wieder; Laube und Mundt äußerten sich zwar nur gelegentlich, aber auch dann in sich widerspruchsvoll. Die Romantiker haben sie zwar alle bekämpft, aber zugleich Entscheidendes von ihnen übernommen: neben der frühromantischen Romantheorie vor allem den romantischen Kosmopolitismus, und der Sinn für Zeitschriftstellerei und überhaupt die europäische Ausrichtung der Literatur ist sicherlich ebenfalls eine Erbschaft der Romantiker, auch wenn diese von den Jungdeutschen nicht recht gewürdigt worden ist. Gemeinsam ist ihnen allenfalls noch die positive Reaktion auf die Julirevolution von 1830, gemeinsam allen aber auch die spätere Ernüchterung, was die politische Bedeutung dieser Revolution für Deutschland anging. Was vor allem Einheitlichkeit zu schaffen schien, nämlich der offizielle Versuch, das Junge Deutschland zu einem Bund, zu einer "literarischen Schule" zusammenzukoppeln, das kam von außen und entsprach weder der Wirklichkeit noch dem Selbstverständnis der Jungdeutschen.

Dennoch tut man gut daran, hinter dem relativ schmalen Zeitraum von 10 Jahren den größeren historischen Kontext zu sehen; es kann kein Zweifel sein, daß die Bewegung des Jungen Deutschland Ausdruck einer umfassenderen Umorientierung war, die nach den Freiheitskriegen, nach dem Aufkommen der Burschenschaften begonnen hatte. Insofern reicht die Vorgeschichte des Jungen Deutschland weiter zurück als bis in das Jahr 1830. Im Juni 1815 war die Jenaer Burschenschaft gegründet worden, mit stark patriotischer Zielsetzung: "Freiheit und Selbständigkeit des Vaterlandes" war das Hauptziel, und einige Jungdeutsche haben später noch zu spüren bekommen, daß sie Mitglieder der Burschenschaft gewesen waren. 1817 fand das Wartburg-Fest mit den Bücherverbrennungen statt, 1819 schlug Metternich aus Sorge vor einer gesamteuropäischen revolutionären Untergrundbewegung auf dem Kongreß in Aachen die strengste Überwachung und Kontrolle der deutschen Universitäten vor, 1819 wurde Jahn in Preußen verhaftet und als Professor in Bonn suspendiert. Karl Sand ermordete 1819 den Dichter Kotzebue, um "die Flamme des Volksgefühls" anzuheizen, und Metternich fand darin eine willkommene Handhabe für seine Demagogenverfolgungen. Die Karlsbader Beschlüsse verschärften die Kontrolltätigkeit der Staaten; und es versteht sich von hierher, daß 1830 die Julirevolution eine Bedeutung bekam, die weit über deren tatsächliche Wirkung hinausging. Mit ihr beginnt die jungdeutsche Bewegung, und es gibt Zeugnisse, die das ausdrücklich illustrieren; einige sind in diesem Band abgedruckt. Heines Helgoländer Briefe dokumentieren im übrigen, wie sehr die Julirevolution sich für ihn mit theologischen Hoffnungen und allgemeinen philosophischen Zielsetzungen verband. Sein Börne-Buch am Ende der jungdeutschen Periode nimmt das alles noch einmal auf, ist aber in gewissem Sinne auch bereits ein Nekrolog auf die Zeit zwischen der Julirevolution und dem Ausufern kleinlicher Streitereien innerhalb des Jungen Deutschland. Zweifellos haben auch Ereignisse im Gefolge der Julirevolution das Junge Deutschland mitbeeinflußt: so etwa das Hambacher Fest, das vom 27. bis zum 30. Mai 1832 auf Schloß Hambach stattfand und zur Massenkundgebung des süddeutschen Liberalismus wurde. 1832 wurden die Zensurfesseln strenger angelegt, die bestehende "Bundesgesetzgebung" erlaubte immer mehr die scharfe Überwachung dessen, was auf dem literarischen Markt erschien. Schon 1833 wurde vom deutschen Bundestag eine Zentralbehörde zur Untersuchung demagogischer Umtriebe eingesetzt, und als Giuseppe Mazzini in Bern 1834 den Geheimbund "Junges Europa" als Zusammenschluß eines italienischen, deutschen und polnischen republikanischen Nationalbundes gründete, wurde das Mißtrauen der Staaten noch größer. Freilich wissen wir heute, daß es, wie Kap. X im einzelnen zeigen wird, ernstzunehmende Querbeziehungen zwischen dem "Jungen Europa" und dem Jungen Deutschland nicht gab; der Name, das gemeinsame Adjektiv täuschten eine Verwandtschaft vor, die de facto nicht existierte. Von alledem her ist allerdings verständlich, daß die Schriften des Jungen Deutschland auf das Betreiben Metternichs hin 1835 verboten wurden; wenn auch, wie das in Kap. IX ausführlicher dargestellt wird, die Verbote in den einzelnen Staaten sehr unterschiedlich gehandhabt und bald wieder gelockert wurden, so war damit doch ein Signal gesetzt; von damals an galt die junge liberale Literatur als verfassungsfeindlich und staatsgefährdend, und dieses Odium hat ihr lange angehangen. Zwar wurden selbst in Preußen die Ausführungsbestimmungen schon bald wieder zurückgenommen, aber ein Ende der Verfolgungen war eigentlich erst 1840 mit dem Tod Friedrich Wilhelms III. gekommen; sein Nachfolger, Friedrich Wilhelm IV., zeigte sich in den ersten Jahren seiner Regierung noch großzügiger und hob das Verbot gegen das Junge Deutschland 1842 ganz auf.

Das sind im wesentlichen politische Daten, die freilich unerläßlich sind, um den äußeren Rahmen dessen, was als junge Literatur damals auftrat, abzustecken. Mehr noch als Protest gegen staatliche Reglementierungen war die Literatur des Jungen Deutschland aber auch Protest gegen die "Kunstperiode", und die intensiv und lang geführte, nicht enden wollende Auseinandersetzung mit Goethe zeigt das in größter Deutlichkeit. Die Parallele zum Sturm und Drang war dabei nur eine äußerliche, da die jeweiligen Bedingungen zu unterschiedlich waren. Eine neue Literatur kündigte sich schon vor 1830, jedenfalls bei den älteren Vertretern, an; vor allem das Ende der "Kunstperiode", wie es sich für Heine schon 1828 abzeichnete[5], war Voraussetzung für den revolutionären Enthusiasmus, der dann nach der Julirevolution ausbrach. Die auslaufende literarische Herrschaft Goethes, der Tod Hegels 1830, der Untergang traditioneller Vorstellungen, die immer stärker sichtbar werdenden Diskrepanzen zwischen der Welt der Romantiker und der der Klassik: das waren wichtige Voraussetzungen, die zur Entstehung einer neuen Literatur führten. Bezeichnend ist, daß bestimmte Bilder in ihr immer wiederkehren: etwa das des jungen Morgen, der über die Nacht siegt. Das war das Junge Deutschland, und unter dieser an sich unspezifischen, aber doch sprechenden Chiffre hat es sich verstanden und so

---

5 Heinrich Heine: Französische Maler. In: Heinrich Heine. Historisch-kritische Gesamtausgabe der Werke. Hrsg. von Manfred Windfuhr. Bd. 12/1 bearbeitet von Jean-René Derré und Christiane Giesen. Hamburg 1980. S. 47.

etwas wie Selbstpropaganda betrieben. Gelegentlich gibt es allerdings auch Gegenteiliges: ein fast deprimiertes Wissen um die Unbestimmtheit der Zeit, die Schwächen der Übergangsperiode. Daß die Manifeste dabei merkwürdig unkonturiert blieben, daß zum erstenmal Schlagworte in großer Menge aufkamen, ist die Kehrseite der Aufbruchstimmung, die sich damals breitmachte. Aber diese selbst war prägender als alles andere, und sie findet man überall, eigentliche Programme jedoch nirgends. Es gehört zu den negativen Charakteristika des Jungen Deutschland, daß es sich nicht deutlich verkündigen konnte, daß Schlagworte an die Stelle substantieller Selbsterklärungen traten, daß unklare, bilderreiche Ahnungen sich breitmachten. Um so problematischer sind denn auch alle Versuche, das Junge Deutschland für einen eindeutigen Zweck, für eine bestimmte Tendenz einzugemeinden.

So erscheint das Junge Deutschland also als widerspruchsvolles Gebilde, in dem die Spannweite zwischen patriotischer Tendenz und weltbürgerlicher Ausrichtung, zwischen politischem Aktivismus und utopischer Weltverbesserung, zwischen dem "modernen Genre"[6] und dem Festhalten an alten Traditionen, zwischen Goethe-Zustimmung und Goethe-Ablehnung, zwischen Furcht vor der Zukunft und Hoffnungen auf die Gegenwart stets erhalten blieb. Versucht man allen Polaritäten zum Trotz, die die Bewegung nun einmal mitbestimmt haben, Gemeinsamkeiten auszumachen, so stößt man am ehesten immer wieder auf die Auseinandersetzung der damals jungen Literatur mit ihrer eigenen Zeit. Es ist sicher kein Zufall, daß der Begriff des "Zeitschriftstellers" in diesen Jahren aufkam,[7] daß die Anfänge des Zeitromans in das erste Drittel des 19. Jahrhunderts fallen, daß die Auswirkungen des Hambacher Festes und der Julirevolution literarisch so bedeutsam wurden. Die Schriftsteller des Jungen Deutschland mochten sich mit der Vorstellung, daß die Kunst eine unabhängige zweite Welt sei, nicht länger abgeben und suchten ihre Gegenwart in die Literatur einzubinden. Die utopischen Hoffnungen der jungen Literatur sind nur Reflexe auf diesen Zeitbezug, der die Literatur des Jungen Deutschland wohl entscheidender prägte als alles andere. Mit

---

6 Karl Gutzkow: Die Mode und das Moderne. In: Gutzkows Werke. Auswahl in zwölf Teilen. Hrsg. mit Einleitungen und Anmerkungen versehen von Reinhold Gensel. Teil 11. Berlin u. a. [1912]. S. 24.

7 Ludwig Börne: Ankündigungen der Wage. In: Ludwig Börne: Sämtliche Schriften. Neu bearbeitet und hrsg. von Inge und Peter Rippmann. Bd. 1. Düsseldorf 1964. S. 668.

ihm wuchs die Sensibilität für gegenwärtige Probleme, ebenfalls der Scharfblick für die politisch so engen Grenzziehungen der damaligen Welt. Aber auch hierzu gibt es einen Gegenpol: die Literatur. Kein Jungdeutscher hat sich mit den Zeitbeobachtungen als solchen begnügt, sondern sie alle haben versucht, diese literarisch einzufangen und umzusetzen; der Sensibilisierung für Zeitphänomene entsprach gleichzeitig eine Sensibilisierung der Literatur, ein Ausdrucksbemühen, dem wir letztlich auch die vielen kleinen literarischen Formen verdanken, die im Bereich des Jungen Deutschland entweder erfunden oder damals wiederbelebt wurden. Es ist sicher kein Zufall, daß der Begriff des Stils immer wieder auftauchte; selbst Börne hat den Stil als das eigentlich Neue am Jungen Deutschland verteidigt. Man darf das nicht mißverstehen: das war kein Rückfall in die "Kunstperiode", sondern der Versuch, es nicht bei der bloßen Registratur von Zeitphänomenen zu belassen, sie vielmehr zu literarisieren, schriftstellerisch umzusetzen, sie überhaupt aussagefähig und darstellbar zu machen. Eben dieser Zug unterscheidet die Jungdeutschen denn auch nachhaltig von den Repräsentanten des Vormärz: dort findet sich dieser literarische Rückbezug allenfalls in Ansätzen, die politische Aktion dominiert, poetische Fragen stehen am Rande. Heine hat sich mit aller Schärfe über das minderwertige Niveau der poetischen Bemühungen der Vormärzler ausgesprochen, und er konnte das, weil er sich vor allem in seiner sogenannten prosaischen Periode, die in etwa mit der Zeit des Jungen Deutschland identisch ist, um nichts mehr bemühte als um die adäquate literarische Darstellung der Gegenwart. Jedes seiner Prosamanuskripte kann das in den vielfachen stilistischen Neuansätzen, in dieser immer wiederholten Suche nach dem treffenden Ausdruck verdeutlichen. Für Börne gilt das gleiche. Nicht nur seine Schilderungen aus Paris, sondern auch seine Briefe an Jeanette Wohl zeigen ein nie endendes Bedürfnis, das mot propre zu finden, und wichtiger als die Sache an sich ist ihm die genaue, treffende, richtige Darstellung dessen, was er gesehen oder gehört hat. Alles das gilt auch für die politischen Interessen des Jungen Deutschland. Der Druck der Zensur war stark, über die vielfachen Auseinandersetzungen der Jungdeutschen mit ihr ließe sich ein eigener Band füllen. Aber die Zensur traf die Jungdeutschen nicht nur als politisches Druckmittel, sondern vor allem als literarische Fessel. Ihnen lag nicht so sehr daran, politisch zu handeln, wohl aber daran, frei schreiben zu können. Die Emanzipationsbestrebungen der Jungdeutschen waren in erster Linie literarischer Natur. Es versteht sich von selbst, daß vieles von den literarischen Versuchen Experimentalcharakter hatte: der unsicheren Zeit- und Ortsbestimmung entsprach eine nicht abgeschlossene, sondern immer nur vorläufige Literatur, die sich aber auch als solche begriff und die gegen die Klassik vor allem vorzubringen hatte, daß jene fertig war, nur allzu fertig in den Augen der Jungdeutschen. Das Unvollendete ist nicht bloß Absicht, sondern geradezu unausgesprochenes Programm - weil auch die Zeit als unvollendet erschien. Leugnet man diesen Anspruch auf die Bewältigung der Zeit in der Literatur, nimmt man dem Jungen Deutschland das Wesentliche.

Von dieser literarischen Dominante des Jungen Deutschland ist zu verstehen, was von den Jungdeutschen über die Dichtungsformen gesagt worden ist: sie alle waren Experimentierfelder; auch vorgegebene Gattungen wurden umgeformt, anders und neu ausgefüllt. Die großen Vorbilder der Jungdeutschen waren, von Luther abgesehen, Schriftsteller, nicht etwa Politiker oder Freigeister. Sie boten die Markierungen, die in diesem Meer von Unsicherheit noch gelegentlich feste Positionen erkennen ließen. Man mißverstände die Berufung auf die Vorbilder falsch, sähe man darin nur Traditionalismus. Die Vorbilder sind wichtige literarische Garanten, auch moralische, ja menschliche überhaupt. Die Jungdeutschen haben durchaus nicht alles Vergangene abgelehnt, sondern sich gerade von Gestalten wie Lessing und Luther her bestätigt gesehen, und Heines Beschäftigung mit der Geschichte, der Philosophie und der Religion zeigt, wie weit zurück die Wurzeln des Selbstverständnisses reichen. Gewiß hat manches davon noch zu tun mit dem eigentümlich gradlinigen Geschichtsverständnis des 18. Jahrhunderts, das im frühen 19. Jahrhundert durchaus noch nicht ausgeräumt war. Aber auch das Legitimitätsbestreben der Jungdeutschen war unabhängig davon groß, und Spuren einer historischen Rückversicherung und Rechtfertigung lassen sich überall finden. Auf der anderen Seite stecken gerade die literarischen Ahnherren den Weg in die Zukunft ab, und der Blick voraus geht mindestens ebensoweit wie der Blick zurück. Das wird bei den älteren der Jungdeutschen, bei Heine und Börne, besonders deutlich, prägt aber ebenfalls die Literatur der jüngeren Vertreter des Jungen Deutschland. Daß die Gegenwart nur der Intersektionspunkt von Vergangenheit und Zukunft ist, bestimmt das Zeitverständnis der Jungdeutschen ebenso entscheidend mit wie die Offenheit für Fragen und Probleme der eigenen Jahre. Heine hat in Börne den poetischen Radikalen bekämpft, Börne wiederum in Heine den politischen Phantasten, aber beide haben doch dem Zeitschriftsteller das Wort geredet. Es ist kein Zufall, daß "Moderne", zwar von der Frühromantik hier und da schon gebraucht, jetzt zum Schlagwort wurde. Auch von dorther erklärt sich die Auseinandersetzung mit der Klassik als der Zeit, die nicht mehr modern war und es zu ihrer Zeit auch nicht sein wollte.

Es gab weitere inhärente Gemeinsamkeiten. Zu den durchgängigen Grundzügen des Jungen Deutschland gehört etwa der Versuch, Literatur und Leben wieder einander nahezubringen, die Wissenschaft dabei nicht auszuschließen und ein universales poetisches Reformationswerk einzuleiten, auch wenn das im einzelnen sehr unterschiedlich aussah: ein im Kern ebenfalls frühromantisches Programm, das aber erst jetzt realisiert werden sollte. Die Gemeinsamkeit gerade dieser Tendenz ist unverkennbar, auch wenn deren Ausprägungen bis zum Gegensätzlichen gehen konnten. Die Vermittlungsfunktion der Literatur ist in diesem Jahrhundert danach nie mehr so stark betont worden wie zur Zeit des Jungen Deutschland. Diese eigentümlich synthetisierende Tendenz des Jungen Deutschland findet sich auch in philosophischen Vorstellungen, wie sie vor allem von Heine entwickelt worden sind, und zugleich in religiösen Überlegungen, wie sie etwa von Börne angestellt wurden - selbst dort noch, wo die Gedanken letztlich auf eine Vereinigung des miteinander nicht zu Vereinbarenden hinauslaufen, oder, um mit Börne zu sprechen: auf den Glauben an den endlichen Zusammenfall von Christentum und Heidentum, an deren glückliche Verschmelzung. Es gibt zahlreiche Zeugnisse dieser Art, und sie scheinen gewichtiger zu sein als die früher oft unterstellten liberal-progressiven Absichten, die das Junge Deutschland im Grunde genommen verflachen; es ist kein Zufall, daß ein so gesehenes Junges Deutschland schnell ein politisiertes Junges Deutschland wird, in dem die Auseinandersetzung mit dem restaurativen Staat alles überdeckt. Doch wer das Junge Deutschland so sieht, hat es einseitig gesehen; die Aussagen zur Politik haben sehr häufig nur defensiven Charakter. Ähnlich steht es mit der Vorstellung, eine neue Religion und eine neue Kirche zu schaffen, in der es Gegensätze nicht mehr gibt. Das hat damals schon die theologischen Fraktionen auf den Plan gerufen, die das eigentümlich utopische Element des Jungen Deutschland darin nicht sahen und ihm Religionsverachtung vorhielten. Aber man muß heute um so nachdrücklicher betonen, daß jeder Versuch, das Junge Deutschland zu einem tagespolitischen Ereignis zu machen, in der nur noch Gesellschaftsrelevantes gesehen wird und in der die Jungdeutschen alle mehr oder weniger als politische Umstürzler erscheinen, eine Geschichtsverfälschung ist. Das soll nicht bedeuten, daß damals nicht auch handfeste literarische Kämpfe ausgefochten und politische Verfolgungen erduldet worden sind; die vielen Streitschriften um das Junge Deutschland, gegen das Junge Deutschland zeigen das nur zu gut; in Kap. XI werden sie ausführlicher behandelt. Aber man muß einmal gelesen haben, was Heine gegen die Jakobiner geschrieben hat, um zu verstehen, daß das Junge Deutschland mit dem Oberbegriff "Literatur und Gesellschaft" nicht zureichend zu fassen ist. Gegen das angeblich so stark politisch und gesellschaftlich Progressive spricht ohnehin, was sich damals an nationalpatriotischen Zügen auftat. Mundt etwa ist exponierter Vertreter eines Nationalismus, den man durchaus nicht immer liberal nennen kann. Dieser Patriotismus verband sich häufig mit einem gezielten Antisemitismus, unter dem Heine und Börne besonders zu leiden hatten. Gewiß hat man sich auch zu tagespolitischen Fragen geäußert. Aber man muß über die Tagesstreitigkeiten von damals hinwegsehen; wichtiger sind die Bemerkungen zur Geschichte, zur Religion und Philosophie, wichtiger die Fähigkeit zur Synopsis und zur Vereinigung getrennter Lebensbereiche. Diese unitarische Tendenz ist durchgängig nachzuweisen.

Der eigentümliche Relativismus aller Aussagen und Positionen im Bereich des Jungen Deutschland zwingt dazu, auch die hier abgedruckten Dokumente und Aussagen nicht absolut zu nehmen. Man kann kein festes Programm aus ihnen ableiten, keine eindeutigen Standpunkte erkennen. Die vorliegenden Texte begrenzen sich wechselseitig, und es gibt eigentlich kein geheimes Zentrum, auf das sie zuzuordnen wären. Wichtiger ist, daß man die Spannweite sieht, die zwischen den einzelnen Positionen, Meinungen, Festlegungen besteht. Wir können geradezu mit Feldvorstellungen arbeiten, wie sie die Sprachwissenschaft entwickelt hat, also mit einem Bündel von Begriffen, Ideen und Aussagen, in denen sich bald dieses, bald jenes vorschiebt, wieder zurückgenommen und ersetzt wird durch etwas anderes. Das gilt für die Bewegung des Jungen Deutschland als ganze, aber auch für einzelne Autoren und Gedankenkomplexe. Auch hier wechseln Vorstellungen und Ziele; keiner der Jungdeutschen, Börne und Heine eingeschlossen, hat permanent eine literarische Haltung verfochten, nur diese oder jene Form benutzt oder jahrelang die gleichen Begriffe und Ansichten verbreitet. So gibt es keine durchgängige Forderung, kein bleibendes Bezugssystem, sondern immer nur einen Umkreis von Gedanken, Ideen, Hoffnungen und Befürchtungen, von Vorschlägen und Abwehrbewegungen, von geglückten und mißglückten Versuchen, in die Literatur zu übersetzen, was damals die Schriftsteller bewegt hat. Man muß diese Spannweite sehen und diese Unsicherheit, das eigentümlich Unkonturierte und Hin und Her in den persönlichen Beziehungen wie in den sachlichen Aussagen, das Experimentierfeld der Literatur: nur so wird man dem Jungen Deutschland als Bewegung gerecht. Vor allem aber muß man erkennen, daß das Junge Deutschland eine wesentlich *literarische* Bewegung war. Hier sollte nicht in erster Linie mit Hilfe der Literatur die Wirklichkeit verändert werden, sondern mit Hilfe der neuen Wirklichkeitserfahrungen die Literatur. Das Junge Deutschland hatte viele Aspekte, unterschiedliche Zielsetzungen, wechselnde Gegner. Aber dennoch ist diese Bewegung im Grunde genommen immer nur von ihren literarischen Dimensionen her zu verstehen.

Von einer politischen Revolution mochten die Jungdeutschen gelegentlich oder aus aktuellem Anlaß geträumt haben, eine literarische Revolution haben sie ausgelöst. Nicht nur, daß die traditionellen klassischen Ordnungs- und Stilvorstellungen außer Kraft gesetzt wurden; neue Gattungen wurden entdeckt, Mischformen der Literatur entwickelten sich, ein hochdifferenziertes, oft doppelsinniges Schreiben setzte sich durch, das in der Romantik schon ansatzweise aufgekommen war, das aber jetzt im Wirklichkeitsbezug der Schriftsteller eine Basis bekam, von der her die Opposition gegen die alte Schreibart der Klassik erst glaubhaft wurde. In der literarischen Praxis der jungdeutschen Schriftsteller artikuliert sich der kritische Intellektualismus der Moderne. Es ist auch in dieser Hinsicht kein Zufall, daß die jungdeutschen Autoren sich vor allem auf Lessing berufen haben. Aber Lessing war ihr Ahnherr, nicht ihr Idol. Es gehört gerade nicht zu den Schwächen, sondern zu den Stärken der jungdeutschen Bewegung, daß sie weder Kunstheilige kannte noch literarische Tabus, sondern experimentierte, neue Ausdrucksformen suchte und einen Stil entwickelte, dem an Eindeutigkeit gar nicht gelegen war, sondern der der Vielfalt und der Verrätseltheit des tatsächlichen Lebens angemessen sein sollte. So erschien dem sehr unterscheidungsfähigen Blick der jungdeutschen Schriftsteller die eigene Gegenwart nicht als monochrom, sondern als Übergangszeit, manchmal sogar als unbegreiflich und verworren; eben dem versuchte ihr "Stil", ihre Schreibart gerecht zu werden. Die klassische Lehre von der anzustrebenden poetischen Objektivität, die Forderung, etwas nach "ächten objektiven Regeln" darzustellen,[8] wie das Goethe und Schiller noch verlangt hatten, mußte nun wie ein naives Mißverständnis der Realität und wie eine lebensfremde Vorschrift wirken. Die jungdeutsche Literatur entwickelte neue Formen ihrer Darstellung, die von der Relativität der Ansichten und Erscheinungsweisen ausgingen. Eben dort ereignete sich das eigentlich Revolutionäre dieser Bewegung.

---

8 Über den Dilettantismus (2). In: Schillers Werke. Nationalausgabe. Hrsg. von (...) Lieselotte Blumenthal und Benno von Wiese. Bd. 21. Philosophische Schriften. Teil 2. Unter Mitwirkung von Helmut Koopmann hrsg. von Benno von Wiese. Weimar 1963. Anhang.

II. DIE JULIREVOLUTION UND GOETHES TOD

Karl Gutzkow: 3. August 1830

Ich gestehe, daß ich zwei Monate vor der Julirevolution keinen Begriff von europäischer Politik hatte. Ich wußte weder, wer Polignac war, noch was es an einer Charte zu verletzten geben könne; ich wußte nur, daß die Burschenschaft noch nicht ganz erstorben und Deutschland ohne Einheit war. Wenn ich Ereignisse erwartete, die in den Lauf der Begebenheiten gewaltsam eingriffen, so hätt' ich sie eher von Erlangen und Jena als von Paris erwartet, höchstens, daß eine Schar rückkehrender Philhellenen mit bewaffneter Hand in Stralsund gelandet wäre und die pommersche Landwehr aufgerufen, oder daß Hungersnot die Bauern an der Diemel zum Aufstand gezwungen hätte. [...] Es war am dritten August und die Sonne brannte. In der großen Aula der Berliner Universität wurde der festliche Tag wie immer durch Gesang und Rede gefeiert. Hunderte von Studenten drängten sich hinter der Barre, vor welcher Professoren, Beamte, Militärs saßen. Über dem Redner Böckh sang unter Zelters Leitung der akademische Chor; Mantius entwickelte schon seinen sanften zärtlichen Tenor. Schmalz, der Selige, ging mit Haarbeutel und Degen von Stuhl zu Stuhl, um mit den Ministerialräten über Völkerrecht und die Freitischverwaltung zu sprechen. Gans war erhitzt und ungeduldig; er ließ Briefe von Raumer, die eben aus Paris gekommen waren, im Saale umlaufen. Der Kronprinz lächelte: aber alle, die Zeitungen lasen, wußten, daß in Frankreich eben ein König vom Thron gestoßen wurde. Der Kanonendonner zwischen den Barrikaden von Paris dröhnte bis in die Aula nach. Böckh sprach von den schönen Künsten, aber niemand achtete diesmal seiner gedankenreichen Wendungen und klassischen Sprache; Hegel trat auf und nannte die Sieger in den wissenschaftlichen Wettkämpfen der Akademie. Jede Fakultät hatte einen Preisbewerber zu belohnen; aber niemand hörte darauf als der Beteiligte. Ich selbst vernahm mit einem Ohr, daß ich sechs Mitbewerber überwunden und den Preis in der philosophischen Fakultät gewonnen hätte; mit dem andern von einem Volke, das einen König entsetzt hatte, von Kanonendonner und Tausenden, die im Kampfe gefallen wären. Ich vernahm keinen der Glückwünsche, die man mir rechts und links darbrachte. Ich schlug das Etui nicht auf, welches die goldne Medaille mit dem Brustbilde des Königs enthielt; ich sah die Hoffnung nicht mehr, die man mir in einigen Jahren auf eine außerordentliche Professur machen konnte; ich stand betäubt an dem Portal des Universitätshofes und dachte über St. Marc Girardins Prophezeiung und die deutsche Burschenschaft nach. Ich lief dann, hier und dort von Glückwünschenden angehalten, zu Stehely und nahm zum e r s t e n M a l e eine Zeitung vors Gesicht. Nie war das meine Gewohnheit gewesen. Die Stunde, wo die Staatszeitung desselben Abends erschien, währte mir unendlich lange; ich schämte mich, wenn man geglaubt hätte, ich wollte in den königl. Geburtstagsfeierlichkeiten meinen

Namen gedruckt lesen. Nein, ich wollte nur wissen, wieviel Tote und Verwundete es in Paris gegeben, ob die Barrikaden noch ständen, ob noch die Lunten brennten, der Palast des Erzbischofs rauchte, ob Karl seinen Thron beweine, ob Lafayette eine Monarchie oder Republik machen würde. Die Wissenschaft lag hinter, die Geschichte vor mir.

Karl Gutzkow: Vergangenheit und Gegenwart. In: Karl Gutzkows Ausgewählte Werke in zwölf Bänden. Hrsg. von Heinrich Hubert Houben. Bd. 12. Leipzig o. J. S. 52f., 54f.

Heinrich Heine: Deutschland ist erwacht

Ist es wirklich wahr, daß das stille Traumland in lebendige Bewegung gerathen? Wer hätte das vor dem Julius 1830 denken können! Göthe mit seinem Eyapopeya, die Pietisten mit ihrem langweiligen Gebetbücherton, die Mystiker mit ihrem Magnetismus, hatten Deutschland völlig eingeschläfert, und weit und breit, regungslos, lag alles und schlief. Aber nur die Leiber waren schlafgebunden; die Seelen, die darin eingekerkert, behielten ein sonderbares Bewußtseyn. Der Schreiber dieser Blätter wandelte damals, als junger Mensch, durch die deutschen Lande und betrachtete die schlafenden Menschen; ich sah den Schmerz auf ihren Gesichtern, ich studirte ihre Physiognomien, ich legte ihnen die Hand aufs Herz und sie fingen an nachtwandlerhaft im Schlafe zu sprechen, seltsam abgebrochene Reden, ihre geheimsten Gedanken enthüllend. Die Wächter des Volks, ihre goldenen Nachtmützen tief über die Ohren gezogen, und tief eingehüllt in Schlafröcken von Hermelin, saßen auf rothen Polsterstühlen, und schliefen ebenfalls, und schnarchten sogar. Wie ich so dahin wanderte, mit Ränzel und Stock, sprach ich oder sang ich laut vor mich hin, was ich den schlafenden Menschen auf den Gesichtern erspäht oder aus den seufzenden Herzen erlauscht hatte; - es war sehr still um mich her, und ich hörte nichts als das Echo meiner eigenen Worte. Seitdem, geweckt von den Kanonen der großen Woche, ist Deutschland erwacht, und jeder, der bisher geschwiegen, will das Versäumte schnell wieder einholen, und das ist ein redseliger Lärm, und ein Gepolter, und dabey wird Tabak geraucht und aus den dunklen Dampfwolken droht ein schreckliches Gewitter. Das ist wie ein aufgeregtes Meer, und auf den hervorragenden Klippen stehen die Wortführer; die Einen blasen mit vollen Backen in die Wellen hinein, und sie meinen, sie hätten diesen Sturm erregt und je mehr sie bliesen desto wüthender heule die Windsbraut; die Anderen sind ängstlich, sie hören die Staatsschiffe krachen, sie betrachten mit Schrecken das wilde Gewoge, und da sie aus ihren Schulbüchern wissen, daß man mit Oehl das Meer besänftigen könne, so gießen sie ihre Studierlämpchen in die empörte Menschenfluth, oder prosaisch zu sprechen, sie schreiben ein versöhnendes Broschürchen, und wundern sich, wenn das Mittel nicht hilft und seufzen: *oleum perdidi*!

Es ist leicht vorauszusehen, daß die Idee einer Republik, wie sie jetzt viele deutsche Geister erfaßt, keineswegs eine vorübergehende Grille ist.

Heinrich Heine: Französische Zustände. In: Heinrich Heine. Historisch-kritische Gesamtausgabe der Werke. Hrsg. von Manfred Windfuhr. Bd. 12/1 bearbeitet von Jean-René Derré und Christiane Giesen. Hamburg 1980. S. 177.

Theodor Mundt: Die Julirevolution hat eine krankhafte Aufregung ohne Befriedigung nachgelassen

Die Julirevolution erweist sich deshalb als ein unglückseliges Ereigniß der neuesten Geschichte, weil sie weder äußerlich vollständig ausgefochten, noch im Geiste innerlich wahrhaft überwunden worden. Sie hat überall eine krankhafte Aufregung ohne Befriedigung nachgelassen, durch die ein traurig gedämpfter Zustand der Dinge sich unterhält. Es hat an großen, allgemeinen, europäischen Conflicten gefehlt, um die Ideen, welche sie auf den Kampfplatz der Zeit geführt, zur Entscheidung zu bringen, zu besiegen oder siegreich zu machen. Die Anarchie der Parteien in Frankreich selbst kann nicht für ein Zeichen strebsam gebliebenen Lebens angesehen werden, [...]. Louis Philipp, erst Bürgerkönig, dann Royalist und Präsident des Ministerconseils, hat die Revolution, deren Stiefsohn er nur gewesen, längst wieder in eine Restauration umgetauft.

In Deutschland hat die Sympathie mit der Julirevolution selbst da, wo sie sehr lebendig gewesen, nicht lange angedauert. Viele, die von einer politischen oder vielmehr nur politisirenden Aufregung ergriffen waren, sind jetzt wieder an ihre Geschäfte zurückgekehrt.

Theodor Mundt: Zeitperspective 1834. In: Schriften in bunter Reihe. Zur Anregung und Unterhaltung, hrsg. von Theodor Mundt. Heft 1. Leipzig 1834. S. 2.

Heinrich Heine: Das Ende der Kunstperiode

Meine alte Prophezeyung von dem Ende der Kunstperiode, die bey der Wiege Goethes anfing und bey seinem Sarge aufhören wird, scheint ihrer Erfüllung nahe zu seyn. Die jetzige Kunst muß zu Grunde gehen, weil ihr Prinzip noch im abgelebten, alten Regime, in der heiligen römischen Reichsvergangenheit wurzelt. Deßhalb, wie alle welken Ueberreste dieser Vergangenheit, steht sie im unerquicklichsten Widerspruch mit der Gegenwart. Dieser Widerspruch und nicht die Zeitbewegung selbst ist der Kunst so schädlich; im Gegentheil, diese Zeitbewegung müßte ihr sogar gedeihlich werden, wie einst in Athen und Florenz, wo eben in den wildesten Kriegs- und Partheystürmen die Kunst ihre herrlichsten Blüthen entfaltete. [...] Indessen, die neue Zeit wird auch eine neue Kunst gebären, die mit ihr selbst in begeistertem Einklang seyn wird, die nicht aus der verblichenen Vergangenheit ihre Symbolik zu borgen braucht, und die sogar eine neue Technik, die von der seitherigen verschieden, hervorbringen muß. Bis dahin möge, mit Farben und Klängen, die selbsttrunkenste Subjektivität, die weltentzügelte Individualität, die gottfreye Persönlichkeit, mit all ihrer Lebenslust sich geltend machen, was doch immer ersprießlicher ist, als das todte Scheinwesen der alten Kunst.

Heinrich Heine: Französische Maler. In: Heinrich Heine. Historisch-kritische Gesamtausgabe der Werke. Hrsg. von Manfred Windfuhr. Bd. 12/1 bearbeitet von Jean-René Derré und Christiane Giesen. Hamburg 1980. S. 47.

Ludolf Wienbarg: Goethe war die Sonne seines Jahrhunderts

Goethe ist gestorben, ach wär' er jetzt erst geboren. Goethe, ein Kind unserer Zeit, welche eiserne Hand würde er aus der Wiege strecken.
Ausgeleuchtet hat die Sonne seines Jahrhunderts, das schöne griechische Kunst- und Südlicht, das Winckelmann am deutschen Himmel heraufführte; es ist verflogen, wie sein Widerspiel, das kalte Fouqueische Nordlicht und wie der romantische Mondschein der Schlegelianer und Tieckianer, der, Gott weiß, in welcher alten deutschen Burg- und Klosterruine steckt und verwittert. Wer aber führt uns wie Winckelmann die Sonne des neuen Jahrhunderts am deutschen Himmel herauf, wer ist der Sonnengott des neuen Tages, der, gleich Goethe, im goldenen Sonnenwagen sitzt und die schnaubenden Rosse spielend bändigt?

Ludolf Wienbarg: Holland in den Jahren 1831 und 1832. Hamburg 1833. S. 79f.

Theodor Mundt: Die Literaturepoche liegt hinter uns, eine republikanische Literaturverfassung gilt heute

[...] die Zeit der u n b e d i n g t e n Bewunderung und Anbetung ist für Göthe's Werke gewiß vorüber. Wir möchten weder zu den Enthusiasten im Anpreisen noch zu den Frechen im Absprechen gehören, und wenn oben von getäuschten Erwartungen die Rede war, so sind eigentlich weder wir daran Schuld noch Göthe selbst, sondern die Mutter der Musen, die bewegungs- und veränderungsvolle Zeit, die Menschen und Bücher nicht nur geschaffen, sondern auch über sie richtet, hat Alles zu verantworten und verantwortet es. Göthe's Werke haben bereits ihre Zeit gehabt [...]. Möge aber Jeder seinen Göthe für so unsterblich halten als er will, möge man sich selbst dem Wahn hingeben, daß Göthe auch unsere Zeit noch beherrsche oder unsere Zeit ohne ihn nicht fertig werden und weiter kommen könne, wir wollen Niemandem seinen Glauben, wenn er ihn selig macht, verkümmern. Jedoch das Eine möchten wir festhalten, daß wir den Irrthum, der besonders in Deutschland so gefährlich gewesen, nunmehr als einen vergangenen erkennen, nämlich den Irrthum des productiven Individuums, an sich und sein Schaffen, wie an seine Persönlichkeit eine ganze Welt geknüpft zu sehen und sich durch sein einzelnes Talent zu einer geistigen Universalherrschaft über die Zeit berufen zu achten. Daher das titanenmäßige, revolutionnaire Ringen der Geister in der vergangenen Literaturperiode; daher die viele Verzweiflung unglücklicher Genies und der häufige Wahnsinn in Deutschland; daher die poetische Himmelstürmerei und der geistige Hochmuth gegen Ende des vorigen Jahrhunderts. Diese Literaturperiode liegt hinter uns. Sie glich einer gewaltsam bewegten Aristokratie, an deren Stelle in der heutigen Tagesliteratur, wo weniger einzelne Kräfte riesenhaft hervorstreben und ein gleichmäßig vertheiltes, heiteres Schaffen zu einem allgemeinen, glücklichen und harmonischen Bildungszustand der Menschheit hinarbeitet, eine mehr republikanische Literaturverfassung getreten ist.

Theodor Mundt: Kritische Wälder. Blätter zur Beurtheilung der Literatur, Kunst und Wissenschaft unserer Zeit. Leipzig 1833. S. 177f., 179f.

***

Die Bedeutung der Julirevolution läßt sich, was ihre Wirkung auf die damals Lebenden betrifft, kaum überschätzen. Auch wenn die politischen Folgen in Deutschland auf den ersten Blick hin gar nicht sehr groß waren, so hat sie doch das Bewußtsein der Zeitgenossen außerordentlich geprägt. Jene, die noch die Revolution von 1789 erlebt hatten, sahen sich weniger mit Revolutionshoffnungen als vielmehr noch mit Revolutionsängsten konfrontiert; für die Jüngeren hingegen war die Julirevolution ein Aufbruchssignal, und dieses schien nichts Geringeres einzuläuten als den Anbruch einer neuen Zeit. Aus Paris schrieben Schriftsteller über die Umsturzvorgänge, anschauliche Schilderungen der Ereignisse gelangten rasch nach Deutschland. Wir kennen eine ganze Reihe von Darstellungen; Franz August Gathy etwa berichtete in seinen Briefen aus Paris, die 1831 in Hamburg erschienen, von den Julitagen, wie er sie in Paris miterlebt hatte: "Das Volk rennt wütend durch die Gassen, zerschmettert die Laternen, ruft die Bürger zum Kampfe auf, schwört sich zu rächen, stößt die gräßlichsten Verwünschungen gegen die Minister aus. Kaum haben sich diese Haufen entfernt, so ziehen andere vorüber, aus vollem Halse die Marseillaise und andere Revolutionslieder singend, und diese entfernen sich auch, bis sie nach und nach ganz und gar verschwinden, und dann ist tiefe, ruhige Nacht, bis plötzlich aus der Ferne wieder Gesang erschallt und neue Haufen nahen, vorüberziehen und verschwinden wie die ersten. Und dazwischen das Schießen - welche Nacht! Wie wird das enden?"[1]

Eine gespenstische Szene. Aber der Bericht ist nicht ungewöhnlich; die Julirevolution wurde fast überall so aufgenommen. Sie war alles andere als ein abstraktes politisches Ereignis, sie wurde vielmehr erlebt und nacherlebt, setzte sie doch Hoffnungen frei, die sich bis dahin nur selten hervorgewagt hatten. Kaum jemand blieb damals davon unberührt, und wir haben zahllose Reaktionen auf sie. Karl Immermann schrieb in einem Brief am 15. August 1830: "Nie hat ein Factum so gewaltig und erschütternd auf mich gewirkt als dieses [...]. Auch daß sie die Bourbons bis zu den Unmündigen hinab geächtet haben, finde ich notwendig begründet; es giebt Geschlechter, die von allen Göttern verlassen sind, und die man exstirpieren muß".[2] Ob Chamisso oder Grabbe, Heine oder Mörike, Niebuhr oder Wilhelm von Humboldt, Lenau oder Eichendorff, Varnhagen oder Görres, sie alle waren betroffen, haben die Julirevolution kommentiert, Befürchtungen und Hoffnungen damit verbunden. Dabei reagierten die älteren Zeitgenossen durch-

---

1 Franz August Gathy: Briefe aus Paris. Hamburg 1831. S. 47.

2 Karl Lebrecht Immermann: Briefe. Textkritische und kommentierte Ausgabe in drei Bänden. Hrsg. von Peter Hasubek. Bd. 1. München 1978. S. 857f.

weg skeptisch. Vorstellungen von einem beginnenden Chaos, einer bevorstehenden Katastrophe finden sich wiederholt, bei Friedrich Schlegel wie bei Goethe, und teilweise mag das die Folge einer Überraschung durch das völlig Unvermutete gewesen sein. Zwar war die Ansicht weit verbreitet, daß die alte Zeit zu Ende gehe, daß damit auch die Welt des 18. Jahrhunderts, eine ebenso windstille wie heitere Epoche, endgültig vorüber sei. Als die Revolution aber dann tatsächlich losbrach, waren nicht wenige davon völlig überrumpelt. Niebuhr schrieb unmittelbar nach der Julirevolution in einem Brief: "Ich will es nicht läugnen dass ich eher des Himmels Einfall als eine Empörung erwartet hätte".[3] Aber sie war dennoch gekommen, und die Folgen dieses Ereignisses lassen sich ebenso an der Vorrede Niebuhrs zu seiner zweiten Auflage des zweiten Teils seiner "Römischen Geschichte" ablesen wie an dem letzten Brief Goethes an Wilhelm von Humboldt.[4] Auch Eichendorff ist nicht müde geworden, die Revolution als europäisches Verderbnis zu geißeln. Er hat, gestützt auf Görres' Schriften über die Revolution, diese als Weltenbrand, als Untergang von säkularen Ausmaßen beschrieben; sie glich ihm einem losgelassenen wilden Tier, das nichts anderes als zerstören und töten konnte. Die Erzählung vom Schloß Dürande zeugt ebenso davon wie die scharfe Attacke auf den Ungeist der Aufklärung, die in die Französische Revolution gemündet habe, in seinen späten theoretischen und literarhistorischen Schriften. Die Julirevolution führte aus seiner Sicht nur fort, was jene andere begonnen.

Verständlich, daß auch die Jungdeutschen nicht unberührt blieben von den französischen Ereignissen. Keiner, der sich nicht dazu geäußert hätte, wenngleich Intensität und Reflexionsniveau höchst unterschiedlich waren. Aber alle haben eigentlich erstaunlich emotional reagiert; die Julirevolution erregte mehr die Gefühle, beschäftigte weniger den Verstand. Dabei wurden die Jüngeren unter den Jungdeutschen von der Julirevolution häufig geradezu überrascht; Gutzkows Bericht über das Eintreffen der Revolutions-Nachrichten in Berlin am 3. August 1830 ist dafür ein symptomatisches Zeugnis. Allerdings gibt es nicht sehr viele unmittelbare Schilderungen. Die eindringlichsten Kommentare stammen von denen, die eine Veränderung der Dinge überhaupt erwarteten: von den "Chorführern" des Jungen Deutschland, Börne und Heine. Sie haben auf die Julirevolution nicht nur

---

3 Barthold Georg Niebuhr: Briefe. Neue Folge. 1816-1830. Hrsg. von Eduard Vischer. Bd. 4. Bern/München 1984. S. 34.

4 Goethes Briefe. Juli 1831-März 1832. Goethes Werke. Weimarer Ausgabe. IV. Abteilung. Bd. 49. Weimar 1909. S. 283.

mit seismographischer Empfindlichkeit reagiert, sondern die politischen Veränderungen in Frankreich auch halbwegs vorausgeahnt, aus einer gleichsam schriftstellerischen Hellsichtigkeit heraus, die sie in die Lage versetzte, die Umsturzbewegungen der Jahre um 1830 zu prämeditieren. Von beiden gibt es dafür Zeugnisse. Die allgemeinen Weltverhältnisse hatten ihre Sensibilität geschärft; gerade unter der Ruhe der Restaurationsepoche haben sie deutlicher als andere gespürt, daß sich Ereignisse vorbereiteten, die die Stille dieser Zeit als trügerisch erscheinen ließen. Börne und Heine wußten um diese ihre gleichsam telepathischen Fähigkeiten, um ihre prophetische Erregbarkeit. Börne schrieb rückblickend auf die Jahre vor der Julirevolution: "Wie ich im Jahre 1819 veranlaßt worden, nach Paris zu reisen, welchen Eindruck diese schöne und merkwürdige Stadt damals auf mich gemacht und wie ich dort aufgenommen worden, das will ich auch niederschreiben, ehe es meiner Erinnerung entschwindet. Sind doch meine Angelegenheiten nicht bloß die meinigen; sind doch meine Gesinnungen die von Millionen andern, die froh sind, wenn sich ein Fürsprecher findet, der sie ausspricht. Wie Frösche, Spinnen, Hunde und die Tiere überhaupt der Natur näher stehen als der königliche Mensch auf seinem Throne und darum das Wetter, ja die bedeutendsten Veränderungen und Krankheiten der Natur inniger fühlen und, ehe sie noch eintreten, voraus empfinden und anzeigen: so gibt es auch Menschen, die gerade, weil sie niedrig stehen in der bürgerlichen Gesellschaft, mit der Geschichte inniger verbunden sind und die Witterung der Zeit, die Völkerstürme und Kriege von weiterer Ferne kommen sehen und sie früher fühlen, als es selbst die Herrscher, Vornehmen und Mächtigen vermögen, die, in ihrem Egoismus gefangen, nicht eher erfahren, was sich draußen begibt, als bis die Welt an den Pforten ihrer Selbstsucht pocht. Zu diesen Menschen gehöre ich auch. Was seit einer Reihe von Jahren mir geschah, geschah der Welt; was Staaten, Völkern, Fürsten begegnete, begegnete mir selbst [...]. Seit funfzehn Jahren ist nichts geschehen, auch das Überraschendste nicht, das ich nicht vorhergewußt, das ich nicht vorhergesagt habe. Hätte ich meine Prophezeiungen dürfen drukken lassen, man würde mich angestaunt haben, ich wäre gewiß Hofprophet, vielleicht gar Simultanprophet der heiligen Allianz geworden [...]."[5]

Ein erstaunliches Bekenntnis. Aber wir haben keinen Anlaß, an der Aufrichtigkeit und Richtigkeit dieser Feststellungen zu zweifeln. Nicht nur,

---

5 Ludwig Börne: Aus meinem Tagebuche. In: Ludwig Börne: Sämtliche Schriften. Neu bearbeitet und hrsg. von Inge und Peter Rippmann. Bd. 2. Düsseldorf 1964. S. 777f.

daß Börne vielfach vor 1830 auf die sich anbahnenden Veränderungen hingewiesen hat; die Bemerkungen über seine prophetischen Fähigkeiten hat er am 3. Mai 1830 gemacht, also noch vor der Julirevolution, und diese selbst bestätigte ihm und aller Welt, wie sehr er mit seinen Voraussagen recht gehabt hatte. Aber auch Heinrich Heine hat ähnliches an sich konstatiert. In einem Brief an Varnhagen vom 19. November 1830 schrieb er: "Wie es Vögel giebt die irgend eine physische Revoluzion, etwa Gewitter, Erdbeben, Ueberschwemmungen etc vorausahnen, so giebts Menschen denen die sozialen Revoluzionen sich im Gemüthe voraus ankündigen, und denen es dabey lähmend betäubend und seltsam stockend zu Muthe wird. So erkläre ich mir meinen diesjährigen Zustand bis zum Ende July. Ich befand mich frisch und gesund und konnte nichts treiben als Revoluzionsgeschichte, Tag und Nacht. Zwey Monath badete ich in Helgoland, und als die Nachricht der großen Woche dort anlangte, wars mir als verstände sich das von selbst, als sey es nur eine Fortsetzung meiner Studien."[6] Und so hat er dann die für ihn hochdramatischen Ereignisse der Julirevolution in seinen Briefen aus Helgoland beschrieben, die er 1840 in seinem Buch über Ludwig Börne veröffentlichte. Die entstehungsgeschichtlichen Zeugnisse sprechen dafür, daß diese Briefe aus Helgoland bereits im Herbst 1830, also in unmittelbarer Reaktion auf die Julirevolution, verfaßt worden sind, nicht etwa später oder kurz vor dem Erscheinen seines Buches über Ludwig Börne, und so ist die Nachschrift zu den Helgoländer Briefen, "Neun Jahre später" überschrieben, keine Fiktion, sondern entspricht seiner nachträglichen, nun freilich sehr ernüchterten Stellungnahme: die Dinge trugen in Wirklichkeit ganz andere Farben, als Heine das 1830 zu sehen vermeint hatte.

Nun stammt Heines providentielle Bemerkung aus der Zeit nach der Julirevolution, und man könnte ihm zumindest vorhalten, daß nachträglich gut prophezeien sei. Aber gerade Heine hat wie Börne immer wieder in den Jahren vor der Julirevolution diese und überhaupt eine allgemeine Veränderung der Zeiten angekündigt. So merkte er etwa in seiner "Reise von München nach Genua", die 1828/29 entstand, einiges an, das nachträglich durchaus als Prophetie erscheint, auch wenn Heine in Bildern und Vergleichen spricht. Es heißt dort: "'Es wird ein schöner Tag werden', rief mein Reisegefährte aus dem Wagen mir zu. Ja, es wird ein schöner Tag werden, wiederholte leise mein betendes Herz, und zitterte vor Wehmut und Freude. Ja, es wird ein schöner Tag werden, die Freyheitssonne wird die Erde glücklicher wärmen als die Aristokratie sämmtlicher Sterne; emporblühen

---

6 Heinrich Heine. Säkularausgabe. Bd. 20. Briefe 1815-1831. Bearbeiter Fritz H. Eisner. Berlin/Paris 1970. S. 421f.

wird ein neues Geschlecht, das erzeugt worden in freyer Wahlumarmung, nicht im Zwangsbette und unter der Controlle geistlicher Zöllner; mit der freyen Geburt werden auch in den Menschen freye Gedanken und Gefühle zur Welt kommen, wovon wir geborenen Knechte keine Ahnung haben - O! sie werden eben so wenig ahnen, wie entsetzlich die Nacht war, in deren Dunkel wir leben mußten, und wie grauenhaft wir zu kämpfen hatten, mit häßlichen Gespenstern, dumpfen Eulen und scheinheiligen Sündern! O wir armen Kämpfer! die wir unsre Lebenszeit in solchem Kampf vergeuden mußten, und müde und bleich sind, wenn der Siegestag hervorstralt!"[7] Heine wußte, daß die öffentliche Ruhe trügerisch war, obwohl es nichts gab, was ihn in diesem Wissen unterstützte, als seine eigene Sensibilität für Zeitveränderungen, die ihn dann die Ereignisse der Julirevolution selbst als etwas völlig Selbstverständliches erscheinen ließ. In der gleichen Schrift hat Heine von der Emanzipation als der großen Aufgabe unserer Zeit gesprochen, und er schrieb: "Nicht bloß die der Irländer, Griechen, Frankfurter Juden, westindischen Schwarzen und dergleichen gedrückten Volkes, sondern es ist die Emanzipation der ganzen Welt, absonderlich Europas, das mündig geworden ist, und sich jetzt losreißt von dem eisernen Gängelbande der Bevorrechteten, der Aristokratie".[8] Verständlich, daß von solchen Prophezeiungen her die Julirevolution dann tatsächlich nur als zwangsläufige Folge einer längst in Gang gekommenen Entwicklung erscheinen mußte. Heine hat sich geradezu als Sprecher seiner Zeit verstanden, sein Schreiben als echtes "Tribunat oder Apostolat"[9], auch davon gesprochen, daß er das Prophetenamt so lange schon vor den Juliustagen getrieben habe, "daß das innere Feuer mich schier verzehrt"[10]. Wiederum sind die Helgoländer Briefe das eindringlichste Zeugnis dieses Tribunenamtes, dieser erfüllten Prophetie, und daß es eine politische Revolution war, die seine Voraussagen so eindrucksvoll bestätigte, hat ihn zu vielen weiteren Kommentaren veranlaßt.

Dennoch: die Julirevolution ist nicht das einzige entscheidende Ereignis gewesen, das die Bewegung des Jungen Deutschland in Gang brachte. Sie ist oft in der Literatur überschätzt worden, und mit dieser Überschätzung ging eine Interpretation der Bewegung des Jungen Deutschland einher, die

---

7 Heinrich Heine: Reise von München nach Genua. In: Heinrich Heine. Historisch-kritische Gesamtausgabe der Werke. Hrsg. von Manfred Windfuhr. Bd. 7/1 bearbeitet von Alfred Opitz. Hamburg 1986. S. 74.

8 Ebd., S. 69.

9 Heinrich Heine: Der Salon: Erster Band. Vorrede. In: Heinrich Heines Sämtliche Werke. Hrsg. von Ernst Elster. Bd. 4. Leipzig/Wien o. J. S. 14.

10 Ebd., S. 15.

die literarische Bedeutung der jungdeutschen Bestrebungen herunterspielte oder gar nicht mehr sah. Eine der ersten gründlichen Darstellungen des Jungen Deutschlands nach 1945 glaubte für die Jungdeutschen feststellen zu können, "daß die Julirevolution der e n t s c h e i d e n d e Moment ihres Lebens war, ja ihre gesamte politische und literarische Konzeption ist nur auf Grund und im Rahmen der Nachwirkungen vorstellbar, die in Deutschland nach den Pariser Kämpfen zu spüren sind".[11] Damit wird das Junge Deutschland zu einer mehr oder weniger ausschließlich politischen Bewegung mit politischen Umsturzgesten, mit subversiven Absichten und demagogischer Energie. Wer die Verhältnisse so sieht, vereinseitigt sie aber und bestätigt das alte Vorurteil, daß die Jungdeutschen politisch verdächtige Gesellen gewesen seien, daß damit ihr Verbot 1835 von seiten der Bundesstaaten auf die Empfehlung der Frankfurter Bundesversammlung vom 10. Dezember 1835 hin verständlich gewesen und daß da nicht zum ersten Mal, aber doch mit erstmals außerordentlicher Breitenwirkung eine literarische Bewegung mit politischer Zielsetzung aus politischen Gründen verboten worden sei. Ein gefährliches Mißverständnis, am Ende später angetan, die Literatur der Jungdeutschen auch heute noch teilweise zu diskreditieren, da sie damit als Rebellen und Staatsfeinde, als Aufwiegler und Demagogen erschienen: eine zwar eindeutige, aber nicht weniger einseitige Interpretation. Begeht man dann noch den Fehler, den Kreis der Jungdeutschen auszudehnen auf alle, die sich irgendwann liberaler Vorstellungen bedient und diese ausgesprochen haben, sieht man also im Jungen Deutschland eine Bewegung, die überhaupt "nach politischer, religiöser und moralischer Freiheit" drängte,[12] erkennt man in ihrem Erscheinungsbild die Geschichte der "deutschen Liberalität" und in den jungdeutschen Vertretern nur Sprachrohre einer allgemeinen, vorwiegend politischen Unzufriedenheit, die dann auch auf religiöse und moralische Bereiche und Themen übergriff und diese einbezog, dann ist aus der Gruppe politisch aufmüpfiger Rebellen am Ende eine Sammlung von Repräsentanten einer allgemeinen Unzufriedenheit geworden, sind es Wortführer einer anti-restaurativen Stimmung, einer breiten Schicht von Kritikern jeglicher Provenienz, erscheinen hier die Sprecher einer generellen Mißlaunigkeit, die sich vor allem in politischen Forderungen breitmachte. So ist das Junge Deutschland wiederholt gedeutet worden, nicht immer zum Vorteil wirklicher Einsichten in die Natur dieser Bewe-

---

11 Walter Dietze: Junges Deutschland und deutsche Klassik. Zur Ästhetik und Literaturtheorie des Vormärz. Berlin [3]1962. S. 123.

12 So Jost Hermand in: Das Junge Deutschland. Texte und Dokumente. Hrsg. von Jost Hermand. Stuttgart 1966. S. 370.

gung. Kein Zweifel, daß die Julirevolution bedeutsam war, aber die Bedeutung dieses Ereignisses wird vereinseitigt, sieht man in ihm nur politische und dazu dann noch religiöse und moralische Aspekte und Emanzipationsbestrebungen. Die Jungdeutschen wollten in erster Linie nicht eine neue Politik, sondern eine neue Literatur schaffen, und es ist jenes andere Ereignis der frühen 30er Jahre, das sie mindestens ebenso tief bewegte wie die Französische Revolution von 1830: der Tod Goethes.

Auch der war in gewisser Weise symptomatisch, stand er doch für den Abschluß einer ganzen Epoche, für das Ende der "Kunstperiode", wie Heinrich Heine sie benannt hatte. Heine hat beschrieben, wie der Tod den Adel des Geistes von damals fast gleichzeitig zu sich versammelte: "Es ist als sey der Tod in diesem Jahre plötzlich aristokratisch geworden, als habe er die Notabilitäten dieser Erde besonders auszeichnen wollen, indem er sie gleichzeitig ins Grab schickte."[13] In der Tat hat es um 1830 Verluste gegeben, die in dieser Häufung ungewöhnlich waren. Jean Paul war schon 1825 gestorben, 1829 starb Friedrich Schlegel, 1831 starben Hegel, Niebuhr und Achim von Arnim; 1832 Goethe, Zelter, Gentz und der Verleger Cotta; 1833 starb Rahel Varnhagen, 1835 Wilhelm von Humboldt. Damit waren die Repräsentanten einer ganzen Generation verschwunden, und die damals gehaltenen Gedenkreden lassen etwas von der Bestürzung erkennen, mit der die Zeitgenossen den Tod so vieler Großer zur Kenntnis genommen hatten. Karl Gutzkow schrieb: "Seit einigen Jahren mäht der Tod in den Reihen der deutschen Männer, welche ein in verschwundenen Zeiten erworbenes Kapital an Ruhm sorgfältig angelegt haben. Nach der Julirevolution sah sich das Vaterland nach diesen großen Gelehrten, Weltweisen und Staatskundigen um, und konnte sie nicht finden, die sich mit den Renten ihrer Vergangenheit von dem ersten Schauplatz der Begebenheiten geflüchtet hatten".[14] Auch manche Jungdeutschen haben den Tod so vieler, vor allem aber den Tod Goethes nicht als Erleichterung empfunden, sondern als Verlust; zumindest hat sich in das Aufatmen über das Ende Goethes als einer literarischen Figur von gleichsam diktatorischen Ausmaßen auch die Sorge gemischt, ob hier nicht ein Verlust eingetreten sei, der nicht wieder wettzumachen sei. Gerade Heines Stellungnahmen sind dafür besonders bezeich-

---

13 Heinrich Heine: Die romantische Schule. In: Heinrich Heine. Historisch-kritische Gesamtausgabe der Werke. Hrsg. von Manfred Windfuhr. Bd. 8/1 bearbeitet von Manfred Windfuhr. Hamburg 1979. S. 163.

14 Karl Gutzkow: Beiträge zur Geschichte der neuesten Literatur. Stuttgart 1839. Bd. 2. S. 91.

nend. Deutlicher noch als die Julirevolution hat Heinrich Heine spätestens seit 1828 das Ende der Goetheschen Kunstperiode vorausgesagt, mehrfach und unter Hinweis auf die Bedeutung dieser Veränderung für die literarische Welt. Nachträglich schrieb er: "Ich hatte gut prophezeyen! Ich kannte sehr gut die Mittel und Wege jener Unzufriedenen, die dem goetheschen Kunstreich ein Ende machen wollten, und in den damaligen Emeuten gegen Goethe will man sogar mich selbst gesehen haben. Nun Goethe todt ist bemächtigt sich meiner darob ein wunderbarer Schmerz".[15] Das ist nicht politische, das ist literarische Unzufriedenheit, und man kommt auch hier dem Jungen Deutschland nicht bei, sieht man in ihm nur den Ausdruck eines politisch orientierten "'Zeitgeistes', der weit über das bloß Cliquenhafte hinausreicht".[16] Das Junge Deutschland war mindestens ebensosehr auf eine Kunstrevolution aus, und im Verlauf der Geschichte dieser Bewegung zeigte sich, daß zwar die politischen Mißverständnisse, die in dem Verbot des Jungen Deutschland gipfelten, zunahmen, daß aber gleichzeitig die literarischen Zielsetzungen immer genauer wurden; daß von politischen Gemeinsamkeiten wenig oder gar mehr nicht die Rede sein konnte, daß der literarische Gewinn aber ständig wuchs. Hinzu kommen die durchaus nicht immer von außen erzwungenen Distanzierungen jungdeutscher Schriftsteller von politischen Absichten und Inanspruchnahmen. Am Anfang aber stand auch die Betroffenheit durch den Tod Goethes, und so sind die Julirevolution u n d der Tod Goethes die beiden initiatorischen Ereignisse, die die Bewegung des Jungen Deutschlands erst zusammenbrachten. Zur Wirkungsgeschichte des Jungen Deutschland gehört, daß man im Laufe der Jahre immer stärker die politische Bedeutung der Julirevolution gesehen hat, hingegen nicht so sehr die literaturpolitische Bedeutung von Goethes Tod. Die eigentliche Emanzipationsbewegung aber war primär literarischer Natur, nicht politischer: und das nicht etwa nur, weil zu politischer Emanzipation keine Möglichkeit bestanden hätte. Konzentriert man sich bei der Betrachtung der Bewegung des Jungen Deutschland auf die l i t e r a r i s c h e n Resultate, die schriftstellerischen Errungenschaften, die poetischen Zielsetzungen, so wird man finden, daß dort sehr präzise neue Forderungen aufgestellt wurden, während die politische allgemeine Unzufriedenheit eben die Unzufriedenheit vieler war; und wenn auch das Verbot des

15 Heinrich Heine: Die romantische Schule. In: Heinrich Heine. Historisch-kritische Gesamtausgabe der Werke. Hrsg. von Manfred Windfuhr. Bd. 8/1 bearbeitet von Manfred Windfuhr. Hamburg 1979. S. 125.

16 Jost Hermand in: Das Junge Deutschland. Texte und Dokumente. Hrsg. von Jost Hermand. Stuttgart 1966. S. 370.

Jungen Deutschland die politischen Implikationen noch einmal hochbrachte, das Junge Deutschland als politische Bewegung erscheinen ließ und zu politischen Verfolgungen führte, so lassen schon die Reaktionen der Betroffenen erkennen, in welchem Ausmaß sie sich damals mißverstanden fühlten. Das waren nicht taktische Erwägungen, mit der Literatur zu argumentieren, wo politische Vorwürfe erhoben wurden, sondern entsprach den eigentlichen Zielsetzungen des Jungen Deutschland.

Aber auch der Tod Goethes und damit das Ende der Kunstperiode war alles andere als ein allgemeiner Anlaß zum Jubel der endlich literarisch befreiten jüngeren Generation. Bereits die unmittelbaren Reaktionen auf Goethes Tod lassen eine eigentümliche Doppelgesichtigkeit erkennen, schwanken zwischen Befreiungsgefühlen und Trauerempfindungen, wie das in Heines Stellungnahme so deutlich zum Ausdruck kommt. Wenn die Jungdeutschen auch über die literarische Bedeutung dieses Todes nicht die geringsten Zweifel ließen, so waren sie in der Bewertung doch ambivalent. Das gilt zwar nicht für alle; Börne vor allem hat den Tod Goethes als eine große Befreiung empfunden. Aber bei Heine und Wienbarg, bei Laube und auch bei Mundt kommt es zu gemischten Empfindungen, zu einer fast paradoxen Gegenläufigkeit von Freude und Trauer. Das hat mancherlei Gründe: zum einen war die Bindung an die Vergangenheit offenbar doch größer, als das auf den ersten Blick hin erkennbar gewesen sein mochte, zum anderen drückte sich darin das instabile Gegenwartsverhältnis der Jungdeutschen überhaupt aus, die Ambiguität des Zeitgeistes, so wie sie ihn verstanden, die Janushaftigkeit der eigenen Epoche. Und bereits hier wird etwas sichtbar von der Zweideutigkeit, die die Gegenwart damals für die Jungdeutschen hatte, auch vom Bewußtsein, in einer Übergangsperiode zu leben. Dieses Bewußtsein hat das Gegenwartsverständnis der Jungdeutschen wie kaum etwas anderes geprägt.

III. DIE ZEIT UND IHRE GESICHTER

Karl Gutzkow: Unsere Zeit ist positiv

Es ist grundfalsch, daß unsere Zeit negativ sei. Sie ist so positiv, wie irgend eine. Von dem ersten Brausen, als die Ventile der Schöpfung losgelassen wurden, bis auf den heutigen Tag ist nie Stillstand gewesen; und die Kunst war immer positiv. Sie warf niemals ihr Winkelmaaß von sich, und spannte den Cirkel nie so weit aus, als sollt' er die unendliche Luft umkreisen. War die ächte Poesie je etwas anders, als die Kraft, sein Zeitalter zu übersehen, wie es wacht, und an die Nachwelt zu verrathen, was es träumte? die Poesie darf nie von der Zeit überwältigt werden; denn noch der letzte Mensch wird höher stehen als die Schöpfung, der er nur zur Hälfte angehörte. Wer hat ein klares Auge? Seht, seht, das Jahrhundert zittert ja vor euch, das Jahrhundert hat seine Haltung verloren und blickt euch wehmüthig in die Augen: es will lind und freundlich von euch angesprochen sein. Es wartet nur, daß ihr kommt; so fromm, so poetisch, so fröhlich kommt, wie ein Fußwandrer im Gebirge! Mephisto neckte nur: jetzt spricht er lachend: Wozu der Lärm?
Mein Glaubensbekenntniß!
Ich glaube an die Zeit, die allmächtige Schöpferin Himmels und der Erden, und ihren eingeborenen Sohn, die Kunst, welche viel gelitten hat unter Pontius und Pilatus, von Crethi und Plethi, und doch die Welt erlösen helfen wird, und bis dahin glaub' ich an den heiligen Geist der Kritik, welchen die Zeit gesandt hat, zu richten die Lebendigen und die Toten.

Karl Gutzkow: Theodor Mundt, Willibald Alexis und die Pommersche Dichterschule, oder über einige literar-historische Symptome. In: Phönix. Frühlings-Zeitung für Deutschland. Hrsg. von Eduard Duller. Mit einem Literatur-Blatt von Karl Gutzkow. Jg. 1835. 1. Halbjahr (1.1.-30.6.). Frankfurt/M. 1835. S. 311.

Karl Gutzkow: Die Moderne - ein so flatterhafter, leichtsinniger Begriff!

Im allgemeinen will ich gern meine Schwächen eingestehen, doch das sogenannte Moderne recht definieren zu können. Vorzugsweise das Neue ist es nicht. Es ist, wie wir schon sagten, oft genug das Alte, wenn auch im neuen Sinne genommen. Es ist ein so flatterhafter, leichtsinniger Begriff, daß man ihn kaum bis zu einer schöpferischen Definition zügeln kann. Modern ist meine Weste, modern aber auch eine Anschauung, die ich hier oder da geäußert habe. Ich habe mich dabei so ziemlich auf 'die Höhe unserer Zeit' gestellt und eine Sache so beurteilt, wie man es von einem 'Bürger des neunzehnten Jahrhunderts' erwarten konnte. Gut, dann möchte doch wohl das Moderne alles zusammenfassen, was die neue Zeit erstrebt, sogar die Toleranz und die gerechte Würdigung des Alten. Beispiele werden den Begriff klarer machen als Definitionen.

Karl Gutzkow: Die Mode und das Moderne. In: Gutzkows Werke. Auswahl in zwölf Teilen. Hrsg. mit Einleitungen und Anmerkungen versehen von Reinhold Gensel. Teil 11. Berlin u. a. [1912]. S. 16.

Theodor Mundt: Der Zeitgeist tut mir weh

Ich habe den Zeitpolyp. Seit der Juli-Revolution 1830 hat er sich in meinem Herzen angeschwemmt, und muß jetzt gerade so groß geworden sein, wie eins von den Revolutionseiern, die, wie mein College bei der hiesigen Salinenschreiberei, der Copist Mundus, immer erzählt, ein aus dem uralten Räthselland Aegypten herübergeflogener dämonischer Vogel in den Julitagen über ganz Europa gelegt haben soll; so daß nach seiner Ansicht die Juli-Revolution nie in einem Wintermonat hätte ausbrechen können, sondern blos die heiße Julisonne es verschuldet hatte, daß jene Eier ausgebrütet wurden. Aber mein Zeitpolyp, glaube mir, Mädchen! ist eine schwere, zehrende Krankheit. Er frißt und kneift an meiner Natur, wie das vielberüchtigte Prinzip der Bewegung an einem stabile Einfälle wie ein altes Haus habenden Staatsgebäude. Es ist das Wehthun der Zeit in meinem innersten Menschen, woran ich hinschmachte. Der Zeitgeist thut weh in mir, Esperance! Kennst Du das? Der Zeitgeist zuckt, dröhnt, zieht, wirbelt und hambachert in mir; er pfeift in mir hell wie eine Wachtel, spielt die Kriegstrompete auf mir, singt die Marseillaise in all meinen Eingeweihten, und donnert mir in Lunge und Leber mit der Pauke des Aufruhrs herum. Vergebens lese ich in jetziger Stimmung meinen alten geliebten Goethe, um mich durch ihn wieder in die gute goldene altväterliche Ruhe eines literarischen Deutschlands hineinzuwiegen und einzulullen; vergebens brauche ich seine herrlichen Werke, um sie mir gewissermaßen als Aufruhr-Acte gegen meine dermalige Zeitaufregung zu verlesen. Es hilft Alles nichts mehr.

Theodor Mundt: Moderne Lebenswirren. Briefe und Zeitabenteuer eines Salzschreibers. Leipzig 1834. S. 11f.

Theodor Mundt: Diese Periode ist eine Übergangsperiode

Diese Periode, ungeachtet ihrer Weltgerichtsmine, ist auch nur eine U e b e r - g a n g s - P e r i o d e, zum Trotz und zum Schrecken Denen, welche einen Abschluß, eine Endepoche darin gefunden wähnten! An diese Uebergangsperiode ist dann bereits das Hegelsche System als ein solches Culminations-System des sich selbst denkenden Gedankens, als die Lehre der nackten Wahrheit, verfallen, oder es ist vielmehr das eigentliche System dieser Uebergangsperiode selbst, und als solches welthistorisch. [...] Immer, wenn die Cultur gewisse Endpuncte erreicht hat, beginnt sie sich selbst umzubiegen, und in dem sie sich zurückbildet in ihren Grund, aus dem sie geworden, erzeugt sie auf diesem Wege das Neue, das noch nicht dagewesen war.

Theodor Mundt: Madonna. Unterhaltungen mit einer Heiligen. Leipzig 1835. S. 410f.

Ludolf Wienbarg: Es ist eine drückende Zeit

Die Manifestation einer neuen Anschauungsweise und damit eines neuen Lebens, einer neuen Kunst und Poesie ist, wie wir am Beispiel der griechischen und christlichen gesehen, kein momentaner Akt, der sich sofort aller geschichtlichen Elemente bemächtigte und die Formen der früheren Anschauungsweise auf einmal zertrümmerte, sondern ein progressiver Akt, dem nur allmählich die Überwältigung und Ausscheidung der zuckenden, abgestorbenen Lebensreste gelingt. Es verharrt die Zeit so lang im Verpuppungszustande, bis ihr unter der Decke die Flügel ausgewachsen sind, sie dehnt sich, lockert sich, erwartet den Augenblick - dann kostet es nur einen Sonnenstrahl, vielleicht den ersten nach schwerem Gewitter, und gesprengt ist der alte Leib, und die Psyche der Menschheit atmet wieder die Freiheit ein.

In solch verpupptem Zustande erscheint uns die Gegenwart. Sie trägt noch die Larve der alten Zeit, die häßliche, runzligte Larve, und das Leben, das sich im Innern entfaltet, ist nur noch ein hüpfender Punkt, ist noch gemischt aus Seufzern der Hoffnung und Seufzern des Schmerzes. Aber es ist ein neues Leben, so gewiß und wahrhaftig, als das alte tot ist und nur noch mit gespenstischer Hülle das junge drückt, verschließt und beängstigt.

Täuschen wir uns nicht, vieles scheint noch lebendig, weil es leibhaft vor uns steht. Groß ist die Macht, die im Schein des Sichtbaren liegt, tiefgewurzelt die gläubige Gewohnheit, hinter dem Sichtbaren das Unsichtbare vorauszusetzen.

Ludolf Wienbarg: Ästhetische Feldzüge. Hrsg. von Walter Dietze. Berlin/ Weimar 1964. S. 75.

***

"Mir gleicht unsere Zeit dieser weiten, ungewissen Dämmerung! Licht und Schatten ringen noch ungeschieden in wunderbaren Massen gewaltig miteinander, dunkle Wolken zieh'n Verhängnißschwer dazwischen, ungewiß, ob sie Tod oder Segen führen, die Welt liegt unten in weiter, dumpfstiller Erwartung. Cometen und wunderbare Himmelszeichen zeigen sich wieder, Gespenster wandeln wieder durch unsere Nächte, fabelhafte Syrenen selber tauchen, wie vor nahen Gewittern, von neuem über den Meeresspiegel und singen, alles weißt wie mit blutigem Finger warnend auf ein großes, unvermeidliches Unglück hin. U n s e r e Jugend erfreut kein sorglos leichtes Spiel, keine fröhliche Ruhe, wie unsere Väter, uns hat frühe der Ernst des Lebens gefaßt. Im Kampfe sind wir gebohren, und im Kampfe werden wir, überwunden oder triumphirend, untergeh'n. Denn aus dem Zauberrauche unserer Bildung wird sich ein Kriegs-Gespenst gestalten, geharnischt, mit bleichem Todtengesicht und blutigen Haaren; wessen Auge in der Einsamkeit geübt, der sieht schon jetzt in den wunderbaren Verschlingungen des Dampfes die Lineamente dazu aufringen und sich leise formiren. Verlohren ist, wen die Zeit unvorbereitet und ungewaffnet trifft; und wie mancher, der weich und aufgelegt zu Lust und fröhlichem Dichten, sich so gern mit der Welt vertrüge, wird, wie Prinz Hamlet, zu sich selber sagen: Weh', daß ich zur Welt, sie einzurichten, kam! Denn aus ihren Fugen wird sie noch einmal kommen, ein unerhörter Kampf zwischen Altem und Neuem beginnen, die Leidenschaften, die jetzt verkappt schleichen, werden die Larven wegwerfen und flammender Wahnsinn sich mit Brandfackeln in die Verwirrung stürzen, als wäre die Hölle losgelassen, Recht und Unrecht, beyde Partheyen, in blinder Wuth einander verwechseln".[1] So heißt es in Joseph von Eichendorffs Roman "Ahnung und Gegenwart" am Schluß des Buches, das er im Herbst 1812 fertigstellte. Eichendorff hat später das Junge Deutschland satirisch und polemisch scharf bekämpft, aber seine Zeitdiagnose, durch Friedrich in seinem Roman vorgebracht, deckt sich weitgehend mit der, die die Jungdeutschen zwanzig Jahre später vielfach variiert gaben. Ihr wichtigstes Kennzeichen ist die Interpretation der Zeit als einer Übergangszeit. Was die Interpretation Eichendorffs von der der Jungdeutschen unterscheidet, ist das Heilmittel, das bei Eichendorff der Unsicherheit steuern könnte. Für ihn sind es Christentum und Kirche, Kloster und Pilgerfahrt. "Die weiße Taube kommt durch die blaue Luft geflogen": das ist in Eichendorffs allegorischem Stil die Erwartung eines neuanbrechenden Äons der Christlichkeit, und wenn er von der "neuen und doch ewig alten Sonne" spricht[2], so ist das ebenfalls ein christliches Symbol, während die Jungdeutschen auch von der Sonne handeln, aber die Freiheitssonne meinen, die mit den französischen Revolutionen aufgegangen ist.

Die Jungdeutschen haben mit vielen ihrer Zeitgenossen gemeinsam, daß sie ihre eigene Gegenwart als Interregnum interpretierten. Aber das allgemeine Gefühl einer Zeitenwende, das schon vor 1830 sich überall breitgemacht hatte, reicht noch nicht, um die Eigentümlichkeit der jungdeutschen Literatur näher einzugrenzen und um die Bewegung in ihrer Eigenart gegen allgemeine Zeitempfindungen abzusetzen, wie sie sich damals fast jedermann mitteilten. Diese Deutung der Zeit unterscheidet sich kaum von ähnlichen Bekundungen anderer, denn wie das Beispiel Eichendorffs zeigt, gibt

---

1 Joseph von Eichendorff: Ahnung und Gegenwart. In: Joseph von Eichendorff. Historisch-Kritische Ausgabe. Hrsg. von Hermann Kunisch und Helmut Koopmann. Bd. 3. Hrsg. von Christiane Briegleb und Clemens Rauschenberg. Stuttgart u. a. 1984. S. 333f.

2 Ebd., S. 334.

es ähnliche Stimmungen auch im konservativen Lager. Allerdings hat niemand die eigene Gegenwart so rigoros, so nachdrücklich und so eindringlich als Übergangszeit bestimmt wie das Junge Deutschland. Und es war das Junge Deutschland, das dieses Bewußtsein, in einer sich rapide wandelnden Welt zu leben, als spezifisches Bewußtsein der Moderne erkannt hat. Im Unterschied etwa zu Eichendorff gab es für das Junge Deutschland keine theologischen Sicherungen, keine konservative Lebensphilosophie oder auch nur einen das eigene Selbstverständnis sichernden Blick zurück. Zur Moderne gehört aus der Sicht der Jungen Deutschland das Wissen um die nicht harmonisierbaren Spannungen der Zeit.

Die Entgegensetzung von Moderne und Antike ist alt, sie geht zurück auf die berühmte "Querelle des anciens et des modernes"; Friedrich Schlegel hatte schon 1795/96 eine neue Begriffsbestimmung der Moderne versucht und damit den Prozeß weitergeführt, der auf die generelle Ablösung von einer für vorbildlich gehaltenen Antike hinauslief. Gutzkow hat das richtig erkannt, als er davon sprach, daß der Begriff der Moderne sich allmählich aller europäischen Literaturen bemächtigt habe. Aber er hat, darin stellvertretend für die Jungdeutschen, den Begriff der Moderne neu zu definieren versucht. Modern ist für ihn nicht nur das, was aus dem Gegensatz zum Antiken heraus existiert, sondern vor allem das, was sich als unvermitteltes Nebeneinander heterogener Gefühls- und Stimmungsäußerungen, als Dichotomie von Bewußtsein und Gemüt, von Pessimismus und Optimismus äußert. Doch Gutzkow geht noch weiter. Für ihn ist die Moderne und damit das gegenwärtige Zeitalter ein solches, in dem die traditionellen Wertungen und Orientierungshilfen keine Gültigkeit mehr haben, neue Positionsbestimmungen aber noch nicht möglich sind - ein Zustand, der freilich nicht als glorioser Befreiungsfeldzug aus überkommenen Traditionen erlebt wird, sondern als Beginn eines modernen Subjektivismus, ja als Anbruch einer tiefreichenden Stillosigkeit. Eben das macht für ihn die "Unbestimmtheit unserer heutigen Zustände" aus[3].

Verständlich, daß von hier aus die Epoche als Übergangszeit erscheinen mußte. Vermutlich sind die Jahre nach 1830 in der Tat solche gewesen, in denen sich zum ersten Mal ein breites Bewußtsein für die schnelle Veränderbarkeit der Weltverhältnisse entwickelte und in denen die Zeit als ein reißend hinschießender Strom erlebt wurde, der morgen ungültig machte, was heute noch Geltung hatte. Moderne hieß in diesem Sinne auch rasche

---

3 Karl Gutzkow: Die Mode und das Moderne. In: Gutzkows Werke. Auswahl in 12 Teilen. Hrsg. mit Einleitungen und Anmerkungen versehen von Reinhold Gensel. Teil 11. Berlin u. a. [1912]. S. 15-25, hier S. 19.

Vergänglichkeit, Instabilität aller Verhältnisse, ein Ende gesicherter Ordnungen, Ungewißheit über die Geltungsmöglichkeit und die Geltungsdauer zukünftiger.

Der eigentliche Gewinn ist in den Augen Gutzkows allerdings nicht ein intensiviertes Zeitbewußtsein, sondern eine damit aufgekommene Fähigkeit zur Kritik, die in Frage zu stellen bereit ist, was immer als unbezweifelbar gelten mochte. Das macht die eigentliche Signatur der Moderne aus: das Recht, der Welt gegenüber "zu bezweifeln, ob sie so bleiben darf, wie sie ist"[4]. Die Folgen für die Literatur liegen für Gutzkow auf der Hand: "Moderne Literatur heißt Abspiegelung der Zeitgenossen in den Lagen, worin sich diese befinden, Einmischung in ihre Debatten, Frage und Antwort in Sachen des allgemeinen Nachdenkens und der praktischen Philosophie".[5] Das ist das freilich nicht sehr genau, aber von der Tendenz her überzeugend formulierte Programm der neuen Literatur. Und es ist eben dieses kritische Bewußtsein, von dem her verständlich ist, warum die neue Zeit nicht anders denn als eine Übergangszeit erscheinen mußte. Generelle Wahrheiten gab es nicht mehr, wohl aber eine ständige Bewegung von überkommenen Wahrheiten weg, zu neu zu suchenden hin. Eine derartige Bereitschaft, Verhältnisse zu verändern und veränderte Verhältnisse anzunehmen, ist nur in einer Zeit möglich, die sich als transitorisch begreift, auf dem Wege befindlich aus einer nicht mehr akzeptierten Vergangenheit in eine noch nicht klar erkannte Zukunft hinein. Gutzkow war konsequent genug, auch das "Moderne" nicht als dauernden "Typus des gegenwärtigen Zeitalters" anzuerkennen[6], da ja zum Wesen dieser Moderne gehört, daß sie sich immer wieder neu in Frage stellt. Darin wird deutlich, daß die von Gutzkow so charakterisierte "Moderne" die Fortsetzung der Aufklärung im 19. Jahrhundert ist und daß jetzt noch Emanzipationsvorgänge wirksam sind, die sich im 18. Jahrhundert angebahnt hatten. Hier befreit sich das Individuum endgültig, proklamiert unter dem Deckmantel der Moderne seine völlige Selbstbestimmung, und wenn auf der einen Seite als Verlust erscheint, was Gutzkow zu seiner eigenen Gegenwart zu sagen hat, so ist auf der anderen Seite doch Gewinn, was durch den Verlust alter Bindungen erworben wird: zwar geht das Absolute verloren, aber das Individuum kann sich nur so bewahren. Kritik ist die oberste Maxime der neuen Lebensform, die sich auch in den neuen literarischen Begriffsbestimmungen äußert. Die Romantiker, eine Generation früher, waren an diesen Verabsolutierungsver-

---

4 Ebd.

5 Ebd., S. 24.

6 Ebd., S. 25.

suchen der eigenen Existenz mehr oder weniger alle gescheitert. Friedrich Schlegel ist mit seiner "freischwebenden Intelligenz" nicht fertig geworden und suchte seinen Halt, ähnlich wie Friedrich in Eichendorffs Roman, schließlich in der katholischen Kirche. Eine Generation später scheinen die Selbstbestimmungsversuche gründlicher zu sein, und Gutzkow ist einer ihrer Wegbereiter.

Mit politischen Forderungen hat das alles sehr wenig, zumeist gar nichts zu tun. Die Einsicht in die Notwendigkeit, in der Zukunft neue Markierungspunkte auszumachen, führte sogar gelegentlich dazu, die Julirevolution als "die Sündfluth der neueren Geschichte" zu betrachten. "Die letzte Revolution und die aus ihr hervorgegangene Juliregierung haben aber am meisten verdorben und eine wahre Verwüstung angestellt mit der Idee der Freiheit sowohl in Frankreich wie in der ganzen Welt": das schrieb Theodor Mundt,[7] und von daher wird deutlich, daß mit "Übergangsperiode" nicht etwa eine auf die Julirevolution folgende und überall verherrlichte Aufbruchssituation gemeint war, sondern daß aus der Sicht Theodor Mundts die Gegenwart nirgendwo deswegen recht hatte Fuß fassen können, weil die Julirevolution keine wirklich neue Zeit eingeläutet hatte. Sieht man die Dinge so, dann ist die als Übergangszeit empfundene eigene Gegenwart das eher desolate Ergebnis eines nicht zu Ende gekommenen Umsturzes. Mundt schrieb ebenfalls: "Die politische Begeisterung ist schnell aus den deutschen Gesellschaftssalons entflohn, deren solide Langeweile eine gewisse Zeit hindurch unmittelbar nach der Julirevolution von ihr belebt worden war".[8] Auch von daher gesehen ist es berechtigt, die Bedeutung der Julirevolution zu relativieren: sie war sicherlich nicht das Zentralereignis für die Jungdeutschen, wie das gelegentlich behauptet worden ist. Aus einer solchen Zeitstimmung heraus wurde die Literatur nur um so bedeutsamer, und wiederum hat Theodor Mundt darauf hingewiesen, daß sich angesichts dieser Zeitverhältnisse die Deutschen mit dem beholfen hätten, "was ihnen ihre Literatur bringt". Theodor Mundt hat mehrfach zum Ausdruck gebracht, daß literarische Veränderungen die entscheidenden und eigentlichen in dieser Zeit gewesen seien. "Am meisten wartet auf einen großen Umschwung der Dinge d i e P o e s i e. Sie ist unter den heutigen Richtungen des Lebens die wachsamste"[9]: auch das ist ein Hinweis darauf,

---

7 Theodor Mundt: Spaziergänge und Weltfahrten. Bd. 3. Altona 1839. S. 357f.

8 Theodor Mundt: Zeitperspektive 1834. In: Schriften in bunter Reihe. Zur Anregung und Unterhaltung. Hrsg. von Theodor Mundt. Heft 1. Leipzig 1834. S. 1-8, hier S. 3.

9 Ebd., S. 7.

in der literarischen Revolution, der literarischen Umorientierung die wirklichen Tendenzen des Jungen Deutschland zu sehen, die von ihm entworfenen Zeitbilder als literarische Geländegewinne zu verbuchen. Und so sprach er denn nicht vom Messias der neuen Politik, sondern von einem solchen der neuen Literatur; dort, meinte er, ereigne sich das Demokratische, lasse das neue Interesse an der Sache deutlich werden, wie groß das frühere Interesse an den "großen Persönlichkeiten" gewesen sei[10]. Aus dieser Sicht bedeutet Übergangszeit den Wechsel von einer aristokratischen Literaturepoche zu einer demokratisch bestimmten. Nur so bekam die Aufbruchssituation ihren eigentlichen Sinn. Eines haben die Jungdeutschen denn auch rigoros bekämpft: die alte Idyllenstimmung, die literarische Pseudoromantik, die sich wieder stärker breitzumachen schien, die Nachtigallenpoesie und die sentimentalen Nachtpoeme. Heine hat sich über diese rückwärtsgewandte Literatur lustig gemacht, Theodor Mundt die altmodische Gedichtschreiberei satirisch karikiert. Auch hier ist Kritik der eigentliche Gewinn, versteht sich das Junge Deutschland als analytische Instanz. Dabei hat etwa Ludolf Wienbarg durchaus gesehen, daß die kritisch-analytische Fähigkeit zugleich ihre Schattenseiten hatte: sie hemmte das Handeln, konnte zu Stockungen der Lebensmaschine führen.

Unter diesem Aspekt ist die Julirevolution erst recht nicht das zündende Ereignis gewesen, das Bewegung brachte. Wienbarg schrieb: "Allein diese Anregungen kamen nur von Außen, und die Hände sanken eben so schnell vom begonnenen Werke herab, als sie zugegriffen".[11] Die Jungdeutschen verstanden sich zuweilen durchaus als handlungsunfähige Zeitgenossen, als gehemmt und entmutigt, "hoffnungslos bei hoffnungslosen Zuständen"[12]. In solchen Aussagen ist eine durchaus resignative Grundstimmung spürbar, wenngleich sie sich nicht so mächtig und so dauerhaft ausbreitete, daß sie alles erstickt hätte. Das hat die Jungdeutschen nicht gehindert, über die Zukunft nachzudenken, aber der Appell an die Hoffnung, die größer sein müsse als die Furcht, hat gelegentlich nur rhetorischen Charakter. Selbst Heine schrieb: "Denn wir leben im Grunde geistig einsam, durch eine besondere Erziehungsmethode oder zufällig gewählte, besondere Lektüre hat jeder von uns eine verschiedene Charakterrichtung empfangen, jeder von uns, geistig verlarvt, denkt, fühlt und strebt anders als die Andern, und des Mißverständnisses wird so viel, und selbst in weiten Häusern wird das Zusammenleben so schwer, und wir sind überall beengt, überall fremd, und

10 Ebd., S. 4.

11 Ludolf Wienbarg: Wanderungen durch den Thierkreis. Hamburg 1835. S. 117.

12 Ebd., S. 119.

überall in der Fremde".[13] Heine hat zwar wie kein anderer die Aufbruchssituation in ihrer Vielfarbigkeit geschildert, hat Paris zum neuen Jerusalem erklärt, den Rhein zum Jordan: chiliastische Hoffnungen sind bei ihm mindestens so stark wie bei Börne. Aber es ist bezeichnend, daß er unabhängig von seinem persönlichen Schicksal und seiner jüdischen Herkunft ein Exilbewußtsein entwickelt hat, das nicht an den freiwillig gewählten Lebensort Paris gebunden war, sondern das mit der Übergangszeit, mit der Zerrissenheit der Zeit tief zu tun hatte. Wenn er schrieb, daß er überall in der Fremde sei, so charakterisiert die darin sich aussprechende Ortlosigkeit sehr genau eine moderne Form des Unbehaustseins, die sich schon in den 30er Jahren ausbreitete. Heine hat deutlich von der "Zerrissenheit der Denkweise unserer Zeit"[14] gesprochen, und wenn bei ihm die Erwartungen, die er mit Zukunftsüberlegungen verband, sicherlich auch höher waren als bei anderen, so hat er doch nicht nur das Transitorische der eigenen Zeit gekannt, sondern auch mindestens so deutlich die Skepsis gefühlt wie die etwas jüngeren Schriftsteller.

Heine ist sogar noch weitergegangen; er hat die eigene Zeit als große Krankheitsperiode der Menschheit betrachtet und mit Genesungswünschen begleitet. Gelegentlich ist, wenn es um die Krankheitsursachen ging, auch von politischen Spannungen die Rede. Aber die Zeit empfand sich nicht deswegen als Übergangszeit; vielmehr deuteten auch die politischen Spannungen in den Augen der Zeitgenossen darauf hin, daß die Zeit krank war. Kein Zufall, daß Hamlet zum immer wieder beschworenen Urtypus wurde; in ihm schien sich das Morbide der Gegenwart beispielhaft zu verkörpern. Theodor Mundt hat seine innere Befindlichkeit ebenfalls als Krankheit beschrieben: als Zeitkrankheit, als nervöse Unruhe und als unglückliche Sensibilität. Das alles war freilich auch gegen die Philisterhaftigkeit der Zeit gerichtet, gegen ihre "friedfertige Häuslichkeit", gegen eine saturierte Bürgerlichkeit, die Aufbruchsgefühle längst tief in sich begraben hatte. Aber bei allem Pathos, mit dem man sich vom Alten trennen wollte, wird eine eigentümliche Zivilisationsmüdigkeit sichtbar, greift das Gefühl um sich, daß die Kultur gewisse Endpunkte erreicht habe.

Alles das setzt ein hohes Maß an Sensibilität voraus, und die Jungdeutschen haben sie besessen. Rationale Analysen der eigenen Gegenwart wird man in ihren Zeitbildern nicht erwarten dürfen; um so eindringlicher sind

---

13 Heinrich Heine: Die Nordsee. 1826. Dritte Abtheilung. In: Heinrich Heine. Historisch-kritische Gesamtausgabe der Werke. Hrsg. von Manfred Windfuhr. Bd. 6 bearbeitet von Jost Hermand. Hamburg 1973. S. 141f.

14 Ebd., S. 143.

die Beschreibungen der Krankheitssymptome, an denen sie alle selbst gelitten haben. Gerade die Zeitbestimmungen laufen nicht zufällig immer wieder auf Selbstreflexionen und Eigendefinitionen hinaus. Gutzkow hat das noch sehr milde ausgedrückt, wenn er davon sprach, daß das "Moderne viel über sich selbst reflektiert".[15] Eigentümlich moderne Züge des Intellektuellen tauchen auch hier auf; die Neigung, vor allem in Bildern das auszusprechen, was das Ergebnis dieses grüblerischen Sich-Versenkens in die eigene Zeit, das zugleich ein Sich-Versenken in die eigene Innerlichkeit war, ausmachte. Alte, seit Jahrhunderten bekannte Topoi wurden neu aktiviert: so der von der richtungslosen Meerfahrt, von Stürmen, von der weglosen Reise durch ein unbekanntes Gelände. Häufig empfanden sich die Jungdeutschen als Schiffbrüchige, und hier gibt es Gemeinsamkeiten, die sie vielleicht noch enger aneinanderbinden als die allgemeine Zeitklage, in die natürlich auch Angehörige der älteren Generation damals einfielen.

Wie rasch die Zeit den damals Lebenden entglitt, wie schnell Vergangenheit wurde, was eben noch Gegenwart gewesen war, läßt sich aus vielen Zeugnissen ablesen. Heine hat mit einiger Schadenfreude das gründliche Altern der Romantiker beschrieben, die Vergänglichkeit, die dort erschreckend sichtbar wurde, das unheimlich rasche Vergessenwerden etwa August Wilhelm Schlegels. Dessen Mittelalterenthusiasmus war für die Jungdeutschen schnell toter Ballast geworden, und in gewissem Sinne hatte Schlegel sich damit sein eigenes Grab eilfertig schon zu seinen Lebzeiten geschaufelt. Das waren Ausnahmen, aber sie wirkten ungemein symbolisch. Je schneller man die Vergänglichkeit anderswo sah, um so deutlicher suchte man andererseits die Zukunft zu erhellen, zumal das Gefühl, in einer letztlich doch zweifelhaften Gegenwart zu leben, die Hoffnung nährte, daß sich zukünftig vielleicht erfüllen werde, was die Gegenwart noch nicht ermöglichen konnte. Auch hier waren die Erwartungen keineswegs nur politischer Natur. Vielmehr war das Politische Teil einer universellen Hoffnung; gerade bei den älteren Schriftstellern, bei Börne und Heine, verknüpften sich politische und religiöse Utopien immer wieder miteinander. So machten sich geradezu adventistische Erwartungen breit, erschien die eigene Zeit als in der Verpuppung begriffen, wie Wienbarg das einmal in seinen "Ästhetischen Feldzügen" beschrieben hat.

Am Ende aber wurde die Hoffnung auf die Zukunft doch immer wieder überlagert vom unentrinnbaren Bewußtsein der eigenen unvollkommenen

---

15 Karl Gutzkow: Die Mode und das Moderne. In: Gutzkows Werke. Auswahl in zwölf Teilen. Hrsg. mit Einleitungen und Anmerkungen versehen von Reinhold Gensel. Teil 11. Berlin u. a. [1912]. S. 25.

Gegenwart. Börne sprach zwar noch von der Brücke, die Vergangenheit und Zukunft verbinde, und forderte auf, sie ganz zu beschreiten. Die jüngeren Schriftsteller freilich wußten, daß sie selbst einen Ausweg aus der Übergangszeit wohl nicht mehr erleben würden, und damit sollten sie recht behalten. In ihrer inneren Zerrissenheit, die die Jungdeutschen als Zerrissenheit der Zeit erlebten, sprach sich eine Moderne aus, die sich nicht triumphierend aus ihrem Sieg über die Antike begriff, sondern die sich in den Zwang versetzt sah, mit einem Mangel an Selbstsicherheit leben zu müssen und darum nur allzu genau auch zu wissen.

IV. TENDENZEN

Theodor Mundt: Alle geistigen Tendenzen stehen jetzt nicht mehr gesondert einander gegenüber

Besonders ist es ein Verzweigen und Ineinandergreifen der verschiedenen Richtungen der Literatur, was unsere gegenwärtige Entwicklungsstufe gegen alle früher dagewesenen eigenthümlich charakterisirt, und dieser Grundzug der Zeit muß sich vornehmlich in einer Sammlung kritischer Schriften als durchgehend herausstellen. Ich glaube, er ist in der meinigen schon beim äußerlichen Ueberblick des hier Zusammengestellten nicht zu verkennen. Philosophie, Religion und Kunst, überhaupt alle geistige Tendenzen, stehen jetzt nicht mehr abgesondert einander gegenüber, sie berühren sich vielmehr in den Bildungen hochbegabter Männer zu den tiefsten Beziehungen, oder versetzen durch die Conflicte, in die sie gerathen, die in ihre Betrachtung hineingezogene Kritik auf den höchsten Standpunct, auf dem sie je gestanden.

Theodor Mundt: Kritische Wälder. Blätter zur Beurtheilung der Literatur, Kunst und Wissenschaft unserer Zeit. Leipzig 1833. S. VI.

Theodor Mundt: Über Bewegungsparteien in der Literatur

In jedem krämerhaften Kaufmannsgeschäft wird es schon als ein Rückschritt, mithin als Verlust empfunden, sobald ein Stillstand, ein Stehenbleiben in Betrieb und Verkehr erfolgt. Wer s t e h e n b l e i b t , kann nicht b e s t e h e n. Wer b e s t e h e n will, muß sich b e w e g e n. Die Weltkörper würden aus ihren Sphären stürzen, wenn sie sich nicht bewegten, und die ganze Schöpfung zerbräche in lauter unorganische Stücke, wäre die Bewegung nicht da, die Alles trennt und verbindet, schwingt und erhält.

Die Bewegung ist also wesentlich e r h a l t e n d, und wo sie zerstört, ist es nur, um zu erhalten. Die Bewegung erscheint als das dauernde Gesetz in der Natur, als der unsterbliche Geist im Menschen, als Staubfaden in der Pflanze, als Fallkraft im Stern, als Wahrheit in der Wissenschaft. Ich widme mich der Bewegung, denn sie ist die Wahrheit. Die Wahrheit in den Dingen ist es, die sich bewegt.

Ich widme mich der Bewegung, welche die Wahrheit ist. Eine andere kenne ich nicht, noch werde ich mich zu ihr bekennen. Der Geist der Bewegung, welcher wirkt als ewige Jugend in der Poesie, als Geißel des Aberglaubens im Staate, als auferstehungslustige Nationalkraft im Volksleben, als Systemhaß in der Philosophie, als Productivität im Gedanken, als schönes Gleichmaß in den Formen, als

Schmerz der Sehnsucht in verhüllter Gegenwart, dieser Geist der Bewegung, er ist das Banner, das ich hoch und mit Jauchzen über mir aufflattern lasse, und dem, ich weiß es, Alles, was jungen Kopf und junges Herz in Deutschland hat, folgt.

Theodor Mundt: Über Bewegungspartein in der Literatur. In: Literarischer Zodiacus. Journal für Zeit und Leben, Wissenschaft und Kunst. Januar-Juni Leipzig 1835. S. 1.

Theodor Mundt: Ein Buch der Bewegung

Ja, wollt ihr ihm durchaus einen Büchernamen geben, so nennt es ein B u c h d e r B e w e g u n g! Nicht bloß, weil es der vagabundirende Verfasser auf Reisen geschrieben hat, sondern weil wirklich alle Schriften, die unter der Atmosphäre dieser Zeit geboren werden, wie Reisebücher, Wanderbücher, Bewegungsbücher aussehen. Die neueste Aesthetik wird sich daher gewöhnen müssen, diesen Terminus ordentlich in Form Rechtens in ihre Theorieen und Systeme aufzunehmen. Die Zeit befindet sich auf Reisen, sie hat große Wanderungen vor, und holt aus, als wollte sie noch unermeßliche Berge überschreiten, ehe sie wieder Hütten bauen wird in der Ruhe eines glücklichen Thals. Noch gar nicht absehen lassen sich die Schritte ihrer befriedigungslosen Bewegung, wohin sie dieselben endlich tragen wird, und wir Alle setzen unser Leben ein an ihre Bewegung, die von Zukunft trunken scheint. Und daher das Unvollendete dieser Bewegungsbücher, weil sie noch bloß von Zukunft trunken sind, und keiner Gegenwart voll!

Theodor Mundt: Madonna. Unterhaltungen mit einer Heiligen. Leipzig 1835. S. 434.

Heinrich Heine: Ich glaube an den Fortschritt

Einst wenn die Menschheit ihre völlige Gesundheit wieder erlangt, wenn der Friede zwischen Leib und Seele wieder hergestellt, und sie wieder in ursprünglicher Harmonie sich durchdringen: dann wird man den künstlichen Hader, den das Christenthum zwischen beiden gestiftet, kaum begreifen können. Die glücklicheren und schöneren Generazionen, die, gezeugt durch freye Wahlumarmung, in einer Religion der Freude emporblühen, werden wehmüthig lächeln über ihre armen Vorfahren, die sich aller Genüsse dieser schönen Erde trübsinnig enthielten, und, durch Abtödtung der warmen farbigen Sinnlichkeit, fast zu kalten Gespenstern verblichen sind! Ja, ich sage es bestimmt, unsere Nachkommen werden schöner und glücklicher seyn als wir. Denn ich glaube an den Fortschritt, ich glaube die Menschheit ist zur Glückseligkeit bestimmt, und ich hege also eine größere Meinung von der Gottheit als jene frommen Leute, die da wähnen, sie habe den Menschen nur zum Leiden erschaffen. Schon hier auf Erden möchte ich, durch die Segnungen freyer politischer und industrieller Institutionen jene Seligkeit etabliren, die, nach der Meinung der Frommen, erst am jüngsten Tage, im Himmel, statt finden soll. Jenes ist vielleicht eben so wie dieses eine thörigte Hoffnung, und es giebt keine Auferstehung der Menschheit, weder im politisch moralischen, noch im apostolisch katholischen Sinne.

Heinrich Heine: Zur Geschichte der Religion und Philosophie in Deutschland. In: Heinrich Heine. Historisch-kritische Gesamtausgabe der Werke. Hrsg. von Manfred Windfuhr. Bd. 8/1 bearbeitet von Manfred Windfuhr. Hamburg 1978. S. 17.

***

Das Junge Deutschland muß auf den ersten Blick als eine in jeder Hinsicht unklare Bewegung erscheinen. Fest formulierte Ziele gab es nicht, ebensowenig klare Gegnerschaften, kein Programm und kein System. So wenig die Gruppe der Jungdeutschen eine literarische Schule im traditionellen Sinne war, so wenig waren ihre Absichten genauer definiert. Gemessen an der Unbestimmtheit der Aussagen des Jungen Deutschland über sich selbst und seine Ziele nehmen sich die Kunst-Proklamationen aus der Zeit der Klassik wie klare literarische Parteiforderungen aus. Nirgendwo findet sich etwas, das der Zielsetzung der Zeitschrift "Über Kunst und Altertum" entspräche, nichts den Absichten der "Horen" Vergleichbares. Börne und Heine, die "Chorführer" des Jungen Deutschland, galten als Leitfiguren, wirkten aber durch ihre Persönlichkeit und die ganze Breite ihrer Publizistik, nicht etwa durch programmatische Erklärungen. Zwar gab es Verlautbarungen zu dem, was man eigentlich wollte, aber insgesamt wirken sie eigentümlich diffus und lassen nur ungefähr erkennen, wohin sich die Bewegung des Jungen Deutschland entwickelte.

Dennoch wäre es falsch, in der Literatur dieser Bewegung bloß willkürliche Äußerungen zur gegenwärtigen Situation, allgemeine Impressionen und Lagebeschreibungen der eigenen Gegenwart zu sehen. Zwar teilt sich die "Zerrissenheit", die für die Zeit des Jungen Deutschland so charakteristisch ist, auch den Bestandsaufnahmen der eigenen Gegenwart mit. Die immer wiederholten Feststellungen, daß man sich in einer Epoche des Übergangs befinde, legen es nahe, die Eigentümlichkeit des Jungen Deutschland gerade im Protest gegen feste Zielsetzungen zu sehen und in der Verschwommenheit und Verworrenheit der eigenen Proklamationen die ungeschminkte Berichterstattung über sich zu finden. Aber das wäre zu wenig. Wenn es dem Jungen Deutschland auch an fixen Programmen und Zielorientierungen weitgehend fehlte, so hat es doch Tendenzen gegeben, die in etwa eine innere Einheit des Jungen Deutschland wenigstens andeutungsweise erkennen lassen. In dem einleitenden Artikel der ersten Nummer des von Karl Gutzkow herausgegebenen "Phönix" findet sich ein Satz, der charakteristisch für die Bewegung und ihre Tendenzen ist: "Wir haben keine Schemata, keine Kategorien; nichts als Ahnungen, und noch mehr Erwartungen. Wenn wir von neuen Dingen sprechen, so können wir sie nicht aufzeigen; wir glauben nur, dass sie kommen müssen und wollen ihnen den Weg bahnen".[1] Tendenzen sind unklar formulierte Standpunkte, sie verdeutlichen eher Richtungen als Ziele einer Entwicklung, und es ist kein Zufall, daß die Äußerungen jungdeutscher Autoren zu dem, was das Junge Deutschland eigentlich wollte, sich noch sehr viel verschwommener ausnehmen als die Zeitanalysen. Wäre das Junge Deutschland nicht 1835 verboten worden und wäre es damit nicht in die Isolation gezwungen worden, in Verteidigungskämpfe und Rückzugsgefechte, so wären die Absichten der neuen Literatur vielleicht klarer definiert worden.

Was bestimmt die Tendenzen? Prüft man Texte des Jungen Deutschland auf generelle Aussagen hin, hat man Mühe, auch nur eine klare Erklärung zu bekommen. Theodor Mundt, philosophisch gebildet und philosophisch interessiert, hat sich vielleicht am stärksten darum bemüht, etwas über die wirklichen Ziele des Jungen Deutschland zu sagen, aber auch ihm ist nur schwer zu entreißen, was er denn eigentlich wollte. Dabei ist das Hegelisieren, das Sprechen in Termini und Denkvorstellungen des Philosophen, einer klärenden Darstellung durchaus hinderlich gewesen. Das Nachdenken über den Weltgeist geht immer auf Kosten der Präzision und der Konzentration auf überschaubare Vorgänge. Aber eben dieses Reflektieren ins Große hinein, das Bemühen, immer gleich Weltgesetze entdecken zu wollen, ist für die Überlegungen der Jungdeutschen charakteristisch. Dabei ist die Formulierung der wichtigsten Tendenz, die sich in vielen Selbsterklärungen und Aufsätzen des Jungen Deutschland finden läßt, nichts anderes als eine Antwort auf die Feststellungen, die die eigene Zeit betrafen: deren Zerrissenheit, die oft eingestandene Unfähigkeit, Gemeinsames, Grundlegendes, von jedermann Akzeptiertes zu erkennen, führte fast zwangsläufig zur Suche nach einem Heilmittel gegen diese Krankheit, und diese Suche dokumentierte sich in vielen Bemühungen, die alle auf Vereinheitlichungen, auf den Wunsch nach Zusammenfassung und Konzentration der zersplitterten Kräfte hinausliefen. So ist unter allen Bekundungen des Jungen Deutschland, die eigenen Absichten betreffend, eine gleichsam unitarische Tendenz am ausgeprägtesten: die Suche

---

1 Zit. nach: Zeitschriften des Jungen Deutschlands. Hrsg. von Heinrich Hubert Houben. 2. Teil nebst Register zum 1. und 2. Teil. Berlin 1909. (= Bd. 4 der Veröffentlichungen der Deutschen Bibliographischen Gesellschaft. Bibliographisches Repertorium) Sp. 25.

nach Einheit, nach Vereinheitlichungen durchzieht viele Artikel. Damit dachte man der Gefahr der Zersplitterung der Einzelkräfte zu begegnen. Nicht die Darstellung des Zeitgemäßen war die erklärte Absicht der Jungdeutschen, sondern der Versuch, aus der Zerrissenheit der Zeit zu einem Ganzen zu finden. Wenn Theodor Mundt schreibt: "Das Streben, sich zu einer E i n h e i t zu gestalten, ist ein ewiges Bewegungsprincip aller Entwickelung",[2] dann drückt sich darin ein Bemühen um die Erkenntnis eines Antriebs aus, von dem man annahm, daß er auch die eigenen Versuche bestimmen müßte. Mundt spricht ebenfalls vom "Ringen nach Harmonie und Einheit, das dem Charakter unserer Zeit fast eine gewisse Bangigkeit und Erwartung mittheilt".[3] Wie diese Einheit im einzelnen aussehen soll, wird nicht immer gesagt, und wenn doch davon die Rede ist, so zeigt sich, daß sehr unterschiedliche Wunschträume dahinterstehen. Theodor Mundt hat sogar von der "Idee von der d e u t s c h e n E i n h e i t" gesprochen,[4] von den Versuchen zur Herstellung einer politischen Einigung Deutschlands - im Zeitalter der Duodezfürstentümer eine verständliche Hoffnung. Aber man beurteilte die Dinge falsch, sähe man hier eine vorwiegend politische Forderung. Die Vereinigungswünsche liefen auf anderes hinaus, zielten darauf ab, die als getrennt empfundenen einzelnen Wissensbereiche, die auseinandergefallenen Standpunkte des Lebens wieder miteinander zu verbinden. Wiederum hat Theodor Mundt das als fast schon erreichtes Ziel dargestellt, wenn er schrieb: "Philosophie, Religion und Kunst, überhaupt alle geistige Tendenzen, stehen jetzt nicht mehr abgesondert einander gegenüber, sie berühren sich vielmehr in den Bildungen hochbegabter Männer".[5]

Natürlich sollten sich diese Einigungen vor allem dort abzeichnen, wo die Jungdeutschen ihr ureigenstes Gelände sahen: im Bereich der Künste und einer Literatur, die jetzt nicht mehr dem Leben feindlich gegenüberstand, wie sie das nach Meinung der Jungdeutschen in der Zeit der Klassik getan hatte. Mundt schrieb: "Es will sich jetzt eine Periode der menschlichen Cultur entwickeln, wo die Wissenschaft es sich zur Aufgabe setzt ins Leben überzugehn."[6] Ergänzende Feststellungen laufen darauf hinaus, daß die Kunst die Neigung zeige, sich wieder mit dem Leben und der Wissenschaft zu verbinden. Man kann darüber streiten, ob hier noch alte Harmonievorstellungen aus

---

2 Theodor Mundt: Die Einheit Deutschlands in politischer und ideeller Entwickelung. Leipzig 1832. S. 38.

3 Ebd., S. 39.

4 Ebd., S. 13.

5 Theodor Mundt: Kritische Wälder. Blätter zur Beurtheilung der Literatur, Kunst und Wissenschaft unserer Zeit. Leipzig 1833. S. VI.

6 Ebd., S. IXf.

der Zeit der Klassik virulent sind, ob diese Vereinigungsbestrebungen nicht letztlich etwas Künstliches an sich haben, ob hier nicht ein Ausgleichsdenken am Werk war, das sich bei genauerem Zusehen als das ins Triviale geratene Ideal einer klassischen Ausgeglichenheit darbot. Aber die Jungdeutschen haben derartige Überlegungen nicht angestellt und haben sich auch nicht gescheut, den Begriff der Harmonie ganz unbefangen zur Kennzeichnung ihrer wichtigsten Tendenz zu verwenden. Sie wollten, so hat wiederum Theodor Mundt es formuliert, "eine neue Poesie, die uns, in wiedererweckter Thatkraft des Daseins, aus ungeheuerer Trennung die ewige Nähe und aus der Zerrissenheit aller Lebenselemente die geistige Einheit als den unendlichen Schwerpunkt wieder gewinnen und empfinden läßt."[7]

Diese unitarischen Tendenzen brechen sich an vielen Orten Bahn, am deutlichsten vielleicht in den jungdeutschen Zeitschriftengründungen, die alle mehr oder weniger als Vereinigungsräume für die als getrennt empfundenen Lebensbereiche gedacht waren. Natürlich waren die jungdeutschen Zeitschriften auch in gewisser Weise Oppositionsschriften, aber Hermann Marggraff, ein dem Jungen Deutschland nahestehender Schriftsteller, freilich in den offiziellen Stellungnahmen und Verboten nicht dazugerechnet und auch innerhalb der Bewegung des Jungen Deutschland eher ein Außenseiter, hat damals darauf hingewiesen, daß diese Opposition nicht eine freiwillig gewählte Opposition gewesen sei, sondern daß die Jungdeutschen dadurch, daß sie Opponenten genannt wurden, gewissermaßen mit Gewalt in die Opposition hineingetrieben "und zu Radicalen gemacht" worden seien. Das sei die Folge dessen gewesen, daß das Junge Deutschland "als eine ungesetzliche Opposition überall verketzert" worden sei, wie er schrieb.[8] Doch entscheidend sind nicht die Feindschaften, die Fehden und die gewollte Andersartigkeit, die von den Jungdeutschen propagiert wurden. Für die Zeitschriften ist charakteristisch, daß bereits eine sehr früh publizierte Schrift, nämlich Börnes "Wage", mit einem in gewisser Hinsicht programmatischen Untertitel versehen wurde: sie nannte sich "Eine Zeitschrift für Bürgerleben, Wissenschaft und Kunst". Das sollte zunächst einmal heißen, daß alles dort Aufnahme finden konnte. Natürlich ist das auch Verlagspolitik, Ausdruck der Bemühungen, die Zeitschrift von vornherein auf eine breite Grundlage zu stellen. Aber es sollten nicht nur die verschiedenartigsten Mitarbeiter gewonnen, sondern auch Bereiche zusammengebracht werden, die bis dahin getrennt waren oder

---

7 Theodor Mundt: Charaktere und Situationen. Vier Bücher. Novellen, Skizzen, Wanderungen auf Reisen und durch die neueste Literatur. Theil 2. Wismar und Leipzig 1837. S. 347f.

8 Hermann Marggraff: Bücher und Menschen. Bunzlau 1837. S. 136.

doch als getrennt empfunden wurden. Theodor Mundt hat in seinem etwas pathetischen und gestelzten Deutsch seine Zeitschrift "Literarischer Zodiakus", die im Untertitel als "Journal für Zeit und Leben, Wissenschaft und Kunst" ausgewiesen wurde - die Ähnlichkeit der Zielsetzung mit Börnes "Wage" ist auffällig - zum Ausdruck gebracht, was er seinerseits wollte: "Es ist ein neues und belebendes Schauspiel in der deutschen Literatur, zu sehen, wie sich in diesem Journal hochberühmte und gefeierte Namen in Wissenschaft und Kunst in geschlossener Reihe mit der jungen, aufstrebenden Literatur zu einem Ziele verbinden, das die freieste und lebensvollste Entfaltung der nationellen Cultur nach allen Richtungen hin im Auge hat. Und dies Ziel ist nur durch G e m e i n s a m k e i t erreichbar und fruchtbar zu machen unter einem Volke, in dem sich sonst Alles sondert und in Einzelnheiten zersplittert, und wo die Notabilitäten und Heroen der Literatur sich immer so gern in einen vornehmen Dunstkreis gegen einander und gegen die Nation abgesondert haben. Eine andere Epoche ist im Anzuge; es ist die einer gleichmässigen Verallgemeinerung der Cultur, wo Wissenschaften und Künste mit dem Volksleben und den Zeitinteressen sich durchdringen und verschmelzen."[9] Auch da wird etwas von dieser Vereinigungstendenz deutlich, von dem dringlichen Wunsch, der Isolation entgegenzuwirken. Das war natürlich zugleich Protest gegen eine vergangene Zeit, in der die Kunst hochmütig von der Wirklichkeit abgesondert war, so sehr, daß die unabhängige zweite Welt, in die sie sich bei den Goetheanern zurückgezogen hatte, den Jungdeutschen geradezu unheimlich zu werden begann.

Ähnliche Bekundungen dieser unitarischen Tendenz finden sich auch in anderen Journalen. Gelegentlich war sogar von einer Verbindung des Alten mit dem Neuen ausdrücklich die Rede; gedacht war an eine Verschmelzung aller literarischen Kräfte, nicht nur der zersplitterten der eigenen Zeit, sondern zugleich jener der Vergangenheit und der Gegenwart. Auch die "Deutsche Revue", die Karl Gutzkow zusammen mit Ludolf Wienbarg herausgeben wollte, war nicht als Tendenzzeitschrift gedacht, enthielt aber diese wichtigste Tendenz: man wollte alles bringen, die Zeitschrift sollte zum Sammelpunkt der schöngeistigen und der gelehrten Welt, der Wissenschaft und des Lebens überhaupt werden. Wienbarg dachte sogar an eine "Verschmelzung unserer alten *Horen, Athenäen* u. s. w. mit der *Revue de Paris*

---

9 Zit. nach: Zeitschriften des Jungen Deutschlands. Hrsg. von Heinrich Hubert Houben. Teil 1. Berlin 1906. (= Bd. 4 der Veröffentlichungen der Deutschen Bibliographischen Gesellschaft. Bibliographisches Repertorium) Sp. 149.

und der *Revue des deux mondes*"[10]: das alles sollte in einem Journal verbunden sein. Zusammenschlüsse waren also die Forderung des Tages, Verbindungen sollten hergestellt, nicht Absonderungen verteidigt werden. Dichter und Gelehrte sollten sich zusammenfinden, die Generation der Väter und die Generation der Söhne sollten sich vereinigen. Hier wird die Tendenz des Jungen Deutschland, jeglicher Vereinzelung und Isolation entgegenzuwirken, vielleicht sogar noch deutlicher als in vielen Essays.

Aber es ging nicht nur um Vereinheitlichungen, um neue Symbiosen. Eines der wichtigsten Formelworte und eine Parole der Zeit war "Leben". "Was reif zum Tode, muß wieder reif zum Leben werden. Leben! Leben! Handeln!", so schrieb Theodor Mundt.[11] Bei aller Neigung, Zusammenschlüsse zu ermöglichen, findet sich auch das Lob auf die Individualität, auf die letzte Lebenseinheit, der zu ihrem Recht verholfen werden soll. Leben ist, wie später zur Zeit der Jahrhundertwende, ein fast magischer Begriff, und diese Absicht, die Literatur und die Zeit überhaupt zum Leben zu bringen, war auch Protest gegen ein Systemdenken, das nicht nur von der Klassik, sondern vor allem vom sogenannten deutschen Idealismus, nicht zuletzt von Hegel und seiner Philosophie aufgebracht worden war. Das eigentümlich Arationale der jungdeutschen Bekundungen, das Schwelgen in Gefühlen und die Verliebtheit in die eigene Zerrissenheit: auch das ist Opposition gegen die alles trennenden Systemdenker, und wenn es vielleicht auch zu weit ginge, darin noch romantische Elemente wiederzufinden, so ist auf der anderen Seite nicht zu verkennen, daß sich im Jungen Deutschland eine Widerstandshaltung der Romantik gegen Regelwerke und starre Kategorien einer falsch verstandenen Aufklärung fortsetzt. Dabei hat man vor alten Klischees nicht zurückgescheut: so findet sich bei Karl Gutzkow das Bild vom "Strom des Lebens", in den man eintauchen müsse; eine reichlich abgedroschene Metapher, die aber hier doch mit der Unmittelbarkeit einer neuen Erkenntnis vorgebracht wird. Gutzkow ruft sogar zum Kampf auf gegen die "Papierdrachen", gegen den in den Tintenfässern beschworenen Geist, gegen das Ersticken im Bücherstaub. Lebensnähe also ist eine zweite Forderung, eine weitere Tendenz, die immer wieder artikuliert wird. Es ist deutlich zu spüren, daß der Kampf gegen das Überkommene zugleich der Kampf gegen das Tote ist, und wenn Börne einerseits radikaler als alle anderen die Klassik und insbesondere Goethes Werke

---

10 Ludolf Wienbarg: Menzel und die junge Literatur. Programm zur deutschen Revue. Mannheim 1835. S. 25.

11 Theodor Mundt: Charaktere und Situationen. Vier Bücher. Novellen, Skizzen, Wanderungen auf Reisen und durch die neueste Literatur. Teil 2. Wismar und Leipzig 1837. S. 349.

als marmorglatt und marmorkalt, seine literarischen Figuren als tote Gestalten bekämpft hat,[12] so finden sich reziprok dazu bei den Jüngeren der Jungdeutschen Bekundungen, die Leben immer als Bewegung sehen. Theodor Mundt nennt eines seiner Bücher programmatisch ein "Buch der Bewegung". Es ist kein Zufall, daß einer der wichtigen jungdeutschen Aufsätze über "Bewegungsparteien" handelt.[13] Leben und Bewegung sind dabei komplementäre Begriffe; und die Bewegung will man reproduzieren in den eigenen Schriften, aus Protest gegen das Systematisieren, aus Sympathie mit dem Leben. Auch der Lebensenthusiasmus ist ein Grund, warum es an klaren Zielsetzungen fehlt: sie ließen sich in einer Literatur, die so dezidiert gegen jegliche lebenstötende Systematik ausgerichtet war, nicht einfach verbalisieren.

Verständlich, daß den diversen Religionen letztlich eine Absage erteilt wurde - und das gilt auch für den Saint-Simonismus, eine Weltlehre, die den Jungdeutschen insofern sehr zu schaffen machte, als ihnen die Nachfolge Saint-Simonistischer Ideen und Verhaltensweisen offiziell vorgeworfen wurde. Unter dem Schlagwort "Lehre von der Wiedereinsetzung des Fleisches" wurde der Saint-Simonismus verteufelt, aber die Jungdeutschen, die, was die Jüngeren betraf, gar keine direkten Saint-Simonistischen Erfahrungen hatten, haben sich von dieser Glaubenslehre sogar ausdrücklich abgewandt. Theodor Mundt hat die religiösen Meinungen der Saint-Simonisten als "verdammenswürdig" dargestellt; allenfalls hatten Heine und Börne genauere Kenntnisse von dieser französischen religiösen Bewegung. Aber Glaubensfragen sind nicht vorrangig, und der Vorwurf der deutschen Bundesversammlung, daß die Jungdeutschen beabsichtigten, die christliche Religion anzugreifen, war nicht zuletzt deswegen maßlos übertrieben, weil die Jungdeutschen an der christlichen Religion nicht interessiert waren. Das ganze "Programm" machte deutlich, daß das Junge Deutschland sich diesseitig orientierte, und es entwickelte sich allenfalls so etwas wie eine "Weltreligion"; pseudoreligiöse Vorstellungen kamen auf, in denen das Weltliche sich als das Eigentliche darstellte. Es war eine Religion der Weltzuwendung; Heines Sensualismus ist nur eine Spielart der Überlegungen, die etwa Theodor Mundt anstellte, wenn er das Profane verteidigte. Mundt hat sogar behauptet, daß das Junge Deutschland darin eine mehr oder

12 Ludwig Börne: Goethes Briefwechsel mit einem Kinde. In: Ludwig Börne: Sämtliche Schriften. Neu bearbeitet und hrsg. von Inge und Peter Rippmann. Bd. 2. Düsseldorf 1964. S. 862 u. ö.

13 Theodor Mundt: Ueber Bewegungsparteien in der Literatur. In: Literarischer Zodiacus. Journal für Zeit und Leben, Wissenschaft und Kunst. 1835. Januar bis Juni. Leipzig 1835. S. 1-20.

weniger protestantische Bewegung gewesen sei, aber auch hier gilt, daß die Aufspaltung in die eine oder andere christliche Glaubenslehre von den Jungdeutschen als Verstoß gegen das Leben verstanden wurde; das Einheitsdenken, die Einheitswünsche setzten sich durch. Die Formel "Gott ist Welt geworden" mag blasphemisch wirken, aber sie entspricht genau den Anschauungen der Jungdeutschen von der quasi religiösen Macht des Lebens selbst.

Anderes ist weniger auf die Religion als vielmehr auf die sozialen Verhältnisse bezogen: Theodor Mundt hat das Demokratische als das Neue der modernen bürgerlichen Gesellschaft bezeichnet, auch wenn er sich bewußt war, daß Demokratie erst eine Sache der Zukunft sein werde. Mit einem Aufruf zu Umsturz und Revolution hat das nichts zu tun, wohl aber mit der Einsicht, daß die Gleichheit der Lebensverhältnisse sich auch in politicis äußern müsse. Daß sich demokratische Tendenzen in dieser Zeit mit Adelskritik verbinden, ist verständlich und wird die Literatur noch längere Zeit beschäftigen. Das Problem des Erbadels, die Forderungen, die damit verbunden waren, sind von den Jungdeutschen und von Heine ganz besonders deutlich benannt und kritisiert worden.

Im großen und ganzen aber waren die Tendenzen der Jungdeutschen nicht primär klassenkämpferisch orientiert, so wie es dem Jungen Deutschland auch nicht darum ging, rigoros das Vergangene abzuschaffen und das Alte zu verwerfen. Das hätte dem Vereinigungsbestreben, dem Versuch, die zersplitterten Kräfte der Gegenwart zu sammeln, ja auch völlig widersprochen. Die Bewegung des Jungen Deutschland war im tiefsten Sinne versöhnlicher Natur, da Kunst, Wissenschaft und Leben zusammengebracht werden sollten, ebenso aber auch Altes und Neues, die Vätergeneration und die Jugendbewegung der Zeit. Das hat nichts mit Anpassung zu tun, sondern mit einem Bemühen um Ausgleich, Verständigung und Toleranz, mit der Absicht, sich nicht zu vereinzeln und in einer oppositionellen Sonderstellung zu verharren, sondern vielmehr das zu überwinden, was von den Jungdeutschen zu den größten Nachteilen der Vergangenheit gerechnet wurde, und das war die Trennung von Kunst, Wissenschaft und Leben. Die eigentliche Oppositionshaltung der Jungdeutschen drückt sich hier aus, in der Kritik an diesen Zersplitterungen. Es gehört zu den groben Mißverständnissen dieser Bewegung, daß sie als separatistische Oppositionspartei gesehen wurde. Wer das Junge Deutschland so interpretiert, macht sich die Perspektive derer zu eigen, die hier Verrat und Aufrührertum, Revolutionsabsichten und blinde Gegnerschaft witterten. Das Revolutionäre bestand gerade in der Umkehr der herrschenden Tendenzen, also in dem Versuch, mit dem Wesen der Übergangsperiode, mit der Zerrissenheit der Gegenwart fertig zu werden. Nur so konnte man, so meinten die

Jungdeutschen, dem Leben, der Gegenwart, gerecht werden. Nur so konnte wieder Leben in die starren Systematisierungen hineingebracht, konnte der "Bewegung" als dem eigentlichen Lebensprinzip Genüge getan werden.

V. MANIFESTE

Ludolf Wienbarg: In der "Deutschen Revue" wird die zerstreute und eilende Zeit sich gesammelt finden

Die deutsche Revue fordert alle deutschen Dichter und Gelehrte auf, die sich von einer Verschmelzung unserer alten Horen, Athenäen u. s. w. mit der Revue de Paris, Revue de deux mondes eine billigende Vorstellung machen können, unter die Aegide ihrer Herausgeber und in den zahlreichen Kreis von Autoren zu treten, welchen sie zu ihrem Zwecke schon um sich versammelt haben. Die deutsche Revue wird eine ursprüngliche Farbe haben, aber mancherlei Schattirungen derselben zulassen. Sie läßt ihren Aufruf ergehen sowohl an den Katheder, wie an die Dachstube, vor Allen aber an die, welche gern im Angesichte des gestirnten Himmels oder an stillen Schattenplätzen des Waldes dichten und denken. Auch nicht blos an Renommeen knüpfen wir die Hoffnung eines glänzenden Erfolgs. Wir kennen die tausend Kräfte, die in Deutschland schlummern, die schaffenden Gedanken, die sich vergebens nach einer Bühne für ihre Gestalten umsehen, die jungen Dichter, denen das Wort auf der Lippe verglüht, die jungen Gelehrten, die vergebens den Weg vom Katheder zur Nation suchen - allen diesen Gehemmten, Schweigenden, stolzen Unberühmten wird das Organ der deutschen Revue so willkommen seyn, als ihr Beitritt uns. Wir rechnen auf die Zeit und die Genossenschaft der Edlen.

Ludolf Wienbarg: Menzel und die junge Literatur. Programm zur Deutschen Revue. Mannheim 1835. S. 26.

Ludolf Wienbarg: Ästhetische Feldzüge. Zueignung

Dir, junges Deutschland, widme ich diese Reden, nicht dem alten. Ein jeder Schriftsteller sollte nur gleich von vornherein erklären, welchem Deutschland er sein Buch bestimmt und in wessen Hände er dasselbe zu sehen wünscht. Liberal und illiberal sind Bezeichnungen, die den wahren Unterschied keineswegs angeben. Mit dem Schilde der Liberalität ausgerüstet sind jetzt die meisten Schriftsteller, die für das alte Deutschland schreiben, sei es für das adlige oder für das gelehrte oder für das philiströse alte Deutschland, aus welchen drei Bestandteilen dasselbe bekanntlich zusammengesetzt ist. Wer aber dem jungen Deutschland schreibt, der erklärt, daß er jenen altdeutschen Adel nicht anerkennt, daß er jene altdeutsche, tote Gelehrsamkeit in die Grabgewölbe ägyptischer Pyramiden verwünscht und daß er allem altdeutschen Philisterium den Krieg erklärt und dasselbe bis unter den Zipfel der wohlbekannten Nachtmütze unerbittlich zu verfolgen willens ist.

Ludolf Wienbarg: Ästhetische Feldzüge. Hrsg. von Walter Dietze. Berlin/Weimar 1964. S. 3.

Ludolf Wienbarg: Eine Anklage wider die Männer

Männer seid gerecht gegen die Weiber. Ihr werdet es sein, wenn ihr gegen euch selber gerecht seid. Wir wollen die Blindheit und die Aufgeblasenheit nicht so weit treiben, um unser Geschlecht auch nur um die Breite eines Strohhalms über das weibliche zu erheben. Im Gegentheil, wir wollen heimlich und mit Schamröthe auf den Wangen das preßhafte Geständniß ablegen, daß man heutigen Tages noch immer mit Ehren von deutschen Frauen, aber nicht ohne Prahlerei emphatisch von deutschen Männern reden kann.

Mögen andere Nationen von ihren Weibern denken was sie wollen; der germanischen steht es übel an, eine verächtliche oder leichtfertige Ansicht über die seinigen zu hegen. [...] Weiber, euer Loos wird sich verbessern. Noch einmal wird die Welt vertheilt werden und ihr sollt nicht leer ausgehen. [...] Laßt mich auch hier euren Wortführer sein. Eben in dieser Anklage liegt die Anklage wider die Männer.

Ludolf Wienbarg: Wanderungen durch den Thierkreis. Hamburg 1835. S. 186f., 201.

Heinrich Heine: Das Leben ist ein Recht

Das Buch der Geschichte findet mannigfaltige Auslegungen. Zwei ganz entgegengesetzte Ansichten treten hier besonders hervor. - Die einen sehen in allen irdischen Dingen nur einen trostlosen Kreislauf; im Leben der Völker wie im Leben der Individuen, in diesem, wie in der organischen Natur überhaupt, sehen sie ein Wachsen, Blühen, Welken und Sterben: Frühling, Sommer, Herbst und Winter. 'Es ist nichts Neues unter der Sonne!' ist ihr Wahlspruch; und selbst dieser ist nichts Neues, da schon vor zwei Jahrtausenden der König des Morgenlandes ihn hervor geseufzt. Sie zucken die Achsel über unsere Zivilisation, die doch endlich wieder der Barbarei weichen werde; sie schütteln den Kopf über unsere Freiheitskämpfe, die nur dem Aufkommen neuer Tyrannen förderlich seien; sie lächeln über alle Bestrebungen eines politischen Enthusiasmus, der die Welt besser und glücklicher machen will, und der doch am Ende erkühle und nichts gefruchtet; - in der kleinen Chronik von Hoffnungen, Nöten, Mißgeschicken, Schmerzen und Freuden, Irrtümern und Enttäuschungen, womit der einzelne Mensch sein Leben verbringt, in dieser Menschengeschichte sehen sie auch die Geschichte der Menschheit. [...] Der oben besprochenen, gar fatalen fatalistischen Ansicht steht eine lichtere entgegen, die mehr mit der Idee einer Vorsehung verwandt ist, und wonach alle irdischen Dinge einer schönen Vervollkommenheit entgegenreifen und die großen Helden und Heldenzeiten nur Staffeln sind zu einem höheren gottähnlichen Zustande des Menschengeschlechtes, dessen sittliche und politische Kämpfe endlich den heiligsten Frieden, die reinste Verbrüderung und die ewigste Glückseligkeit zur Folge haben. Das goldne Zeitalter, heißt es, liege nicht hinter uns, sondern vor uns; wir seien nicht aus dem Paradiese vertrieben mit einem flammenden Schwerte, sondern wir müßten es erobern durch ein flammendes Herz, durch die Liebe; die Frucht der Erkenntnis gebe uns nicht den Tod, sondern das ewige Leben. [...] Beide Ansichten, wie ich sie angedeutet, wollen nicht recht mit unseren lebendigsten Lebensgefühlen übereinklingen; wir wollen auf der einen Seite nicht umsonst begeistert sein und das Höchste setzen an das unnütz Vergängliche; auf der anderen Seite wollen wir auch, daß die Gegenwart ihren Wert behalte, und daß sie nicht bloß als Mittel gelte und die Zukunft ihr Zweck sei. Und in der That, wir fühlen uns wichtiger gestimmt, als daß wir uns nur als Mittel zu einem Zwecke betrachten möchten; es will uns überhaupt bedünken, als seien Zweck und Mittel nur konventionelle Begriffe, die der Mensch in die Natur und in die Geschichte hineingegrübelt, von denen aber der Schöpfer nichts wußte, indem jedes Erschaffnis sich selbst bezweckt und jedes Ereignis sich selbst bedingt und alles, was die Welt selbst, seiner selbst willen da ist, und geschieht. - Das Leben ist weder Zweck noch Mittel; das Leben ist ein Recht. Das Leben will dieses Recht geltend machen gegen den erstarrenden Tod, gegen die Vergangenheit, und dieses Geltendmachen ist die Revolution. Der elegische Indifferentismus der Historiker und Poeten soll unsere Energien nicht lähmen bei diesem Geschäfte; und die Schwärmerei der Zukunftbeglücker soll uns nicht verleiten, die Interessen der Gegenwart und das zunächst zu verfechtende Menschenrecht, das Recht zu leben, aufs Spiel zu setzen.

Heinrich Heine: Verschiedenartige Geschichtsauffassung. In: Heinrich Heines Sämtliche Werke. Hrsg. von Ernst Elster. Bd. 7. Leipzig und Wien o. J. S. 294-296.

***

Da es keine deutlichen Ziele des Jungen Deutschland gab, gab es auch kein festes Programm, keine klare Willensbekundung. Die Unbestimmtheit der Verhältnisse, das mehr Ahnungsvolle als klar Definierte kennzeichnen mehr oder weniger alle Äußerungen der Jungdeutschen, und da der Zusammenschluß unter ihnen darüber hinaus recht loser Natur war, da Freundschaften und Feindschaften wechselten, da die Gruppe ja nur von außen her künstlich zusammengeschweißt worden war, das Ganze eine Bewegung war und keine Schule, finden sich denn auch bestenfalls vage Absichtserklärungen, kaum Aufrufe und Proklamationen. Aus den Äußerungen der Jungdeutschen über sich selbst geht zwar hervor, daß sie sich durchaus ihrer Andersartigkeit bewußt waren, aber von abgesprochenen Gemeinsamkeiten ist im Grunde genommen nirgendwo die Rede. So ist der Begriff des Manifestes hier also weit zu fassen: eine bestimmte literarische Kontur ist im Jungen Deutschland nicht entwickelt worden, statt dessen gibt es eigentlich nur Surrogate: Vorreden, Widmungen, persönliche Erklärungen. Auch sie sind nicht allzu zahlreich. Sind Wienbargs "Ästhetische Feldzüge" eine Programmschrift des Jungen Deutschland? Man kann die Frage bejahen, sieht sich aber dann sofort mit der Schwierigkeit konfrontiert, die einzelnen Programmpunkte nicht klar benennen zu können. Kann ein Vorlesungszyklus eine Programmschrift sein, wie gelegentlich behauptet worden ist, kann er manifestartigen Charakter bekommen? Sicherlich nicht als ganzer, allenfalls in einzelnen Äußerungen. Manifeste sind also in diesem Sinne als Aufrufe zu verstehen, die über unbestimmte Erklärungen und allgemeine Forderungen nicht hinauskommen. Das einzig gemeinsame Kriterium dieser Texte ist ihr Öffentlichkeitscharakter: also ihr Bezug nach außen, ihre Absicht, etwas bewirken zu wollen, wenngleich nirgendwo deutlich artikuliert wird, um was es sich dabei handelt. Der Leser wird angesprochen, und nicht nur das: er soll zugleich überzeugt, soll eingemeindet werden in die neue Bewegung, von der die Jungdeutschen hoffen, daß sie sich immer stärker ausbreiten werde. Manifestcharakter in diesem Sinne haben die "Ästhetischen Feldzüge" denn auch nur dort, wo sie noch einmal zusammenfassen, um was es geht: die Zueignung ist in gewissem Sinne ein indirekter Aufruf, der aber gleichzeitig der Versuch einer Tatbestandsaufnahme ist. Wie diese "Ästhetischen Feldzüge" zu verstehen sind, hat Theodor Mundt ausführlich darzulegen versucht: sein Kommentar zu Wienbargs Programmschrift,[1] wenn man sie doch einmal so nennen will, läßt erkennen, daß auch hier Ahnungen und Erwartungen konzise Feststellungen ersetzen müssen, die man vielleicht erhofft hatte. Wienbargs "Ästhetische Feldzüge" sind ein Verzicht auf eine systemorientierte, ausgebildete Ästhetik; Mundt hat das deutlich gesehen und darauf aufmerksam gemacht, daß hier allenfalls ein Bedürfnis nach neuer Poesie bestanden habe, aber die Übergangsperiode habe verhindert, daß diese Ästhetik sich ausformulieren konnte. Und er hat zu Recht bemerkt, daß die "Ästhetischen Feldzüge" nicht nur ein Produkt der Übergangsperiode seien, in der die Jungdeutschen zu leben vermeinten, sondern daß hier eine ersatzweise Ästhetik geschrieben worden sei, die freilich eher Versuchscharakter habe, als daß sie eine neue Kunstlehre etabliert hätte. Doch die Besprechung macht zugleich deutlich, daß schon damals über die Grundzüge der neuen Ästhetik Uneinigkeit bestand; Mundt scheint verschiedentlich gar nicht begriffen zu haben, was Wienbarg gewollt hatte; an anderen Stellen wiederum widerspricht er ihm.

Die Manifeste, Verlautbarungen und Programme beziehen sich auf alles Mögliche, haben aber eines gemeinsam: sie richten sich zumeist gegen etwas, nehmen nicht für etwas Partei. Die kritische Grundhaltung der Jungdeutschen wird auch dort sichtbar, wo Eigenes erklärt werden soll, da die Selbsterklärungen häufig auf die Ablehnung des Überkommenen hinauslaufen. Daß das Alte abgelegt werden müsse, war eine der wenigen gemeinsa-

---

1 Theodor Mundt: Schriften in bunter Reihe, zur Anregung und Unterhaltung. Heft 1. Leipzig 1834. S. 141-146.

men Forderungen, die sich überall durchsetzte. Davon künden Wienbargs "Ästhetische Feldzüge" wie auch andere Schriften. Gemeinsamkeit wurde also dadurch geschaffen, daß man programmatisch feststellte, was man nicht wollte. Diese das Vergangene kritisch betrachtende Haltung verbindet sich gelegentlich sogar mit einer gewissen Militanz, mit einem Aufruf zum radikalen Kampf gegen alles für unvernünftig Gehaltene. Das Junge Deutschland hat gesehen, daß sich in Deutschland nicht nur eine Stimmung der lähmenden Stagnation ausgebreitet hatte, der erzwungenen Untätigkeit, der Langeweile, der Verzweiflung und sogar des Nihilismus, sondern daß Gegenströmungen vorhanden waren, die gestärkt werden sollten.

Gelegentlich beziehen sich die Aufrufe auf Teilaspekte des Lebenskampfes, und so findet sich unter den "Manifesten" auch eine Emanzipationserklärung für die Frauen. Ludolf Wienbarg hat eine solche verfaßt, und sein Text liest sich wie eine Anklageschrift gegen die Welt und Denkweise der Männer. Daß sich die Emanzipationsbestrebungen Wienbargs mit einem nur wenig verhüllten Patriotismus verbinden, wirkt sonderbar; dennoch ist beides ernst gemeint. Hier wirken Gleichheitsideen der Französischen Revolution weiter, die aus der politischen Welt in die Sozialordnung hinein übertragen worden sind, während sich hinter dem Nationalpathos eine eher konservative Haltung verbirgt, und auf diese Weise wird sichtbar, daß im Jungen Deutschland soziale Veränderungen mitbedacht worden sind, während es eindeutige politische Aufrufe, das rigorose Umsturzmanifest nicht gibt. Wo dennoch politische Forderungen gestellt werden, enthalten sie sehr häufig philosophische und geschichtliche Überlegungen - wie das etwa in Heines Stellungnahmen zur Revolution der Fall ist. Auch Heines Texte wird man nicht als Manifeste im traditionellen Sinne begreifen können, aber dennoch haben sie manifestatorischen Charakter: richten doch auch sie sich appellativ an den Leser, beziehen ihn mit ein in seine Überlegungen, um ihn dergestalt zu verändern und aufzuklären. Nur wenige Texte dieser Art kommen freilich an Aufrufe vom Stil Büchners heran. Aber selbst die eher essayistisch formulierten Forderungen Heines und der anderen Jungdeutschen lassen erkennen, daß bei aller Kritik am Überkommenen und bei aller eingestandenen oder auch uneingestandenen Unfähigkeit, sich klar zu artikulieren, doch immer wieder bestimmte Leitbegriffe auftauchen, deren Diskussion einen literarischen Text jedenfalls annäherungsweise zum Manifest werden lassen kann. Das betrifft die zahlreichen Aufrufe und Bekenntnisse zum Leben, zur Gegenwart, zum Diesseits. In den Bereich der so verstandenen Manifeste gehört etwa Heinrich Heines Betrachtung über die verschiedenartigen Geschichtsauffassungen. Heine fordert zwar nicht direkt zum Leben auf; der Begriff entartet nicht zur Parole, denn Heine analysiert relativ ausführlich auch die konkurrierenden Geschichtsvorstellungen, die in seiner Zeit geäußert worden waren. Überhaupt ist der mehr oder weniger deutliche essayistische Charakter der Manifeste ihr Signum; in die Erklärungen mischen sich immer wieder Spekulationen und Reflexionen ein, Bestandsaufnahmen und kulturgeschichtliche Überlegungen. Aber wenn Heine schließlich sagt: "Das Leben ist weder Zweck noch Mittel; das Leben ist ein Recht. Das Leben will dieses Recht geltend machen gegen den erstarrenden Tod, gegen die Vergangenheit, und dieses Geltendmachen ist die Revolution", dann haben diese Sätze den Charakter eines Aufrufs, sie wollen als Proklamation verstanden werden - und in diesem Sinne gehören auch sie noch zu den Manifesten.

Gelegentlich wollten die Jungdeutschen nicht durch Appelle den Leser überzeugen, sondern durch Reflexionen über sich selbst: zuweilen spricht sich beispielhaft ein Ich aus über das, was es denkt, was es will. Wer Feststellungen von sich und für sich trifft, liefert damit Beispiele, an die sich der Leser halten soll: auch derartige Texte wollen etwas demonstrieren, aufklären, wirken, auf die Tendenzen des Jungen Deutschland hin einstimmen. Natürlich haben solche Manifeste nicht jenen demagogischen Charakter, der Wienbargs "Ästhetische Feldzüge" teilweise prägt. Das darf auf der anderen Seite nicht übersehen lassen, daß das Junge Deutschland, mag man auch nur eine sehr kleine Zahl von Schriftstellern dazu rechnen, auf Breitenwirkungen hoffte. Und so sind die Grenzen zu Verlagsprogrammen und Zeitschrifteneinleitungen, die an sich eher manifestatorischen Charakter haben, denn auch fließend; in dem Vorwort zur einen oder anderen Journalgründung finden sich ähnliche Feststellungen und Proklamationen wie in den essayistischen Selbsterklärungen der Jungdeutschen.

VI. VORBILDER

Heinrich Heine: Mit Luther beginnt ein neues Zeitalter in Deutschland

Ruhm dem Luther! Ewiger Ruhm dem theuern Manne, dem wir die Rettung unserer edelsten Güter verdanken, und von dessen Wohlthaten wir noch heute leben! Es ziemt uns wenig, über die Beschränktheit seiner Ansichten zu klagen. Der Zwerg, der auf den Schultern des Riesen steht, kann freylich weiter schauen als dieser selbst, besonders wenn er eine Brille aufgesetzt; aber zu der erhöhten Anschauung fehlt das hohe Gefühl, das Riesenherz, das wir uns nicht aneignen können. Es ziemt uns noch weniger über seine Fehler ein herbes Urtheil zu fällen; diese Fehler haben uns mehr genutzt als die Tugenden von tausend Anderen. Die Feinheit des Erasmus und die Milde des Melanchthon hätten uns nimmer so weit gebracht wie manchmal die göttliche Brutalität des Bruder Martin. Ja, der Irrthum in Betreff des Beginnes, wie ich ihn oben angedeutet, hat die kostbarsten Früchte getragen, Früchte woran sich die ganze Menschheit erquickt. Von dem Reichstage an, wo Luther die Autorität des Pabstes läugnet und öffentlich erklärt: 'daß man seine Lehre durch die Aussprüche der Bibel selbst oder durch vernünftige Gründe widerlegen müsse!' da beginnt ein neues Zeitalter in Deutschland.

Heinrich Heine: Zur Geschichte der Religion und Philosophie in Deutschland. In: Heinrich Heine. Historisch-kritische Gesamtausgabe der Werke. Hrsg. von Manfred Windfuhr. Bd. 8/1 bearbeitet von Manfred Windfuhr. Hamburg 1979. S. 34.

Heinrich Heine: Lessing hat den Luther fortgesetzt

Ich sage Lessing hat den Luther fortgesetzt. Nachdem Luther uns von der Tradizion befreyt, und die Bibel zur alleinigen Quelle des Christenthums erhoben hatte, da entstand, wie ich schon oben erzählt, ein starrer Wortdienst, und der Buchstabe der Bibel herrschte eben so tyrannisch wie einst die Tradizion. Zur Befreyung von diesem tyrannischen Buchstaben hat nun Lessing am meisten beygetragen. Wie Luther ebenfalls nicht der einzige war, der die Tradizion bekämpft, so kämpfte Lessing zwar nicht allein, aber doch am gewaltigsten gegen den Buchstaben. Hier erschallt am lautesten seine Schlachtstimme. Hier schwingt er sein Schwert am freudigsten, und es leuchtet und tödtet. Hier aber auch wird Lessing am stärksten bedrängt von der schwarzen Schaar.

Heinrich Heine: Zur Geschichte der Religion und Philosophie in Deutschland. In: Heinrich Heine. Historisch-kritische Gesamtausgabe der Werke. Hrsg. von Manfred Windfuhr. Bd. 8/1 bearbeitet von Manfred Windfuhr. Hamburg 1979. S. 76.

Ludolf Wienbarg: Goethe ist der natürliche Protector der neuen Literaturrichtung

Ich wollte zeigen, daß Goethe der natürlichste Protector, Tieck der gemachteste Gegner der neuen Literaturrichtung sey, in welcher Goethe die Symptome einer künftigen Welt-Literatur erkannte. Freilich würde Goethe sich gewaltig sträuben gegen die ihm zugedachte Ehre, sobald wir ihm auch den Einfluß aller Consequenzen aufzubürden gedächten. Aber hier ist auch nur vom Princip im Großen und vom Einfluß im Allgemeinen die Rede. Hat doch Goethe selbst über seine jugendlichen Productionen den Stab gebrochen und namentlich den Faust auf die kühlste Weise verläugnet und sich halb und halb zum Verbrechen angerechnet, daß er einmal in seiner Jugend so tollkühn war, das Feuer der Poesie vom Himmel zu holen, und so unvorsichtig, mit der lodernden Flamme dem dürren Holz des Lebens zu nahe zu kommen. Aber Europa's Jugend ließ sich nicht irre machen durch des ängstlichen Meisters Vertuschung. Sie berief sich von Goethe dem alten auf Goethe den jungen, von dem Minister Goethe auf Goethe-Prometheus.

In: Ludolf Wienbarg: Zur neuesten Literatur. Mannheim 1835. S. 9f.

Heinrich Heine: Jean Paul ging in seiner Hauptrichtung dem jungen Deutschland voran

Ich rede von Jean Paul Friedrich Richter. Man hat ihn den Einzigen genannt. Ein treffliches Urtheil, das ich jetzt erst ganz begreife, nachdem ich vergeblich darüber nachgesonnen, an welcher Stelle man in einer deutschen Literaturgeschichte von ihm reden müßte. Er ist fast gleichzeitig mit der romantischen Schule aufgetreten, ohne im mindesten daran Theil zu nehmen, und eben so wenig hegte er später die mindeste Gemeinschaft mit der goetheschen Kunstschule. Er steht ganz isolirt in seiner Zeit, eben weil er, im Gegensatz zu den beiden Schulen, sich ganz seiner Zeit hingegeben und sein Herz ganz davon erfüllt war. Sein Herz und seine Schriften waren eins und dasselbe. Diese Eigenschaft, diese Ganzheit finden wir auch bey den Schriftstellern des heutigen jungen Deutschlands, die ebenfalls keinen Unterschied machen wollen zwischen Leben und Schreiben, die nimmermehr die Politik trennen von Wissenschaft, Kunst und Religion, und die zu gleicher Zeit Künstler, Tribune und Apostel sind.

Heinrich Heine: Die romantische Schule. In: Heinrich Heine. Historisch-kritische Gesamtausgabe der Werke. Hrsg. von Manfred Windfuhr. Bd. 8/1 bearbeitet von Manfred Windfuhr. Hamburg 1979. S. 217f.

***

Hat das Junge Deutschland Vorbilder gehabt? Knüpft es an Überliefertes an, sah es Maßstäbe in der Vergangenheit, kannte es Wegbereiter und Vorläufer?

Der Augenschein droht zunächst dagegen zu sprechen. Revolutionäre Bewegungen pflegen mit der Vergangenheit zu brechen, mehr oder weniger radikal. Wenn es stimmt, daß das Junge Deutschland, durch Julirevolution und Goethes Tod gleichermaßen stark stimuliert, tatsächlich eine neue Literatur wollte, die Zeit als Übergangsepoche erlebte, sich gegen die Tradition absetzte, dann freilich kann von Vorbildern kaum die Rede sein. Vorbilder kann es auch dann nicht geben, wenn man den Hauptakzent des Jungen Deutschland auf politische Bestrebungen legt, denn revolutionäre Vorläufer lassen sich aus einer vergleichbaren historischen Konstellation heraus nicht benennen. Die Frage nach Vorläufern wird schließlich ebenfalls obsolet, wenn man in der Fortschrittsgläubigkeit den eigentlich gemeinsamen Nenner der jungdeutschen Bemühungen erkennen will; wenn man also die Jungdeutschen als eine Bewegung von zukunftsorientierten Schriftstellern sieht, die jeden Blick zurück von vornherein vermieden.

Wer die Bewegung des Jungen Deutschland so einschätzte, für den wäre die Suche nach Vorbildern in der Tat weitgehend fruchtlos. Da es aber andererseits naheliegt, daß junge Schriftsteller nicht aus sich heraus produzieren, sondern sich an anderem und damit Vorausgegangenem orientieren, gibt es für jene, die das Junge Deutschland vornehmlich als politisch progressive Bewegung verstehen, nur eine Antwort: die Älteren dieser neuen Literatur, Börne und Heine also, figurieren als die "Vorbilder des Jungen Deutschland".[1] Denn Goethe, so scheint es, hatte völlig abgedankt, und abgedankt hatten auch die anderen Großen des Weimarer Hofes; die Romantiker kamen ebenfalls nicht in Frage - wer also hätte unmittelbares Vorbild sein können? Doch eine solche Sehweise ist im Grunde genommen unzulässig. Hatten Börne und Heine tatsächlich im strengen Wortsinn eine Vorbildfunktion für die übrigen Mitglieder des Jungen Deutschland? Die Feststellungen, daß es sich hier um die Chorführer des Jungen Deutschland gehandelt habe, sind zwar zahlreich, aber sie besagen am Ende doch nur, daß sich das Junge Deutschland in mehrere Gruppierungen aufteilte, deren Anführer mit Börne und Heine benannt worden waren. Eigentliche Vorbilder waren sie nicht, zumal Heine nicht ganz ohne Grund im Bundestagsbeschluß mit den anderen Jungdeutschen zusammengespannt worden war; Börne blieb darin zwar ungeschoren, hat sich aber nie als Anführer der

---

1 So Walter Dietze in seiner Darstellung: Junges Deutschland und deutsche Klassik. Zur Ästhetik und Literaturtheorie des Vormärz. Berlin ^{3}1962. S. 35ff.

jüngeren Jungdeutschen begriffen; er wurde von einigen verehrt, jedoch nicht als Vorbild gefeiert. Bedient man sich, wie das häufiger geschehen ist, der "Vorbild"-These, dann werden zwei wichtige Vertreter des Jungen Deutschland zu dessen Ahnherren, obwohl sie selbst doch Repräsentanten dieser Bewegung waren: ein fragwürdiges Vorgehen. Vor allem widerspricht es dem Selbstverständnis der Jungdeutschen, die durchaus Vorbilder kannten, dazu aber nicht Börne und Heine rechneten; und da es jene Vorbilder nun einmal gab, führt sich damit auch die These, daß das Junge Deutschland eine radikal revolutionäre, allein auf die Zukunft hin orientierte Bewegung gewesen sei, ad absurdum. Die Rückbindungen an Vergangenes waren viel zu stark, als daß man die progressiven Momente verabsolutieren und daraus auf eine ungebrochene oder naive Fortschrittsgläubigkeit schließen dürfte. Es ist bezeichnend, daß gerade diejenigen, die gelegentlich als Vorbilder des Jungen Deutschland genannt wurden, Börne und Heine nämlich, ihrerseits auf Leitfiguren hingewiesen haben, die für sie jeweils verbindliche und glaubwürdige Haltungen eingenommen hatten. Die Erkenntnis von Vorbildern außerhalb des Bereichs des Jungen Deutschland bedeutet aber noch mehr: sie besagt, daß die Jungdeutschen sich durchaus nicht als absolute Neuerer verstanden, sondern sich in einer Geschichtskontinuität wußten; daß sie Überlieferungen achteten und durchaus bereit waren, sich an Traditionen anzuschließen. Das nimmt dem revolutionären Impetus nichts an Gewicht; die Jungdeutschen sind deswegen noch nicht rückwärtsgewandte Traditionalisten. Vielmehr werden ihre eigentlichen Absichten gerade durch die Vorbilder, auf die sie sich beziehen, nur um so deutlicher. Vorbildorientiertheit heißt im übrigen ja auch nicht sklavische Nachahmung dessen, was schon einmal gedacht worden war. Die Jungdeutschen, allen voran Heine, haben sich vielmehr in Überlieferungslinien gesehen, die ihnen selbst eine quasi philosophische Rückendeckung gaben, die sie in ihren Ansichten stärkten und die im Grunde genommen die Stoßkraft ihrer Ideen erhöhten. Anzunehmen, daß das Junge Deutschland sich rigoros gegen Vergangenes ausgesprochen habe, ist ein gefährlicher Irrtum. Vielmehr enthüllt sich bei näherer Betrachtung des Jungen Deutschland eine Kette von Ahnherren, auf die sich die Jungdeutschen immer wieder und immer wieder gerne berufen haben.

An ihrem Anfang steht Luther. Heine hat darüber ausführlich geschrieben, hat in seiner Schrift "Zur Geschichte der Religion und Philosophie in Deutschland" Luther gepriesen als den ersten modernen Revolutionär, der eine Bewegung einleitete, die bis zur Julirevolution, also bis in die unmittelbare Gegenwart der jungen Deutschen andauern sollte. Er hat ihn als "providenziellen Mann" bezeichnet, dem "wir [...] die Geistesfreyheit verdanken, welche die neuere Literatur zu ihrer Entfaltung bedurfte".[2] Luther erscheint dabei durchaus nicht als jemand, der nur Autoritäten niedergerungen habe, sondern als Freiheitsapostel, als erster einer langen Kette von Revolutionären, die alle das gleiche gewollt hatten: "Geistesfreiheit", aufklärerische Selbstbestimmung. Was Luther begonnen hatte, hat Lessing aus der Sicht Heines fortgesetzt, und Lessing ist der zweite große Geist, dem nicht nur Heine, sondern dem auch Börne gehuldigt hat: als Vorbild, als Befreier, als mustergültigem Schriftsteller. Aber der Kreis der Vorbilder ist damit noch nicht ausgeschritten. Vor allem Heine, dessen Geschichtsdenken unter den Jungdeutschen sicherlich am stärksten ausgeprägt war, hat in der Philosophie des deutschen Idealismus insofern Vorbildhaftes erkannt, als er in ihr die Aufklärung Lessingscher Provenienz weitergeführt sah: Fichte, Schelling und Hegel waren für ihn diejenigen, die die philosophische Revolution in Deutschland vorangebracht hatten, und wenn Heine auch nicht immer frei von Kritik an dieser deutschen Sonderentwicklung war, so sah er den Weg der deutschen Philosophie doch als Befreiungsweg, als die spezifische Form der deutschen geistigen Revolution; damit war die deutsche Philosophie insgesamt eine Aufklärungstat, die Heine gebührend hoch eingeschätzt hat. Zu den weit aus der Vergangenheit her wirkenden Vorbildern gehört ebenfalls Shakespeare: nicht nur seiner Sprache wegen, sondern auch, weil er "die leibhaftige Wahrheit ohne Kunstgewand" enthüllte.[3]

Das alles ist verständlich, und diese Vorbilder mußten das Junge Deutschland bestärken, es nicht etwa in seiner Überzeugungskraft einschränken. Dabei ist charakteristisch, daß neben Heine auch Börne zumindest ein großes Vorbild kannte, dem er leidenschaftlich gehuldigt hat, daß also die "Chorführer" offenbar am stärksten angewiesen waren auf Muster, die ihre eigene Position bestätigten und unterstützten - während die Jüngeren der jungdeutschen Bewegung sich entweder an Börne oder an Heine anschließen konnten, ohne daß diese freilich in vergleichbarer Weise Vorbilder gewesen wären. Vielmehr lehrten sie gerade, den wirklichen Führern zu vertrauen. Für Börne ist Jean Paul das große Beispiel gewesen, und seine Denkrede auf ihn, am 2. Dezember 1825 in Frankfurt vorgetragen, ist ein Musterbeispiel für die Verehrung eines Früheren, wie sie sich in der jung-

---

2 Heinrich Heine: Zur Geschichte der Religion und Philosophie in Deutschland. In: Historisch-kritische Gesamtausgabe der Werke. Hrsg. von Manfred Windfuhr. Bd. 8/1 bearbeitet von Manfred Windfuhr. Hamburg 1979. S. 42.

3 Heinrich Heine: Ludwig Börne. Eine Denkschrift. In: Heinrich Heine. Historisch-kritische Gesamtausgabe der Werke. Hrsg. von Manfred Windfuhr. Bd. 11 bearbeitet von Helmut Koopmann. Hamburg 1978. S. 44.

deutschen Literatur in dieser Deutlichkeit sonst kaum findet. So hat Jean Paul für Börne nicht nur die "Freiheit des Denkens" vertreten, sondern auch die "Freiheit des Fühlens",[4] also eine menschliche Haltung, die weit über Vernunfteinsichten und Verstandesforderungen hinausging. Jean Paul hat Börne auch in seinen sozialkritischen Ansichten gerechtfertigt und bestärkt. "Er war der Dichter der Niedergebornen, er war der Sänger der Armen, und wo Betrübte weinten, da vernahm man die süßen Töne seiner Harfe", schreibt er;[5] und wenn solche Sätze auch an die Grenze der sprachlichen Hagiographie rühren, so sind sie Börne doch als aufrichtig gemeinte Bekundungen abzunehmen.

Aber eines der wichtigsten Vorbilder ist derjenige, der zugleich für einige Jungdeutsche zur wichtigsten Feindfigur wurde: Goethe. Ludolf Wienbarg erschien der Weimarer als natürlicher Protektor der neuen Literatur, und Goethes Begriff der Weltliteratur fand bei ihm ungeteilte Anerkennung. Zwar ist der klassische Goethe von Wienbarg gelegentlich auch mit einem gewissen Mißtrauen betrachtet worden, aber es kann keine Rede davon sein, daß er und mit ihm das Junge Deutschland Goethe und seinen Einfluß erbarmungslos bekämpft habe. Gutzkow hat ähnlich argumentiert wie Wienbarg, wenn er schreibt: "Die statt Goethe empfohlenen Namen Tieck, Jean Paul und sonst die ganze romantische Schule, gewährten keine Muster für den Fortschritt derjenigen Geister, die an die Möglichkeit einer neuen Literaturschöpfung für Deutschland glauben. Man mußte auf dasjenige zurückkommen, was b e f r u c h t e t [...]. Selbst wo uns Goethe keine Resultate gibt, regt er die Dialektik an und kann durch das, was er nicht gerade selbst anbietet, sondern nur zuläßt, für die sich in Deutschland einleitenden Diskussionen werden, was Aristoteles dem Mittelalter war".[6] Derartige Sätze können nicht gut als Goethe-Kritik ausgelegt werden; ähnliche Bekundungen finden sich bei Gutzkow auch in anderen Schriften. Das Junge Deutschland hat, Börne allerdings ausgenommen, in Goethe gewissermaßen die Garantie einer neuen Klassizität gesehen, die als Ziel wiederholt anvisiert wurde. Und Gutzkows Titel "Über Goethe im Wendepunkte zweier Jahrhunderte" wirkt geradezu programmatisch, ist Ausdruck des sehr bewußten und überlegten Versuchs, an Goethesche Kunstmaximen anzu-

---

4 Ludwig Börne: Sämtliche Schriften. Neu bearbeitet und hrsg. von Inge und Peter Rippmann. Bd. 1. Düsseldorf 1964. S. 792.

5 Ebd., S. 791.

6 Karl Gutzkow: Über Goethe im Wendepunkte zweier Jahrhunderte. In: Karl Gutzkows ausgewählte Werke in zwölf Bänden. Hrsg. von Heinrich Hubert Houben. Bd. 8 Leipzig o. J. S. 246f.

knüpfen, und seien es auch nur die des jungen Goethe - und an einige des alten. Wienbargs "Ästhetische Feldzüge" versuchten ebenfalls, Goethesche klassische Kunstmaximen mit der "Wirklichkeit", mit dem "Leben", mit der "Tat" zu verbinden. Goethesche Vorstellungen wirken in den schriftstellerischen Erörterungen des Jungen Deutschland weiter, und wenn auf der einen Seite auch eine neue Ästhetik proklamiert wurde, so bedeutete das doch nicht, daß das Alte endgültig damit über Bord geworfen wurde. Gerade bei den wirklichkeitsorientierten Vertretern des Jungen Deutschland finden sich Sätze, die reine Bekenntnisse zur Kunst sind. Goethes Satz von der Kunst als einer anderen Natur liest sich bei Wienbarg nur leicht umformuliert, wenn er schreibt: "Lebendig und wahr soll also die Kunst sein wie die Natur, aber die Kunst wie es ihr selbst, nicht wie es der Natur zukommt".[7] Das ist ein Votum für den Kunstcharakter der Literatur, nicht für ihre Wirklichkeitsnähe. Und Wienbarg hat in seinen "Ästhetischen Feldzügen" auch geschrieben: "Nicht das Wirkliche als wirklich will der Künstler nachahmen, sondern dem wirklichen eine künstlerische Bedeutung geben".[8] Finden sich aber derartige Rückbezüge selbst in der oft als Programmschrift angesehenen Manifestation der neuen ästhetischen Anschauungen, also eben bei Wienbarg in seinen "Ästhetischen Feldzügen", so kann wohl nicht gut mehr von einer völligen Klassikabkehr und einem absoluten Traditionsbruch die Rede sein. Hier sollten vielmehr Altes und Neues versöhnt werden, die Symbiose zwischen dem Gegenwärtigen und zwischen dem Vergangenen wurde angestrebt, klassische Kunstregeln waren durchaus nicht ausnahmslos außer Kraft gesetzt worden, und wenn Wienbarg schreibt: "Goethe war der Luther seines Jahrhunderts",[9] so ist das am Ende ja sogar ein Hinweis auf die revolutionäre Bedeutung Goethes und seiner Poesie im 18. Jahrhundert. Bedenkt man, wie hoch Luther als Leitfigur rangierte, erscheint dieser Satz über Goethe als außerordentliche Huldigung. Goethe begegnet damit nicht als esoterische oder elitäre Figur, sondern als Gestalt seiner Zeit, also als Dichter, der alles andere war als nur persongewordener Ausdruck einer obrigkeitlichen Haltung, die dem Jungen Deutschland tief verdächtig sein mußte. Er war der Repräsentant seiner Gegenwart, darüber hinaus aber eben auch der große Kunstlehrer, und gerade Wienbarg hat in seinen "Ästhetischen Feldzügen" das gesehen. Die Versuche, an Goethe anzuknüpfen, laufen dabei durchaus nicht nur auf eine all-

---

7 Ludolf Wienbarg: Ästhetische Feldzüge. Hrsg. von Walter Dietze. Berlin/Weimar 1964. S. 132.
8 Ebd., S. 131.
9 Ebd., S. 172f.

gemeine und am Ende doch nichtssagende Wertschätzung hinaus, sondern gipfeln in der Übernahme Goethescher Begriffe als Leitbegriffe, mit deren Hilfe Zukünftiges möglich werden sollte. Das betrifft Goethes Organismusvorstellungen, mehr aber noch die Überlegungen Goethes zum Familiären und Häuslichen: gerade Gutzkow hat sie dankbar aufgenommen und in seiner Schrift "Über Goethe im Wendepunkte zweier Jahrhunderte" erneut proklamiert.

Börne ist davon weitgehend ausgenommen. Abgesehen von einer kurzen Phase einer jugendlichen Goethe-Begeisterung hat er Goethe immer nur kritisiert, allenfalls den Stürmer und Dränger ausgespielt gegen den klassischen, gefühls- und empfindungskalt gewordenen Goethe, gegen den starren Vertreter eines unglaubwürdigen Staatswesens, gegen den Gräkomanen, der sich dem Leben auf fatale Weise entzogen hatte. Für Börne rückt Jean Paul gewissermaßen als Ersatzfigur an die Stelle Goethes, und was Goethe an Anerkennung genommen wird, das gewinnt Jean Paul. Börne hat mit seiner rigorosen Goethe-Kritik dabei aber das Junge Deutschland kaum beeinflußt; ein Hinweis darauf, wie heterogen auch hier die Verhältnisse zur Vergangenheit waren. Man wäre blind, wollte man nicht sehen, daß im übrigen Jungen Deutschland Goethe immer noch mehr verehrt als angegriffen wurde. Gelegentlich ist auch vom jungen Schiller die Rede, vom Dichter der "Räuber", aber gemessen an der Vielzahl von Äußerungen über Goethe hat Schiller sicherlich kaum eine vergleichbare Vorbildwirkung gehabt.

Die Romantik muß unter die Gegner des Jungen Deutschland gerechnet werden, nicht zu den Vorläufern; die Beziehung zur Romantik ist Romantikkritik, und dort findet sich auch eine erstaunliche Einheitlichkeit der Meinungen. Man kann in der Auseinandersetzung mit der Romantik einen ideellen Kristallisationspunkt der jungdeutschen Bewegung sehen, bildeten sich hier doch Gemeinsamkeiten aus, die in anderen Fragen durchaus nicht vorhanden waren. Dabei wurde die Romantik auf zweierlei Weise attakkiert: nicht nur, daß ihr der Vorwurf der bloßen Phantasterei und der Lebensferne gemacht wurde; gravierender war noch ihr Vergangenheitsbezug, ihre Mittelalterzuneigung, ihre Rückwärtsgewandtheit - wo immer das Junge Deutschland sich an vergangene Vorbilder hielt und sich an ihnen orientierte, war das doch stets mit dem Blick in die Zukunft geschehen, und auch Goethe war in diesem Sinne ein Schriftsteller, an den man um zukünftiger Ziele willen anknüpfen konnte. Die Romantik hatte dergleichen nicht zu bieten, und so fällt sie als ganze Epoche heraus aus den Beziehungen der Jungdeutschen zu einer produktiv auszuwertenden Vergangenheit.

Man muß die Bemerkungen der Jungdeutschen zu ihren Vorbildern eigentlich im Zusammenhang mit der Erfahrung der Übergangszeit sehen.

Genauer gesagt: auch in diesen Beziehungen zum Überkommenen drückt sich der Charakter der Zeit als Übergangsepoche aus. Denn Übergang bedeutete nicht nur der Wechsel vom Alten zum Neuen; dahinter stand auch die Frage, wie das Alte für das Neue nutzbar gemacht werden könnte. Die Jungdeutschen haben sich nicht sklavisch an Traditionen angeschlossen; ihre Freiheitsvorstellungen hätten das ohnehin verhindert. Aber zum Charakter der Übergangszeit gehört aus jungdeutscher Sicht auch, daß Wege gesucht werden mußten, mit deren Hilfe bestimmte Traditionen, an die man anknüpfen konnte, tatsächlich für die Zukunft verwertbar wurden. Und es ist verständlich, daß die Jungdeutschen in ihrer Mehrzahl sich nicht an historisch so weit entfernte Figuren wie Luther anschlossen, sondern eher an Goethe und Jean Paul, an Lessing und einzelne Phasen der deutschen idealistischen Philosophie. Die Suche nach Vorbildern aber läßt darüber hinaus ein Geschichtsbewußtsein erkennen, das für die Jungdeutschen mindestens so prägend war wie die Erfahrung der Französischen Revolution, die für sie gewissermaßen das Ende der alten Geschichte und der Beginn einer neuen bedeutete. Es sind gerade die vorbildhaften Leitfiguren der Jungdeutschen, an denen sich ihre Gemeinsamkeiten und ihre Tendenzen am Ende besser erkennen lassen als an den proklamatorischen Äußerungen der Jungdeutschen selbst.

VII. JUNGDEUTSCHE IM URTEIL VON JUNGDEUTSCHEN

Karl Gutzkow: Börne und Heine zersprengten die Stellungen der öffentlichen deutschen Bildung

Börne und Heine zersprengten die übel gewählten Stellungen der öffentlichen deutschen Bildung. Unberührt geblieben von den Hochgefühlen, welche die Brust der Deutschen schwellten, als sie die Herrschaft der Franzosen abgewälzt hatten, nüchtern, wo wir schwärmten, kalt, wo wir glühten, hatten sie alle Vorteile prüfender Vernunft vor der Schwärmerei voraus. [...] Während Heine mutwillig wie ein Schwärmer durch unsere Irrtümer und Wahrheiten fuhr, riß Börne die Vorhänge und Schleier der Illusionen von den Wänden, die uns umgaben, zeigte das nackte Holzgerüst, über welches man mittelalterliche Teppiche gehängt hatte, und war in dem ganzen Bildungsstoffe der Restaurationsperiode jener Sauerteig, der im Feuer der Julirevolution ein frisch und locker aufgehendes Gebäck möglich machte.

Karl Gutzkow: Vergangenheit und Gegenwart. In: Gutzkows Werke. Auswahl in zwölf Teilen. Hrsg. mit Einleitungen und Anmerkungen versehen von Reinhold Gensel. Teil 8. Berlin u. a. [1912]. S. 93.

Karl Gutzkow: Börne ein Verzweifelter, Heine ein Übermütiger

Börne und Heine, beide haben eine Tendenz nach jenem Bilde, unter welchem sie von der Freiheit träumen. Börne wird aus Sehnsucht ein Verzweifelter, Heine aus Sehnsucht ein Uebermüthiger. Börne rettet das Uebrige, während er Eines aufgeben muß; Heine wirft Alles hin, er krankt an demselben Schmerze. Börne hält sich an Gott und gibt den Menschen auf. Heine klammert sich an die Menschen und scheidet sich von Gott. Börne will die moralische und religiöse Weltordnung kultiviren, bis wir in andern politischen Verhältnissen sind. Heine will, ehe wir nicht zu demselben Ziele sind, auch alles Uebrige preisgeben. Wer hat Recht? Thörichte Frage!

Karl Gutzkow: Beiträge zur Geschichte der neuesten Literatur. Bd. 1. Stuttgart 1836. S. 90.

Heinrich Laube: Börne und Heine sind grundverschiedene Leute

Ich hielt es deshalb immer für ein Irreführen, daß man stets Börne und Heine nebeneinander nannte, als gehörten sie eng zueinander. Das war gar nicht der Fall; sie waren grundverschiedene Leute. Für Börne war die Politik wirklich die Lebensfrage, das Ein und Alles, und der weiterschweifende Heine mußte ihm bei näherer Bekanntschaft gründlich mißfallen. Das war denn auch eingetreten, nachdem sie eine Zeitlang nebeneinander gelebt hatten in Paris. Der redliche Parteimann Börne hatte sich entsetzt über den leichtfliegenden Heine, und der poetisch trachtende Heine hatte sich gelangweilt und geärgert über den eng einherschreitenden Börne. Der Verkehr zwischen ihnen hatte völlig aufgehört, und mit Groll über Heine war Börne gestorben.

Heinrich Laube: Erinnerungen 1810-1840. In: Heinrich Laubes gesammelte Werke in fünfzig Bänden. Unter Mitwirkung von Albert Hänel hrsg. von Heinrich Hubert Houben. Bd. 40. Leipzig 1909. S. 416f.

Karl Gutzkow: Laube ist nicht tief, nicht schöpferisch

Laube braucht die Goethesche Sentenzenweise; aber was er mit ihr glättet und poliert, ist meist ein vorher schon nichtssagender Stoff; es soll ein geistreicher Aphorismus werden und wird gewöhnlich eine geleckte und geputzte Trivialität. Laube ist nicht tief, nicht schöpferisch. Er hat über keine großartige Prädestination zu gebieten; er würde o h n e Heine, o h n e Börne, o h n e Varnhagen ein gewöhnlicher Romanschriftsteller à la van der Velde geworden sein, wofür 'Die Krieger' Beweises genug sind. Er würde ein Breslauer Journalist sein, der sich weidlich zu tummeln versteht, oder vielleicht ein mittelmäßiger Dramendichter. Die Vornehmheit steht dem Reichen schön: beim Armen ist sie eine Grimasse. Außen Samt und unten ein zerrissenes Hemd. Komödiantenwirtschaft.

Karl Gutzkow: Vergangenheit und Gegenwart. In: Gutzkows Werke. Auswahl in zwölf Teilen. Hrsg. mit Einleitungen und Anmerkungen versehen von Reinhold Gensel. Teil 8. Berlin u. a. [1912]. S. 127.

Heinrich Laube: Gutzkows Naturell war eben kritisch

Es zeigte sich bald, daß wir grundverschiedene Naturen waren. Die Schrift war sein Element. Er las alle Zeitungen, welche in den Konditoreien erreichbar waren. Wie in Berlin bei Steheli, so war damals auch in Leipzig die Konditorei das Zeitungsdepot. Erst allmählich haben sich die Konditoreien in Norddeutschland zu Kaffeehäusern entwickelt. Draußen im Rosentale unter hohen Bäumen beim Kinsky entfaltete sich eine solche Konditorei. Dort saß Gutzkow immer einsam zur Seite und entzifferte Zeitungen, sie dicht vor die Augen haltend, während ich mit den Leipziger Schöngeistern politisierte, Luft und Waldesatem genießend.

So kam es, daß er auch das kleinste Schriftstellerlein in Deutschland kannte und beobachtete, meines Erachtens nicht zu seinem Vorteile. Dadurch erfuhr er jede kleinliche Polemik und beteiligte sich später an Streitigkeiten, welche tief unter seiner Bedeutung waren. Es brachte dies eine stete Unruhe mit sich, welche jedes Behagen ausschloß.

Heinrich Laube: Nachträge zu den Erinnerungen. In: Heinrich Laubes gesammelte Werke in fünfzig Bänden. Unter Mitwirkung von Albert Hänel hrsg. von Heinrich Hubert Houben. Bd. 41. Leipzig 1909. S. 304f.

***

Die Soziologie des Jungen Deutschland lebt von einem Paradox. Auf der einen Seite galt der Kreis derer, die ihm zugerechnet werden, gelegentlich als potentiell indefinit und unfaßbar: alle liberalen, mehr oder weniger oppositionellen Schriftsteller, unabhängig von Alter, literarischer Ausrichtung, Herkunft und Thematik wurden ihm zugerechnet. Zum anderen aber definiert der Bundestagsbeschluß vom 10. Dezember 1835 das Junge Deutschland als eine kleine Gruppe subversiver Staatsfeinde, die große und gefährliche Ziele verfolge.

Zwar hat die Namensliste des Bundestagsbeschlusses keine Beweiskraft. Aber es gibt viele Hinweise, die es nahelegen, in den dort Genannten tatsächlich die eigentlichen Mitglieder des Jungen Deutschland zu sehen. Aufschlußreich ist der Brief Heinrich Heines an Laube vom 23. November 1835, in dem dieser seinen jüngeren Freund und Vertrauten darum bittet, im Krieg gegen das Junge Deutschland auf jeden Fall eine "s c h ü t - z e n d e Neutralität zu behaupten".[1] Zweifellos gehört Laube für Heine zu den Jungdeutschen, so wie umgekehrt Heine seine Zusammengehörigkeit mit Laube betont, gestattet er ihm doch, seine Gedichte in dessen neuem Journal zu drucken. Aber wichtiger noch sind die Bemerkungen zum "übrigen Jungen Deutschland". Heine schreibt: "Mit dem übrigen Jungen Deutschland steh ich nicht in der mindesten Verbindung; wie ich höre haben sie meinen Namen unter die Mitarbeiter ihrer neuen Revüe gesetzt, wozu ich ihnen nie Erlaubniß gegeben habe. - Einen guten Rückhalt sollen diese jungen Leute dennoch an mir haben, und es wäre mir höchstverdrießlich, wenn es zwischen letzteren und Ihnen zu Reibungen käme. Ich bitte Sie, durch gemeinschaftliche Freunde, diese jungen Leute von den Bedingnissen Ihrer Stellung zu unterrichten damit nicht Mißverstand ein Unheil anrichte. Vergessen Sie das nicht. - In allen Fällen rechnen Sie auf die gefühlteste Theilname bey allem was Sie persönlich betrifft. Daß Sie mit einigen meiner berliner Freunde in gutes Verständniß getreten, ist mir lieb".

Diese Äußerungen sind in mehrfacher Hinsicht aufschlußreich. Denn sie zeigen zum einen, daß Heine sich mit dem Jungen Deutschland solidarisch erklärt. Zum anderen aber lassen sie erkennen, daß für Heine zum Jungen Deutschland jene gehören, die Mitarbeiter der "neuen Revüe" sind - gemeint ist Gutzkows "Deutsche Revue", die noch vor dem Erscheinen der ersten Nummer verboten wurde. Herausgeben wollten sie Gutzkow und Wienbarg. So darf man davon ausgehen, daß Heine zumindest eine sehr definite Vorstellung vom Zusammenschluß des Jungen Deutschland hatte: der

---

1 Heinrich Heine. Säkularausgabe. Bd. 21. Briefe 1831-1840. Bearbeiter Fritz H. Eisner. Berlin/Paris 1970. S. 125 und 127.

Kreis war klein, und wenn von den jungen Leuten die Rede war, so war nicht die junge Generation schlechthin gemeint, sondern diese geringe Zahl liberaler Schriftsteller. Doch selbst wenn man Heines Äußerungen nicht auf die hier indirekt genannten Autoren bezieht, sondern die Zeitschriften, die sie herausgegeben oder an denen sie mitgearbeitet haben, als Basis des Jungen Deutschland betrachtet, so sind Laube, Gutzkow, Mundt, Wienbarg und am Rande noch August Lewald mit seiner "Europa" (bis 1846) dazuzurechnen. Das Bild, das man von den Zeitschriften her gewinnt, deckt sich im wesentlichen mit den Selbstaussagen des Jungen Deutschland und darüber hinaus auch mit den Namen des Bundestagsbeschlusses. Alles das spricht dafür, den Kreis des Jungen Deutschland tatsächlich auf wenige Autoren zu beschränken: die Äußerungen derer, die ihm zugerechnet wurden, müssen sogar den Eindruck erwecken, als sei dieser Kreis ein relativ homogener Kreis gewesen.

Das mag im Hinblick auf sachliche Gemeinsamkeiten nicht unbeschränkt, aber im großen und ganzen zutreffen; zu vermuten, daß die relativ kleine Zahl jungdeutscher Schriftsteller auch in ihren wechselseitigen Beziehungen eine Gruppe gebildet habe, ist jedoch irrig. Nirgendwo werden innere Spannungen, kontrastierende Ansichten und offene Widersprüche deutlicher als in den Aussagen, die die Jungdeutschen über andere Mitglieder des sogenannten Jungen Deutschland gemacht haben. Wollte man aufgrund dieser Feststellungen Rückschlüsse ziehen auf das Junge Deutschland selbst, es müßte als eine heillos zerstrittene Clique einander nur zu oft bekämpfender Schriftsteller erscheinen. Das ist nach außen hin freilich nicht immer deutlich geworden. Wenn Gutzkow in seiner "Wally" über seine Heldin schrieb: "Sie hatte einen kleinen Tisch vor sich gerückt, worauf die Erzeugnisse der neuesten Literatur lagen [...]. Einige Schriften vom jungen Deutschland lagen zur Hand, von Wienbarg, Laube, Mundt",[2] dann mochte das noch den Eindruck erwecken, als sei tatsächlich auch so etwas wie eine gemeinsame Literatur vorhanden und gewissermaßen in Übereinstimmung ihrer Verfasser geschrieben worden. Aber die Äußerungen über andere, häufig in Briefen zu finden, belehren den Leser bald eines Besseren. Das allgemeine, auch heute noch weitgehend akzeptierte Erscheinungsbild einer mehr oder weniger homogenen Literatur, die in den 30er Jahren geschlossen in Erscheinung trat, ist freilich schon von einigen kritischen Zeitgenossen revidiert worden. Friedrich Engels hat genau hingesehen und

---

2 Karl Gutzkow: Vergangene Tage (Wally). In: Karl Gutzkows ausgewählte Werke in zwölf Bänden. Hrsg. von Heinrich Hubert Houben. Bd. 5. Leipzig o. J. S. 93f.

die "Unbestimmtheit" und allgemeine "Verwirrung der Begriffe" bemängelt, die sich unter den Jungdeutschen breitgemacht habe; er schrieb: "Gutzkow und Wienbarg wußten noch am meisten, was sie wollten, Laube am wenigsten. Mundt lief sozialen Marotten nach, Kühne, in dem etwas Hegel spukte, schematisierte und klassifizierte. Aber bei der allgemeinen Unklarheit konnte nichts Rechtes zutage kommen".[3] Das mag aus der Sicht eines außenstehenden Beobachters zu scharf geurteilt sein, zumal Engels offenbar ein allgemeines Prinzip voraussetzte, das so ja nie existiert hatte. Über die Kritik an der "Unzulänglichkeit des Prinzips" hinaus aber gibt es noch eine weitere abfällige Bemerkung von ihm, wenn er schrieb: "Jeder hatte sich im andern getäuscht. Die Prinzipien verschwanden, es handelte sich nur noch um Persönlichkeiten. Gutzkow oder Mundt, das war die Frage. Cliquenwesen, Häkeleien, Streitigkeiten um nichts und wieder nichts begannen die Journale zu füllen".[4] Daran freilich war manches richtig. Im Bereich persönlicher und zum Teil auch sachlicher Äußerungen präsentiert sich das Junge Deutschland als ein höchst disparates Gebilde. Feindschaften waren mindestens so zahlreich wie Bündnisse, und wenn Gemeinsamkeiten erscheinen, dann gewiß nicht auf der Ebene persönlicher Urteile.

Wie hätten solche Gemeinsamkeiten aber auch zustande kommen können? Daß schon die beiden "Chorführer" des Jungen Deutschland, wie sie oft genannt wurden, Börne und Heine nämlich, alles andere als Gemeinsames verfolgten, sondern vielmehr bestrebt waren, den anderen nach Möglichkeit herabzusetzen, war den Zeitgenossen durchaus bekannt. Es ist hier nicht der Ort, um ausführlich auf die Beziehungen Börnes zu Heine und die Heines zu Börne einzugehen. Einige Hinweise aber sind für die Frage, ob das Junge Deutschland nicht doch eine relativ homogene Bewegung gewesen sei, unerläßlich. Zu Beginn ihrer Bekanntschaft mögen durchaus eine gewisse Affinität und eine vorsichtig-zurückhaltende Anerkennung Börnes durch den jüngeren Heine vorhanden gewesen sein - aber das betrifft die Zeit um 1815 und nicht die des Jungen Deutschland. Heine hat, wenn auch erst 1840, der Öffentlichkeit nachträglich ein detailliertes Bild seiner späteren Beziehung zu Börne gegeben, und zwar im Dritten Buch seiner Denkschrift über Ludwig Börne. Dort ist ausführlich und nicht ohne maliziöse Seitenhiebe von der wachsenden Distanz zu Börne die Rede, die sich nicht nur auf eine zunehmend stärkere persönliche Aversion gründete. Börne er-

3 Karl Marx/Friedrich Engels: Über Kunst und Literatur. Hrsg. von Michail Lifschitz. Berlin 1953. S. 480.

4 Ebd., S. 481.

scheint etwa als "Großsprecher" einer deutschen Revolution.[5] Heine entwirft ein satirisches Portrait eines Revolutionsenthusiasten, der nicht nur das wahre Wesen der Revolution verkennt, sondern dieser dadurch auch schadet. In privaten Briefen Börnes an Jeanette Wohl war seit 1833 umgekehrt davon die Rede, daß er Heine angreifen müsse; es heißt dort: "Übrigens ist nur meine Absicht, die Liberalen vor Heine zu warnen. Wenn sie einmal wissen, was er für ein Schuft ist, und ihm nicht mehr trauen, lasse ich ihn gehen und schreiben, was er will".[6] Das dokumentiert den endgültigen Abbruch der Beziehungen, und der Kampfansage Börnes entspricht auf der anderen Seite eine solche von Heine, wie sie sich in einem Brief an Varnhagen findet: "wir stehen sehr schlecht, er hatte einige jakobinische Ränke gegen mich losgelassen, die mir sehr mißfielen. Ich betrachte ihn als einen Verrückten".[7] Rivalitätsgefühle, persönliche Abneigung, eine höchst unterschiedliche Interpretation der eigenen Gegenwart, divergente Ansichten, was das Wesen und die Notwendigkeit einer Revolution betraf: viele Gründe kamen zusammen, um die Beziehung zwischen Börne und Heine zu einer wahren Feindschaftsbeziehung zu machen.

Der Streit zwischen Börne und Heine wurde spätestens 1835 in die Öffentlichkeit getragen, im Jahr des Bundestagsbeschlusses. Börne rezensierte am 30. und 31. Mai 1835 im "Réformateur" Heines "De l'Allemagne", und diese Rezension war nicht nur eine sachliche Kritik, sondern auch eine persönliche Auseinandersetzung; sie enthielt eine in der Öffentlichkeit stark beachtete Charakteristik Heines, die im Grunde genommen vernichtend war. Zur Kritik Börnes an Heine gehörte der Hinweis auf dessen Egoismus und Maßlosigkeit; Börne schrieb über Heines Aristokratismus und über seine Eitelkeit, über seine Verunglimpfung des Christentums und über die Abwertung Deutschlands zugunsten einer irrationalen und unverzeihlichen Gallomanie - es gab aus der Sicht Börnes auf seiten Heines nichts, das dieses alles hätte aufwiegen können. Heines Persönlichkeit wurde hier einem erbarmungslosen Gericht unterzogen, und das Urteil Börnes über Heine war so verletzend formuliert, daß es nicht wunder nimmt, wenn Heine später, in seiner "Denkschrift", auf freilich anderer Ebene ähnlich reagiert hat. Den Höhepunkt der Kritik bildet ein ausführliches Gleichnis: Heine erschien als

---

5 Heinrich Heine: Ludwig Börne. Eine Denkschrift. In: Heinrich Heine. Historisch-kritische Gesamtausgabe der Werke. Hrsg. von Manfred Windfuhr. Bd. 11 bearbeitet von Helmut Koopmann. Hamburg 1978. S. 71.

6 Ludwig Börne: Sämtliche Schriften. Neu bearbeitet und hrsg. von Inge und Peter Rippmann. Bd. 5. Darmstadt 1986. S. 505.

7 Heinrich Heine. Säkularausgabe. Bd. 21. Briefe 1831-1841. Bearbeiter Fritz H. Eisner. Berlin/Paris 1970. S. 37.

Maus mit einem katzenköpfigen Geist, die immer dort in einem Schlupfloch verschwand, wo sie verfolgt wurde, aber nur, um aus dem nächsten überraschend doch wieder herauszukommen. Übersetzt man dieses Bild in sachliche Aussagen, so ist es der Vorwurf der Doppelzüngigkeit, der Scharlatanerie, der Unzuverlässigkeit und Unaufrichtigkeit, der einer bloßen Rhetorik ohne Substanz; feste Meinungen hatte dieser katzenköpfige Geist aus Börnes Sicht nicht, sondern flüchtete sich bald hierhin, bald dorthin. Heine war hier der Lächerlichkeit ausgesetzt, und der scharfzüngige Börne unterließ alles, was die literarische und persönliche Hinrichtung Heines hätte abschwächen können.

Es blieb damals nicht bei der französischen Fassung; wenige Wochen nach der Veröffentlichung im "Réformateur" erschien die gleiche Kritik in den "Blättern für literarische Unterhaltung" unter dem Titel "Börne über Heine". Aber nicht nur dort war sie für das deutsche Publikum nachzulesen; der Vergleich Heines mit einer Maus, der ein katzenäugiger Geist innewohne, fand sich in dieser Zeit wiederholt, so daß man wohl davon ausgehen darf, daß die literarische Öffentlichkeit mehr oder weniger deutlich über diese Feindschaft unterrichtet war. Wer Börnes Werke kannte, war aber schon vorher informiert worden. Denn Börne hatte sich ähnlich kritisch bereits in seinen Briefen aus Paris geäußert; im 62. dieser Briefe (vom 14. Dezember 1831) hatte er ihn einer "wahrhaft kindischen Eitelkeit" bezichtigt,[8] und im 109. Brief (vom 25. Februar 1833)[9] war die Rede vom "fliegenartigen Mißbehagen", das ihm, Börne, bei der Lektüre der Heineschen "Französischen Zustände" um den Kopf gesummt habe. Wer diese Äußerung Börnes über Heine kannte, dem mußte die Anklage im "Réformateur" nur wie eine zusammenfassende Wiederholung aller jener Vorwürfe erscheinen, die im Grunde genommen von Börne längst ausgesprochen waren.

Wir wissen nichts von Heineschen Reaktionen auf diese Börneschen Verunglimpfungen des Jahres 1835 und der vorangegangenen Jahre. Um so ausführlicher hat Heine gegen Ende der jungdeutschen Ära, 1840, in seiner "Denkschrift" Stellung genommen. Doch auch in dieser Denkschrift hat Heine sich über Börne relativ zurückhaltend geäußert, nicht zuletzt deswegen weil er Börne als Zeiterscheinung zu beschreiben versuchte, nicht als seinen persönlichen Kontrahenten. Aber vergessen hatte er die Angriffe im "Réformateur" natürlich nicht. Heine hat möglicherweise deswegen so mo-

---

8 Ludwig Börne: Sämtliche Schriften. Neu bearbeitet und hrsg. von Inge und Peter Rippmann. Bd. 3. Düsseldorf 1964. S. 392.

9 Ed., S. 809.

derat und so spät reagiert, weil er sich im Grunde genommen von Börnes Invektiven zwar getroffen fühlte, aber aus einem Überlegenheitsgefühl auf gleichem Niveau nicht antworten mochte: es sieht so aus, als habe Heine die Rolle, die ihm von Börne zugewiesen wurde, bewußt nicht annehmen wollen. Das war eine sehr geschickte Verteidigungsstrategie, denn die beleidigenden Vorwürfe Börnes mußten damit automatisch ins Leere gehen. So hat Heine in seiner Denkschrift über seine persönlichen Beziehungen zu Börne fast nichts berichtet; aber eben das ermöglichte ihm andererseits ein Urteil über Börne als den Repräsentanten einer bestimmten Weltauffassung und auch politischer Ansichten, mit denen Heine nichts zu tun haben wollte. Die Entstehungsgeschichte dieser Denkschrift läßt sogar erkennen, daß Heine die ursprünglich persönlich bezogenen Entgegnungen später abgemildert hat. Im *Ersten Entwurf* zu der Denkschrift hieß es noch: "Der *Dr.* Ludw. B., ruhmwürdigen Andenkens, hat während den letzten Jahren seines Lebens theils durch mündliche theils durch schriftliche Insinuazionen, eine Reihe von Verläumdungen über mich in Umlauf gebracht. Fremder Bösmäuligkeit hat er nicht selten Antrieb und Wort geliehen, um meinen guten Leumund, oder das, was ich dazu rechne, in der öffentlichen Meinung zu untergraben. Mehrmals ertappte ich ihn in so schnödem Getreibe, wobey er einst sogar der Beyhülfe eines der schlechtesten Gesellen, die Gott in seinem Zorn erschaffen, nicht verschmähte".[10] Aber schon im Verlauf dieser ersten Niederschrift hat Heine sich offenbar dazu entschlossen, nicht persönliche Rache zu üben, denn er schreibt im folgenden: "Ich habe nie eine Beleidigung auf dieser Erde verziehen. Für Ludwig Börne aber mache ich eine Ausnahme, und ich verzeihe ihm die Verlästerungen meines Namens, die er direkt und indirekt in der Welt verbreitet. Ich werde mit keiner Silbe etwas Gehässiges über ihn selber vorbringen, und ich beschränke mich darauf in meinen Erinnerungen herumzustöbern, um getreue alle persönlichen und geistigen Berührungen worin ich mit ihm gerathen, anzugeben, damit das Publikum einsehe, wie diese Berührungen seine Ansichten über mich allmählig vertrüben und verbittern mußten und wie diese Berührungen immer lose und zufällig, nie eine besondere Freundschaft zwischen ihm und mir hervorbrachten und hervorbringen konnten".[11] Heines "Denkschrift" war tatsächlich als eine Bestandsaufnahme der eigenen Zeit gedacht, als eine postume Revolutionsschrift, die gleichzeitig

---

10 Heinrich Heine: Ludwig Börne. Eine Denkschrift. In: Historisch-kritische Gesamtausgabe der Werke. Hrsg. von Manfred Windfuhr. Bd. 11 bearbeitet von Helmut Koopmann. Hamburg 1978. S. 191.

11 Ebd., S. 192.

die Möglichkeiten einer wirklichen und zukünftigen Revolution ausloten sollte, und in einem solchen Buch hatte die persönliche Auseinandersetzung mit Börne keinen Platz. Dennoch war der literarischen Öffentlichkeit und war insbesondere dem Jungen Deutschland natürlich bewußt, daß Börne und Heine nicht auf der gleichen Seite fochten. Und wenn die beiden als "Chorführer" des Jungen Deutschland genannt wurden, dann immer doch mit dem Bewußtsein, daß sie nicht nebeneinander, sondern gegeneinander standen und daß ihre Anhänger sich dementsprechend voneinander unterschieden. Daß Börne im Bundestagsbeschluß nicht erwähnt wurde, hatte seine spezifischen Gründe, die hier nicht weiter erörtert werden sollen - sachlich gehörte er jedoch zumindest mit Teilen seines Werkes dazu.

Der literarischen Öffentlichkeit war also bekannt, daß hier zwei Gruppen von Schriftstellern entstanden waren, die sich je nach ihrer persönlichen Ausrichtung stärker Börne oder stärker Heine verpflichtet fühlten. Natürlich haben die Anhänger des einen oder des anderen die offene Feindschaft zwischen beiden nicht in dieser Form nach außen getragen. Aber man muß davon ausgehen, daß die ältesten und wichtigsten Repräsentanten des Jungen Deutschland miteinander in einem Ausmaß verfeindet waren, wie das einer halbwegs homogenen literarischen Gruppe nicht entsprechen konnte und auch einer gemeinsamen sachlichen Front abträglich war. Geht man zusätzlich davon aus, daß die literarische Revolution die entscheidende Revolution des Jungen Deutschland war und daß umstürzlerische politische Zielsetzungen nur von außen unterstellt waren, so gewinnt die Verschiedenartigkeit der beiden wichtigsten Repräsentanten des Jungen Deutschland noch mehr an Gewicht. Aber es ist dann auch irreführend, etwa von einer "Berliner Gruppe des Jungen Deutschland" und von einem "jungdeutschen Lager im Rheinland" zu sprechen:[12] die Topographie ist uninteressant, die Differenzen liegen anderswo. Sie liegen nicht zuletzt in der Selbstzuordnung der Jungdeutschen zu einem der beiden großen Anführer, und hier laufen die Grenzlinien, nicht zwischen Berlin und dem Rheinland.

Übrigens hat nicht etwa erst das Verbot des Jungen Deutschland die Zuordnungen hergestellt; sie bestanden schon längst, wenngleich es immer wieder Umgruppierungen gab, auch aufkommende Antipathien, aber das alles lag weitab vom Politischen. Die deutlichsten Sympathiebekundungen finden sich in der Beziehung Heines zu Laube. Nicht nur, daß Heine Laube ein glänzendes Denkmal in dem Abschnitt seiner "Romantischen Schule" gesetzt hat, in dem er von Deutschland handelte; Heine hat Laube auch in

---

12 So Walter Dietze in: Junges Deutschland und deutsche Klassik. Zur Ästhetik und Literaturtheorie des Vormärz. Berlin ^{3}1962. S. 83.

seinen Privatbriefen so viel Beifall gespendet, daß man hier wohl von der intensivsten Beziehung zweier Jungdeutscher untereinander sprechen muß. Heine schrieb mehrfach, daß Laube der einzige sei, mit dem er, "im tiefsten Sinne des Wortes, harmonire". Wie sehr Heine an einer guten Beziehung zu Laube gelegen war, zeigen Briefe, die längst vor dem Verbot des Jungen Deutschland gewechselt wurden. Der Briefwechsel beginnt mit einem Brief Heines an Laube, der "mein lieber neuer Freund" genannt wird, am 8. April 1833;[13] aus dem lieben neuen Freund ist bereits am 10. Juli 1833 ein "alter Freund" geworden, und Heine schrieb damals schon: "Seyn Sie überzeugt, daß ich Sie verstehe und also wahrhaft schätze und ehre. Sie stehen höher als alle die Anderen, die nur das Aeußerliche der Revoluzion, und nicht die tieferen Fragen derselben verstehen".[14] Ganz zweckfrei war Heines Zuneigung allerdings wohl nicht; das zeigt der Satz: "Bewahren Sie uns die wichtige Festung, die Elegante Welt, für die Folge". Und es war wohl auch der Redakteur, an den Heine sich am 23. November 1835 wandte und ihn aus Anlaß des Beschlusses der Bundesversammlung beschwor, "mit keinem Worte diese Jugend anzutasten. Machen Sie eine genaue Scheidung zwischen politischen und religiösen Fragen. In den politischen Fragen können sie so viel Concessionen machen, als Sie nur immer wollen, denn die politischen Staatsformen und Regierungen sind nur Mittel; Monarchie oder Republik, Demokratische oder Aristokratische Instituzionen sind gleichgültige Dinge solange der Kampf um erste Lebensprinzipien, um die Idee des Lebens selbst, noch nicht entschieden ist".[15] Aber die persönliche Beziehung blieb intakt, und gegen Ende des Jahrzehnts verstärkte sich der Briefwechsel eher noch. Heines Bemerkung, aus dem Jahre 1834, daß Laube doch sein "einziger Schildknappe" in Deutschland sei, sollte sich in der Tat bewahrheiten. Laube erwiderte Heines Sympathiebekundungen. Am 6. Dezember 1833 schrieb er an Heine: "Wo Sie mich brauchen können, brauchen Sie mich - je suis toujours à vous, denn ich liebe Sie. [...] Sie sind mir aber dabei literarisch von aeusserster Wichtigkeit; ich schliesse mich an Niemand in Teutschland als an Sie, und Sie täuschen sich sehr, wenn Sie glauben, Menzel gehört zu unserer Richtung [...]. Sollten Sie mich nicht darin als Ihnen nahestehend erkennen, daß viel reinlicher Formen-Aristo-

---

13 Heinrich Heine. Säkularausgabe. Bd. 21. Briefe 1831-1841. Bearbeiter Fritz H. Eisner. Berlin/Paris 1970. S. 52.

14 Ebd., S. 56.

15 Ebd., S. 125.

kratismus in uns steckt, der uns oft aus dem Haufen treibt, und so hübsch und nothwendig er uns ist, leicht unsrer Tugend gefährlich werden kann?"[16]

Wer sich mit Heine verbündete, distanzierte sich in dieser Gruppe so gegensätzlicher Charaktere fast automatisch von Börne. Laube hat darüber in seinen Erinnerungen berichtet, auch darüber, daß dieser Gegensatz zwischen den beiden Chorführern des Jungen Deutschland geradezu zerstörerisch auf die persönlichen Beziehungen innerhalb dieser Gruppe wirken konnte. Laube schrieb: "Und nun kam der Streit um Börne zu wildem Ausbruche. 'Hie Welf, hie Waiblingen!' hieß es einst, 'Hie Börne, hie Heine!' hieß es jetzt in allen Zeitungen. 'Hie Börne!' war zahlreicher. 'Du wirst es erleben,' sagte Heine ingrimmig, 'daß dieser Gutzkow zu Börne hält'. - Ich war für beide und geriet, so dicht neben Heine, in große Not. Er schrieb sein Buch gegen Börne. Was hab' ich mir für Mühe gegeben, das Manuskript dieses Buches nicht in die Druckerei zu lassen. Ich hatte es einige Tage in der Hand und stellte ihm vor, wie es zu mildern wäre. 'Nein! ' - 'Nun, dann erhöhe es wenigstens.' - 'Wie das'?"[17] Bemerkungen dieser Art lassen erkennen, daß es nicht nur um den Gegensatz zwischen Heine und Börne ging, sondern zugleich um den zwischen Heine und Gutzkow. Laube erwies sich schon früh als Gegner Gutzkows; bereits 1833 teilte er Heine mit: "Den Narrenbriefler, Gutzkow, hab ich aufgegeben, er ist dem Menzel und der teutschen Lyrik und der griechischen Partikelwirthschaft verfallen, ich hab ihn zwei Monate umsonst bearbeitet. Er ist zu egoistisch und hat keine eigentliche Liebe zu uns im Leibe, und ohne Liebe wird nichts Neues geboren".[18] Heines Beziehung zu Gutzkow war anfänglich zwar nicht besonders gut, aber doch nicht durch Feindschaft gekennzeichnet; er schrieb noch am 31. März 1838 an Laube: "Ich habe Mundt und Gutzkow sehr gern, aber in ungetrübter Verbindung könnte ich mit ihnen nicht leben wie mit Ihnen, dem einzigen mit [*dem*] ich ganz und gar sympathisire und mit welchem ich mich in der wohlthuendsten Harmonie befinde".[19] 1839 aber hatte sich die wohlwollende Neutralität in Feindschaft verwandelt, und Laube hat darüber in seinen Erinnerungen erzählt: "So kam das Jahr 1839.

16 Heinrich Heine. Säkularausgabe. Bd. 24. Briefe an Heine 1823-1836. Bearbeiter Renate Francke. Berlin/Paris 1974. S. 233f.

17 Heinrich Laube: Nachträge zu den Erinnerungen. In: Heinrich Laubes ausgewählte Werke in zehn Bänden. Hrsg. von Heinrich Hubert Houben. Bd. 9. Leipzig o. J. S. 307.

18 Heinrich Heine. Säkularausgabe. Bd. 24. Briefe an Heine 1823-1836. Bearbeitet von Renate Francke. Berlin/Paris 1974. S. 234.

19 Heinrich Heine. Säkularausgabe. Bd. 21. Briefe 1831-1841. Bearbeiter Fritz H. Eisner. Berlin/Paris 1970. S. 271.

Ich war in Paris und verkehrte täglich mit Heine, welcher damals noch in voller Lebenskraft atmete, lachte, spottete, dichtete. Sogar der heftige Kopfschmerz, der ihn zeitlebens plagte, ließ ihn unbehelligt. Er hatte eine stete Neigung, über Schriftsteller, namentlich über die uns verwandten, zu sprechen. Da hatte er dann immer Gutzkow bei den Haaren und gab seiner Antipathie gegen ihn giftige Worte. 'Er gehört nicht zu uns,' rief er, 'er versteht die Schönheit der Welt nicht; er ist ein Nazarener wie der Börne, welcher Goethe verachtet'".[20] Wenn später, 1840, von "unserem edlen Collegen *Gutzkow*" die Rede ist, so ist das reiner Spott, und da für Heine Gutzkow endgültig zur Börne-Partei gehörte, war es mit der Sympathie ebenso endgültig vorbei.[21]

Alles das scheint für ein um so engeres Verhältnis zwischen Heine und Laube zu sprechen. Laube hat in seinen Lebenserinnerungen denn auch berichtet: "Mich förderte er in allem wie ein Bruder". Aber selbst diese Beziehung war nicht ganz ungetrübt. Über die gleiche Zeit, in die Heines geradezu glühende Freundschaftsbekundungen fielen, schrieb Laube später: "Mit Heine, der schon seit zwei Jahren nach Paris ausgewandert war, hatte ich mich wohl brieflich in Verbindung zu setzen gesucht, aber die Verbindung war doch eine sehr lose. Sie ging nicht über den Austausch einiger freundlichen Worte hinaus. Erst sechs Jahre später, nachdem die Kriegsnot des 'jungen Deutschland' überstanden war, kam ich in näheren Verkehr mit ihm".[22] Wie sehr Laube gelegentlich doch anderer Meinung war, zeigen seine Versuche, Heines Börne-Buch zu verhindern.

Von einem ähnlichen Hin und Her, mehr von Antipathien als von Sympathien geprägt waren auch andere Beziehungen. "Nun zerren sie sich unter sich, Gutzkow und Mundt", schrieb Heine an Laube[23] - nicht ohne Schadenfreude. Das hinderte Gutzkow nicht, von der "weisen Behutsamkeit der Mundt'schen Denkungsart" zu schreiben. Über Laube war Gutzkow durchaus des Lobes voll; er hatte ihm sogar eine eigene Stellung zwischen den übrigen Autoren zugesprochen, wenn er bemerkte: "Dieser, durch so viel Theilnahme ermuthigte Autor hat sich eine Bahn für seine eigne Person

---

20 Heinrich Laube: Nachträge zu den Erinnerungen. In: Heinrich Laubes ausgewählte Werke in zehn Bänden. Hrsg. von Heinrich Hubert Houben. Bd. 9. Leipzig o. J. S. 306f.

21 Ebd., S. 374.

22 Heinrich Laube: Erinnerungen. 1810-1840. In: Heinrich Laubes ausgewählte Werke in zehn Bänden. Hrsg. von Heinrich Hubert Houben. Bd. 8. Leipzig o. J. S. 188.

23 Heinrich Heine. Säkularausgabe. Bd. 21. Briefe 1831-1841. Bearbeiter Fritz H. Eisner. Berlin/Paris 1970. S. 271.

gebrochen. Er hat seine Subjektivität zu einem endlichen Siege über den widerhakigen und spröden Stoff gebracht". Aber diesem wenn auch etwas zurückhaltenden Lob entspricht anderswo eine überaus scharfe Kritik. Über Heinrich Laube urteilte Gutzkow später: "H. Laube war ein oberflächlicher Forscher, ein schlotteriger Stilist. Er ahmte die Redeweisen Heines nach, ohne die subtile Grazie, die feine musivische Darstellung und Schöpfungsweise desselben zu besitzen. Was Heine in einem Satze mit heiterster Überraschung sagte, führte Laube zu einer seitenlangen Orgie aus, eine Tauperle bei Heine wurde ein Zuber bei Laube. Man konnte in allem, was Laube damals schrieb, die Gesinnung ehren; aber es schmerzte, mit ihr eine geckenhafte, renommistische, und auch wieder schlotternde und liederliche Darstellung in Kauf nehmen zu müssen".[24] Aus der Retrospektive Gutzkows kamen die Jungdeutschen im Verlauf der Jahre nicht etwa näher zusammen, sondern rückten immer weiter voneinander ab. Er bemerkte auch: "H. Laubes Entwickelung entfernte sich immer mehr von jenem Mittelpunkte gemeinschaftlicher Kennzeichen, die man auf Schriftsteller einer und derselben Kategorie bezog [...]. Ich werde mich für immer von ihm trennen müssen [...]. Ich habe, da die Umstände es zu wollen schienen, bis jetzt noch immer die Kette eines zersprengten Bundes, der nie da war, mit mir geschleppt; ich habe Laube getragen, ich habe ihn meiner angeblichen Pedanterei spotten lassen: nun muß Licht werden! Ich wandle meinen eigenen Weg".[25]

Dieser harten Charakteristik entsprachen Urteile Laubes über Gutzkow. Nach einer gemeinsamen Reise nach Tirol schrieb Laube: "Da kam ich zu dem Schlusse: wir sind zwei ganz voneinander verschiedene Menschen, und es wird mir gar nicht leicht sein, daß wir einander gegenseitig gerecht werden". Und in seinen Erinnerungen berichtete er: "Es zeigte sich bald, daß wir grundverschiedene Naturen waren".[26] In der Zeit des Jungen Deutschland gab es zwar eine kurze Phase einer gemeinsamen öffentlichen Frontstellung, aber Laube hat festgestellt, daß man sich in der Stille dennoch gezankt habe. Gutzkow sei einfach nicht zufriedenzustellen gewesen.

Um andere Verbindungen war es nicht besser bestellt. Gutzkow hat über Mundt scharf geurteilt, er hielt in seinen Erinnerungen fest: "So bildete sich

24 Karl Gutzkow: Vergangenheit und Gegenwart. 1839. In: Karl Gutzkows ausgewähle Werke in zwölf Bänden. Hrsg. von Heinrich Hubert Houben. Bd. 12. Leipzig o. J. S. 67.

25 Ebd., S. 98-101.

26 Heinrich Laube: Nachträge zu den Erinnerungen. In: Heinrich Laubes ausgewählte Werke in zehn Bänden. Hrsg. von Heinrich Hubert Houben. Bd. 9. Leipzig o. J. S. 304.

in Mundt allmählich eine gesetzlose Anarchie des Denkens aus".[27] Diese Feindschaft Mundt gegenüber gründete sich, wie manches in dieser Gruppe, nicht auf originäre Andersartigkeiten, sondern auf Mundts Attacken auf Börnes Schriften. Gutzkow schrieb: "Mundt bekämpft sie vom Hegel- und Tieckschen Standpunkte, er tadelt ihren schlechten Stil, er zieht dem Meister des Stiles Schüler vor. [...] Konnte eine Entwickelung ärmer, kümmerlicher, rührender sein?"[28] Ein Virtuose in der Poesie sei er, "der alles nachahmt, ohne selbst etwas Außerordentliches hervorzubringen": der ungeschmälerte Vorwurf des Epigonentums. Mundt zahlte ihm freilich mit gleicher Münze heim, warf ihm vor, daß "seine bloß aus hämischer Subjectivität geflossene Polemik" schade, und zwar "der ganzen Sache. Dieser Gutzkow taugt nichts für den Fortschritt, er verdirbt uns Alles und glaubt, durch Malice lasse sich die Welt bessern".[29]

Wohin man sieht, zeichnet sich ähnliches ab. Heine nannte Wienbarg einen "sehr geistreichen Mann"[30] - und der Grund wird sofort mitgeliefert; er habe günstig über Heines "Bäder von Lucca" geschrieben. Heine erhebt Wienbarg gar zum "Chorführer" des Jungen Deutschland.[31] Gutzkows Urteil war sehr viel weniger schmeichelhaft: "Wienbarg ist Demokrat, unleugbar; aber mehr in sich selbst als Mensch, weniger als Schriftsteller, was zu sein ihn nur augenblickliche Stimmungen veranlassen. Ihn lenkt der Zufall. Ihm fehlt die gesellschaftliche Wurzel in einem festen Boden, von dem aus er einen bestimmten Plan verfolgen sollte. Er grollt und glüht für sein Vaterland, und doch ist er heimatlos".[32] Wienbarg war freundlicher mit seinem Urteil, als er in seinem Buch über "Menzel und die junge Literatur"

---

27 Karl Gutzkow: Vergangenheit und Gegenwart. 1839. In: Karl Gutzkows ausgewählte Werke in zwölf Bänden. Hrsg. von Heinrich Hubert Houben. Bd. 12. Leipzig o. J. S. 83.

28 Karl Gutzkow: Vergangenheit und Gegenwart. 1839. In: Karl Gutzkows ausgewählte Werke in zwölf Bänden. Hrsg. von Heinrich Hubert Houben. Bd. 12. Leipzig o. J. S. 82ff.

29 Zitiert in: Verbotene Literatur von der klassischen Zeit bis zur Gegenwart. Ein kritisch-historisches Lexikon über verbotene Bücher, Zeitschriften und Theaterstücke, Schriftsteller und Verleger. Bd. 2. Bremen 1928. S. 408.

30 Heinrich Heine: Säkularausgabe. Bd. 20. Briefe 1815-1831. Bearbeiter Fritz H. Eisner. Berlin/Paris 1970. S. 395.

31 Heinrich Heine: Die romantische Schule. In: Heinrich Heine. Historisch-kritische Gesamtausgabe der Werke. Hrsg. von Manfred Windfuhr. Bd. 8/1 bearbeitet von Manfred Windfuhr. Hamburg 1979. S. 219.

32 Karl Gutzkow: Vergangenheit und Gegenwart. 1839. In: Karl Gutzkows ausgewählte Werke in zwölf Bänden. Hrsg. von Heinrich Hubert Houben. Bd. 12. Leipzig o. J. S. 94.

Gutzkow stolz seinen Freund nannte - Gutzkow sei "seinen Freunden und nächsten Umgebungen ein Vorbild unausgesetzter ideeller Thätigkeit, einer bis zur Durchsichtigkeit wahren, mit allem Zarten und Hohen symphatisirenden Gesinnung".[33] Gutzkow vergalt ihm das wenig angemessen. 1839 schrieb er: "Er ist neidisch auf meine Rüstigkeit. Von Wienbarg steht nichts mehr, höchstens Kritiken zu erwarten."[34]

Die Beziehung Gutzkows zu Mundt war ähnlich diffus, belastet, von kritischen Bemerkungen begleitet. Anfangs sah Gutzkow in Mundt eine "angenehme Persönlichkeit"; er schrieb allerdings auch früh: "Ein engerer Bund war mit dem jungen Doktrinär nicht zu schließen".[35] Später sprach Gutzkow von den Angriffen, die von Mundt und anderen "fortwährend gegen mich bis ins Unglaubliche gingen". Gegen Ende des jungdeutschen Jahrzehnts urteilte Gutzkow über Mundt: "Treuloseres und einander Abgeneigteres, als was Theodor Mundt und sein Anhang gegen Gleichgesinnte zutage brachte, läßt sich nicht vorstellen". Aber auch schon zur Zeit des Bundestagsverbotes war das Urteil nicht günstiger. Am 28. 3. 1835 schrieb Gutzkow an Gustav Schlesier: "Mit Th. Mundts Geschwätz wird es immer ärger". Und am 5. 3. 1835: "Mundt wird noch verrückt". Natürlich waren diese Streithanseleien den anderen Jungdeutschen bekannt, und Laube mokierte sich in einem Brief an Heine darüber, als er schrieb: "Die Genossen Gutzkow und Mundt liegen auf dem Felde wie Schäferhunde und beißen sich". So war aus der oberflächlichen Freundschaft doch so etwas wie heftige Gegnerschaft geworden.

Überall mischen sich Lob mit Tadel, Kritik mit Anerkennung, das Gefühl der Gemeinsamkeit mit dem Gefühl persönlicher Antipathie. Tatsächlich ist die Beziehung Heines zu Laube wohl die am meisten gefestigte in dieser Bewegung, während alle anderen Verhältnisse schwankend sind, oft von einer Abneigung gezeichnet, die gelegentlich bis in sachliche Kontroversen hineinreicht. Von einer Gemeinsamkeit, wie Goethe und Schiller sie in der klassischen Periode gezeigt hatten, kann nicht im entferntesten die Rede sein. Alles das gehört auch nicht erst in die Phase einer späteren Rückbesinnung, sondern zum Erscheinungsbild des Jungen Deutschland um 1835. Nichts ist charakteristischer als das, was Gutzkow in

33 Ludolf Wienbarg: Menzel und die junge Literatur. Programm zur deutschen Revue. Mannheim 1835. S. 8.

34 Nach Heinrich Hubert Houben: Jungdeutscher Sturm und Drang. Ergebnisse und Studien. Leipzig 1911. S. 147.

35 Karl Gutzkow: Rückblicke auf mein Leben. In: Gutzkows Werke. Auswahl in zwölf Teilen. Hrsg. mit Einleitungen und Anmerkungen versehen von Reinhold Gensel. Teil 9. Berlin u. a. [1912] S. 76.

seinen "Gedanken im Kerker" geschrieben hat: "Wozu die Genossen? Es sind meine Freunde nicht, es sind Rivale. Ihre Freunde schürten Haß, nicht Liebe unter uns. Mundt streicht Heinen im Buch der Literaturgeschichte aus. Wienbarg spricht Mundt dafür den Verstand ab. Laube ist ein zweideutiger Freund. Hier ist keine Tendenz, kein System, keine Verabredung."[36] Übrigens entspricht dieses skeptische Bild, das Gutzkow vom Jungen Deutschland entwirft, durchaus anderen Bekundungen. Laube schrieb in seinen Erinnerungen: "Mit Wienbarg zum Beispiel war ich in gar keiner Verbindung, nicht einmal in einer oberflächlich brieflichen; ich habe diesen ernst und gedrungen schreibenden Holsteiner erst viele Jahre später einmal in Hamburg gesprochen. Sein Wesen hatte mit der freien Sinnlichkeit, welche dem 'Jungen Deutschland' zum Vorwurfe gemacht wurde, nicht das mindeste zu schaffen".[37] Und Theodor Mundt berichtete rückblickend: "Es kam mir besonders darauf an, den Einfluß, mit welchem sich die Richtungen und Manieren von Heine und Börne in der Tagesliteratur festgesetzt hatten, zu *vernichten*, dagegen aber die kernhaften und positiven Elemente dieser Zeitbewegung für die *Production* zu retten und im *Kunstwerk* zu organisiren."

So also sehen die Urteile der Jungdeutschen über Jungdeutsche aus. Sie sind an wechselseitiger Kritik kaum zu überbieten, und auch da, wo sich, sehr gelegentlich, eine gemeinsame Frontstellung abzeichnet, werden noch Vorbehalte deutlich, wird sichtbar, daß es sich oft um einseitige Sympathieerklärungen handelt. Politische Probleme spielen in diesem Bereich so gut wie keine Rolle. Das gleiche gilt für religiöse Fragen. Überhaupt ist in diesen persönlichen Urteilen vom Gemeinsamkeiten fast nicht mehr die Rede, was natürlich nicht besagen muß, daß sie nicht mehr existieren. Aber es gibt sie eben nur in literarischer Form: die neue, liberale Literatur bindet zusammen, was persönlich so sehr auseinanderstrebt, auch dort, wo zuweilen stilistische Kritik geübt wird. Aber diese tritt doch relativ stark zurück. Einen literarischen Vernichtungsfeldzug hat im Grunde genommen damals jedoch keiner der Autoren gegen einen anderen geführt, sieht man von gelegentlichen Bemerkungen über den schlechten oder "schlotterigen" Stil einmal ab, sieht man auch ab von Heines großer Börne-Kritik. Aber die be-

---

36 Karl Gutzkow: Vergangenheit und Gegenwart. 1939. In: Karl Gutzkows ausgewählte Werke in zwölf Bänden. Hrsg. von Heinrich Hubert Houben. Bd. 12. Leipzig o. J. S. 91.

37 Heinrich Laube: Erinnerungen. 1810-1840. In: Heinrich Laubes ausgewählte Werke in zehn Bänden. Hrsg. von Heinrich Hubert Houben. Bd. 8. Leipzig o. J. S. 187.

zog sich ebenfalls nicht in erster Linie auf den Stil oder die neue Schreibart, sondern auf Börnes politische Haltung, genauer: auf seine Fehlinterpretation des Revolutionsbegriffs. Gleichzeitig sollte die Denkschrift über Börne ja auch ein Stück Zeitgeschichte sein, und in den Helgoländer Briefen ist die Zeit tatsächlich ja unmittelbar anwesend. Man muß das Diffuse in den persönlichen Beziehungen der Jungdeutschen untereinander in der nötigen Deutlichkeit sehen, um zu erkennen, daß hier also keine Gemeinsamkeiten lagen; zu finden waren sie tatsächlich nur in der Literatur und in den Vorstellungen, die auf eine grundsätzliche Erneuerung der Literatur hinausliefen.

VIII. DIE NEUE LITERATUR UND IHRE FORMEN

Karl Gutzkow: Moderne Literatur heißt Abspiegelung der Zeitgenossen

Moderne Literatur heißt Abspiegelung der Zeitgenossen in den Lagen, worin sich diese befinden, Einmischung in ihre Debatten, Frage und Antwort in Sachen des allgemeinen Nachdenkens und der praktischen Philosophie. Der Literatur gegenüber ist das moderne Genre in der Form leicht, im Inhalt zufällig, in Manier und Haltung subjektiv, witzig und melancholisch zugleich, launig in jeder Beziehung, begabt mit kritischem Talente und für die eigene Produktion entweder in manchen Fällen geradezu impotent oder zu wenig ehrgeizig, um es den großen Klassikern der Vergangenheit nachzutun. Roman, Novelle, die kleine Abhandlung, Briefe, empfindsame Reisen, das sind so die einfachsten Formen, wie der moderne Autor seine Empfindungen, Träume und Charaktere einfängt. Das moderne Genre entsteht schnell, verbreitet sich schnell, wird schnell verstanden und stirbt - schneller noch, als es oft eine Kritik erlebt hat. Lob und Tadel der Kritik nützen oder schaden nichts mehr.

Karl Gutzkow: Die Mode und das Moderne. In: Gutzkows Werke. Auswahl in zwölf Teilen. Hrsg. mit Einleitungen und Anmerkungen versehen von Reinhold Gensel. Teil 11. Berlin u. a. [1912]. S. 24.

Ludolf Wienbarg: Die neuern Schriftsteller sind von der sichern Höhe herabgestiegen

Jene früheren Großen unserer Literatur lebten in einer von der Welt abgeschiedenen Sphäre, weich und warm gebettet in einer verzauberten idealen Welt, und sterblichen Göttern ähnlich auf die Leiden und Freuden der wirklichen Welt hinabschauend und sich vom Opferduft der Gefühle und Wünsche des Publikums ernährend. Die neuern Schriftsteller sind von dieser sichern Höhe herabgestiegen, sie machen einen Teil des Publikums aus, sie stoßen sich mit der Menge herum, sie ereifern sich, freuen sich, lieben und zürnen wie jeder andere, sie schwimmen mitten im Strom der Welt, und wenn sie sich durch etwas von den übrigen unterscheiden, so ist es, daß sie die Vorschwimmer sind und, sei es nur trocken und elegant auf dem Rücken eines Delphins wie Heine oder naß und bespritzt wie Börne, den Gestaden der Zukunft entgegeneilen, welche die Zeit für 'ihre hesperischen Gärten glücklicher Inseln' ansieht.

Ludolf Wienbarg: Ästhetische Feldzüge. Hrsg. von Walter Dietze. Berlin/ Weimar 1964. S. 188.

Heinrich Heine: Die sogenannte Objektivität ist eine trockene Lüge

Die sogenannte Objektivität, wovon heut' so viel die Rede, ist nichts als eine trokkene Lüge; es ist nicht möglich, die Vergangenheit zu schildern, ohne ihr die Färbung unserer eigenen Gefühle zu verleihen. Ja, da der sogenannte objektive Geschichtschreiber doch immer sein Wort an die Gegenwart richtet, so schreibt er unwillkürlich im Geiste seiner eigenen Zeit, und dieser Zeitgeist wird in seinen Schriften sichtbart sein, wie sich in Briefen nicht bloß der Charakter des Schreibers, sondern auch des Empfängers offenbar. Jene sogenannte Objektivität, die, mit ihrer Leblosigkeit sich brüstend, auf der Schädelstätte der Thatsachen thront, ist schon deshalb als unwahr verwerflich, weil zur geschichtlichen Wahrheit nicht bloß die genauen Angaben des Faktums, sondern auch gewisse Mitteilungen über den Eindruck, den jenes Faktum auf seine Zeitgenossen hervorgebracht hat, notwendig sind.

Heinrich Heine: Shakespeares Mädchen und Frauen. In: Heinrich Heines Sämtliche Werke. Hrsg. von Ernst Elster. Bd. 5. Leipzig und Wien o. J. S. 377.

Heinrich Laube: Die Memoirenform ist ein Hauptausdruck neuer Schriftstellerei

Die Memoirenform ist eine sehr wichtige und ein Hauptausdruck neuerer Schriftstellerei. Unsere Reisen, unsere Kritiken, Betrachtungen, Zustände waren bisher mehr oder minder Memoiren. Sie sind der Roman und die Geschichte im Negligé, ein Übergang von der trocknen Geschichtsdarstellung zu einer bunteren, die äußerste Subjektivität. Das Ich ist das einzige Medium, man ist noch nicht reif, noch nicht ausgebildet genug, die Zeit zu schildern, man hat noch kein allgemeines Urteil, nur einzelne Gedanken; die Stunden werden abgeschrieben.

Memoiren können darum auch fast nur das Ergebnis wichtiger Zeitabschnitte, großer Umgebungen sein, denn es sind Tagebücher, deren Interesse im Gegenstande beruht; die Bemerkungen über diesen sind Nebensache und verschlechtern die Memoiren gewöhnlich. Zum Urteil ist Form und Wesen zu flüchtig, man will nur Stoff.

Heinrich Laube: Moderne Charakteristiken. Bd. 1. In: Heinrich Laubes gesammelte Werke in fünfzig Bänden. Unter Mitwirkung von Albert Hänel hrsg. von Heinrich Hubert Houben. Bd. 49. Leipzig 1909. S. 194.

Karl Gutzkow: Der neue Roman ist der Roman des Nebeneinander

Denn ich glaube, daß der Roman eine neue Phase erlebt. Er soll in der Tat mehr werden, als der Roman von früher gewesen. Der Roman von früher, ich spreche nicht verachtend, sondern bewundernd, stellte das N a c h e i n a n d e r kunstvoll verschlungener Begebenheiten dar. O, diese prächtigen Romane mit ihrer klassischen - Unglaubwürdigkeit! Diese herrlichen, farbenreichen Gebilde - des Falschen, Unmöglichen, willkürlich Vorausgesetzten! Denn wer sagte euch, ihr großen Meister des alten Romans, daß die im Durchschnitt erstaunlich harmlose

Menschenexistenz gerade auf e i n e m Punkt soviel Effekte der Unterhaltung sammelt, daß sich ohne Lüge, ohne willkürliche Voraussetzung, alle Bedingungen zu eurem einzigen behandelten kleinen Stoff so zuspitzen konnten? Die seltenen Fälle eines drastischen N a c h e i n a n d e r s greift im Grunde nur das Drama auf. [...] Nein, der neue Roman ist der Roman des N e b e n e i n a n d e r. Da liegt die ganze Welt - ! Da begegnen sich Könige und Bettler - ! Die Menschen, die zu einer erzählten Geschichte gehören, und die, die ihr e i n e w i d e r s t r a h l - t e B e l e u c h t u n g g e b e n. Der Stumme redet da auch, auch der Abwesende spielt mit. [...] Kein Abschnitt des Lebens mehr, der ganze runde, volle Kreis liegt vor uns; der Dichter baut eine Welt oder stellt wenigstens seine Beleuchtung der der Wirklichkeit gegenüber.

Karl Gutzkow: Die Ritter vom Geiste. Vorwort zur 1. Aufl. In: Gutzkows Werke: Die Ritter vom Geiste. In drei Teilen. Hrsg. mit Einleitung und Anmerkungen versehen von Reinhold Gensel. Berlin u. a. [1912]. S. 41f.

***

Der Beschluß der Bundesversammlung vom 10. Dezember 1835, der das Junge Deutschland mit einem ebenso spektakulären wie letztlich wirkungslosen Bann belegte, ist nicht so sehr des Verbotes wegen für die Jungdeutschen so fatal geworden als vielmehr deswegen, weil er in der Öffentlichkeit eine Vorstellung tief einzementierte: daß das Junge Deutschland eine politische Revolution gewollt habe. Wie immer man den Begriff des Politischen auch definieren mag - das Urteil, man habe es hier mit einer aufrührerischen Bewegung im allgemeinsten Sinne, mit Umsturzbestrebungen und harter Sozialkritik, mit Kirchenfeindschaft und Staatsverdrossenheit, mit Intrigantentum und handfesten politischen Veränderungsabsichten zu tun, hat das Erscheinungsbild des Jungen Deutschland in den Augen der Öffentlichkeit vielleicht stärker als alles andere geprägt. Der Kampf gegen Goethe schien ein ersatzweise geführter Kampf gegen eine Tyrannei zu sein, der sich Goethe freilich nicht nur auf literarischem Gebiet schuldig gemacht hatte: galt er doch auch als der kalte Minister, der unbarmherzig und verständnislos eine gefährliche Alleinherrschaft ausgeübt hatte, schien man in ihm doch zugleich den Weimarischen Staatsmann zu attackieren, der gewissermaßen den literarischen Stellvertreter für Diktaturen mancherlei Art abgab. Der Vorwurf des Beschlusses der Bundesversammlung, daß das Junge Deutschland beabsichtige, "die bestehenden sozialen Verhältnisse herabzuwürdigen und alle Zucht und Sittlichkeit zu zerstören", deutete im öffentlichen Urteil nicht nur der Zeitgenossen auf Aufständisches, auf Aggressionspläne, auf eine unbeirrt beabsichtigte Erschütterung der damaligen Welt. Wo immer selbst heute noch vom Jungen Deutschland die Rede ist, pflegt auch vom Bundestagsbeschluß die Rede zu sein und damit von der politischen Konterbande, die die Jungdeutschen offenbar einzuschmuggeln gedachten, und je nach weltanschaulicher oder politischer Herkunft und Überzeugung hat man die Jungdeutschen bejubelt und begrüßt oder verurteilt und verdammt, in ihnen die Vorreiter des Neuen gesehen oder gefährliche Abenteurer, die mit der alten Welt aufräumen wollten, da ihnen die Überlieferung nichts galt.

Aber wer das Junge Deutschland so sieht, befindet sich zu einigen Feststellungen der Jungdeutschen selbst in deutlichem Widerspruch. 1836, als Gutzkows "Wally, die Zweiflerin" in unerhörte Verdächtigungen geraten war, schrieb Ludwig Börne in einer Besprechung des Buches, daß der eigentliche Anlaß zur Verfolgung des Jungen Deutschland etwas gewesen sei, was man nicht hinter den Anschuldigungen vermuten würde: "L'esprit". Die Jungdeutschen hätten, so Börne, einen schönen Stil geschrieben, und eben dieses sei ihr ganzes Verbrechen. Also ein literarisches Delikt im Hintergrund? Es gibt von Heine Erklärungen, die auf das gleiche abzielen. Heine hat viele Jahre nach dem Verbot, nämlich 1853, noch einmal zu den Ereignissen des Jahres 1835 Stellung genommen und aus der Retrospektive etwas ähnliches wie Börne festgestellt. Er schrieb: "Nicht der gefährlichen Ideen wegen welche 'das junge Deutschland' zu Markte brachte, sondern der popularen Formen wegen worin jene Ideen gekleidet waren hat man das berühmte Anathema dekretirt über die böse Brut und namentlich über ihren Rädelsführer, den Meister der Sprache, in welchem man nicht eigentlich den Denker sondern nur den Stilisten verfolgte. Nein, ich gestehe bescheidentlich, mein Verbrechen war nicht der Gedanke, sondern die Schreibart, der Styl".[1] Heine hat diesen Satz, für die "Götter im Exil" formuliert, zwar später wieder gestrichen - aber sicherlich nicht deswegen, weil er damit etwas Falsches behauptet hatte, sondern vermutlich, weil er mehr als zwanzig Jahre nach dem Verbot des Jungen Deutschland bei seinen Lesern wohl nur sehr wenig Interesse für ein so weit zurückliegendes Ereignis hätte finden können. Aber an der Sache ist nicht zu zweifeln. Zwei prominente Jungdeutsche haben hier ein literarisches Phänomen zur Erklärung einer im weitesten Sinne politischen Verfolgung ins Feld geführt, und man hat derartige Aussagen nicht beiseitezuschieben, sondern ernstzunehmen. Das ei-

1 Heinrich Heine: Die Götter im Exil. In: Heinrich Heine. Historisch-kritische Gesamtausgabe der Werke. Hrsg. von Manfred Windfuhr. Bd. 9 bearbeitet von Ariane Neuhaus-Koch. Hamburg 1987. S. 294.

gentliche Verbrechen lag also offenbar zumindest aus der Sicht der damals Betroffenen nicht im Immoralismus und nicht in der Religionskritik, nicht im politischen Aufstand und auch nicht in einer allgemeinen Gefährlichkeit, sondern auf dem Felde der Literatur selbst.

Derartige Feststellungen mögen auf den ersten Blick überzogen anmuten. Aber nimmt man auch einiges davon hinweg, was zeit- oder zweckbezogen formuliert gewesen sein mochte: es sind Hinweise darauf, daß die literarischen Zielsetzungen und Praktiken das offenbar entscheidende Moment waren, das die neue Literatur so anziehend und so gefährlich, so ertragreich und so verdammenswert machte. Tatsächlich haben die Jungdeutschen die Zeitenwende, die sie selbst eingeläutet haben, wiederholt vornehmlich in der literarischen Umorientierung gesehen.

Am deutlichsten hat Heine den Wandel in litteris beschrieben. Er hat sich einer quasi politischen Sprache bedient, um die ganze Radikalität der Veränderungen zu zeigen, um gleichzeitig freilich auch zu betonen, in welche Richtung diese gegangen waren. Am deutlichsten wird das in seiner Auseinandersetzung mit Goethe. Mag sie auch insofern zwiespältig gewesen sein, als er Goethe nie völlig verdammt hat, sondern eher in einer Mischung aus Bewunderung und Verachtung befangen blieb, so hat er doch in ihm und mit seinem Ende den Markstein einer hochbedeutsamen literarischen Veränderung gesehen. Mit Goethes Tod schien ihm eine neue Zeit anzubrechen, aber eine neue Zeit eben vor allem in literarischer Hinsicht. Goethe galt ihm als Alleinherrscher in der deutschen Literatur, und Heine hat den mit ihm verbundenen geistigen Aristokratismus scharf angegriffen. Ähnlich hat Theodor Mundt die Zeitenwende als literarische Umorientierung größten Ausmaßes charakterisiert. Auch er hat sich einer dezidiert politischen Sprache bedient, als er feststellte, daß jetzt eine mehr republikanische Literaturverfassung, wo nicht mehr einzelne Kräfte riesenhaft hervorstreben, an die Stelle der alten aristokratischen Verfassung getreten sei. Eine neue Literatur also als das wirklich Entscheidende in der Bewegung des Jungen Deutschland - eine republikanische Literaturverfassung, aber nicht mit der Absicht proklamiert, dem Republikanismus politischer Prägung damit Tür und Tor zu öffnen, sondern vielmehr aus literarischen Überlegungen heraus: das ist der eigentliche Sinn der Rede vom "Ende der Kunstperiode". Die so oft von den Gegnern des Jungen Deutschland herausgestellte politische, moralische, religiöse Opposition läuft am Ende auf eine literarische Umsturzbewegung hinaus. Man tut gut daran, diese nicht als Ersatzhandlung zu verstehen, so, als habe sich nur in der Literatur ereignen können, was in der Politik und in der Moral damals unmöglich gewesen sei. Wer die Dinge so sieht, degradiert die Literatur nicht nur zum Vehikel anderer Bestrebungen, sondern verkennt damit auch entscheidend das Wesen der jungdeutschen Umorientierung. Die revolutionären Bestrebungen der Jungdeutschen zielen auf eine Literaturrevolution ab: und auf ihrem ureigensten Feld, nämlich der Literatur, fand die Revolution denn auch tatsächlich statt.

Sie kannte nicht verschiedene Phasen, wohl aber verschiedene Ebenen. Die revolutionäre Tendenz lag vor allem darin, die klassische Lehre von der Kunst als einer unabhängigen zweiten Welt, wie Heine das einmal formuliert hat,[2] zu entkräften: Ziel der Literatur war jetzt die Vermittlung zwischen Bereichen, die in der Zeit der Klassik als unversöhnliche galten, und diese unitarische Tendenz zieht sich wie ein roter Faden durch die literarischen Bemühungen der Jungdeutschen hindurch. Das bedeutete natürlich auch, daß die Zeit in die Literatur hineindringen konnte; diese verstand sich nicht als weltabgeschiedener Ort, auch nicht als Instrument zur ästhetischen Erziehung des Menschen, um damit den Anforderungen der Zeit gerecht zu werden, sondern vielmehr als der Bereich, in dem Leben und Zeit gewissermaßen wie in einem Brennspiegel zusammengefaßt erscheinen konnten und damit deutungsfähig wurden. Einige der jungdeutschen Literaten haben in dieser Aufgabe der Kunst, die Zeit zu spiegeln und damit erkennbar und interpretabel zu machen, sogar die vornehmlichste Aufgabe der Literatur gesehen. Heinrich Heine hat in den Generalangriff gegen eine sogenannte objektiv verfahrende Literatur deutlich eingestimmt, als er diese, die "sogenannte Objektivität",[3] schlicht eine trockene Lüge nannte. Das war gar nicht mit dem Pathos radikaler Neuerungsabsichten vorgebracht; Heine hat sich auch hier nicht zufällig auf Vorgänger und Ahnherren berufen, in diesem Fall auf Shakespeare, der gar keinen Unterschied gemacht habe zwischen Poesie und Historie; dort schien ihm schon verwirklicht, was die neue Literatur der Jungdeutschen forderte: nämlich die unauflösliche Verbindung mit dem "Leben", also mit der zeitgenössischen Wirklichkeit. So gut wie alle Autoren des Jungen Deutschland haben bekräftigt, in welchem Ausmaß die Kunst jetzt in ein neues Verhältnis zur Zeit getreten sei; allerdings hat Ludolf Wienbarg auch davor gewarnt, die Kunst nur noch als Dienerin des Zeitgeschmacks zu betrachten, denn er hat gesehen, daß sie damit Gefahr lief, "sich ganz und gar in diese äußere Physiognomie der

---

2 Heinrich Heine: Die romantische Schule. In: Heinrich Heine. Historisch-kritische Gesamtausgabe der Werke. Hrsg. von Manfred Windfuhr. Bd 8/2 bearbeitet von Manfred Windfuhr. Hamburg 1981. S. 1168.

3 Heinrich Heine. Shakespeares Mädchen und Frauen. In: Heinrich Heines Sämtliche Werke. Hrsg. von Ernst Elster. Bd. 5. Leipzig und Wien o. J. S. 377.

Zeit" zu verlieren.[4] Mag man hier noch einen Nachklang einer älteren Literaturauffassung erkennen oder auch die ängstliche Besorgnis eines Zeitgenossen, die Literatur möge zur Dienstmagd im tagtäglichen Gesellschaftskampf erniedrigt werden: unangefochten blieb die immer wiederholte Feststellung, daß die Kunst nicht durch eine trennende Schranke von Philosophie und Religion und noch weniger durch eine solche vom Leben getrennt sei, sondern daß alles zusammengehöre. Mit falschen Harmonievorstellungen hat das nichts zu tun, sondern immer wieder nur mit der Forderung an die Literatur, das auszusprechen, was die Zeit "fühlt und denkt und bedarf und will", wie Heinrich Heine das einmal formuliert hat.[5] Es ist unschwer zu erkennen, daß hier, wie schon im III. Kapitel angedeutet wurde, aufklärerische Vorstellungen weiterwirken; mit der Verabschiedung der alten Autoritäten war auch ein gläubiges Zeitalter in der Literatur dahin. Heine hat betont, wie sehr Skepsis und Individualität die entscheidenden Charakteristika der neuen Literatur seien: Individualität in dem Sinne, daß der Mensch und sein Gewissen allein die Maßstäbe liefern konnten, die für das Schreiben gelten sollten. Es ist kein Zufall, daß Nicolai nicht eine extravagante Stellung einnahm, aber doch die Achtung der Jungdeutschen gewann: der Aufklärer Nicolai, der den Aberglauben bekämpfte, wo immer er ihn fand. Und so wurde denn die Berichterstattung über die Zeit zur ersten Aufgabe der Literatur erklärt, wobei hinzukam, daß die Literatur sich natürlich nicht mit einer rein reproduktiven Darstellung der Wirklichkeit begnügen sollte, sondern im Vorgang des Schreibens zugleich ein analytisches Moment mit am Werk sein mußte, das das Schreiben immer auch zur Bewußtseinserhellung macht, zur kritischen Filterung des Geschehenen, zur rationalen Durchdringung der Ereignisse. Karl Gutzkow hat betont, daß die Geschichtsschreibung sich vor allem verändert habe, und bezeichnenderweise hat er als die neue Frage des Historikers nicht mehr formuliert: "Was geschah?", sondern vielmehr: "Wie wurde gelebt?"[6] Auch hier zeigt sich jene Verbindung zwischen Literatur und Leben, die von den Jungdeutschen für unverzichtbar gehalten wurde. Verständlich, daß die Politik aus einer solchen Literaturkonzeption nicht ausgeschlossen werden konnte: kein anderer als Heine hat das mit aller Deutlichkeit gesehen, als er bemerkte, daß

---

4 Ludolf Wienbarg: Quadriga. Altona 1840. S. 321.

5 Heinrich Heine: Zur Geschichte der Religion und Philosophie in Deutschland. In: Heinrich Heine. Historisch-kritische Gesamtausgabe der Werke. Hrsg. von Manfred Windfuhr. Bd. 8/1 bearbeitet von Manfred Windfuhr. Hamburg 1979. S. 44.

6 Gutzkows Werke. Auswahl in zwölf Teilen. Hrsg. mit Einleitungen und Anmerkungen versehen von Reinhold Gensel. Teil 11. Berlin u. a. [1912]. S. 54.

man von der neuesten deutschen Literatur nicht sprechen könne, "ohne ins tiefste Gebiet der Politik zu geraten".[7] Denn Politik war ja Leben, war Zeit und Zeitgeschichte, und die Jungdeutschen hätten gegen ihre Grundsatzforderung nach dem Zusammenschluß von Leben, Kunst und Wissenschaft verstoßen, hätten sie den Teil des Lebens, der Politik hieß, ausgespart. Aber eben hier kommt es auf die richtige Akzentuierung an. Es wäre vordergründig und falsch, darin den Ausdruck eines alles dominierenden politischen Interesses zu sehen und in der Literatur die Verbalisierung ausschließlich politischer Absichten und Ansichten. Umgekehrt: weil die Literatur aus dem klassischen Elfenbeinturm heraus sollte, blieb ihr die Berührung auch mit der Politik nicht erspart, und so war denn immer wieder ebenfalls von der Politik die Rede, aber nicht, weil es in erster Linie um politische Zielsetzungen gegangen wäre, sondern vielmehr deswegen, weil die Politik ein Teil des Lebens war und dieses nun in die Literatur hineindringen sollte. Blickt man sich nach rein politischen Zielsetzungen und politischen Forderungen um, sieht man sich ohnehin bald enttäuscht.

Unmittelbares Ergebnis dieser Umorientierung war denn auch nicht ein politischer Umsturz, sondern ein literarischer: die alten poetischen Grenzen wurden übersprungen, die traditionellen Gattungsdefinitionen für unwirksam erklärt. Nicht, daß nicht auch weiterhin noch Dramen und Lyrik geschrieben worden wären; aber das neue Verhältnis der Kunst zur Zeit hatte zwangsläufig zur Folge, daß sich neue Formen entwickelten, die dieser Zielsetzung besser entsprechen konnten als die überlieferten. Zwar gab es ansatzweise auch neue Definitionen der Lyrik und des Drama. Ludolf Wienbarg erklärte, daß die moderne Lyrik revolutionär sei, revolutionär in dem Sinne, daß die Zeit sich in ihr aussprechen müsse.[8] Er hat das gleiche für das Drama gefordert: daß auch dieses "der Zeit ein Spiegel" sei, "worin sie sich selbst erkennen mag".[9] Dementsprechend finden sich sarkastische Äußerungen über unveränderte Dichtungsansichten und -praktiken; so hat sich Ernst Willkomm über die für die Zeit so charakteristische "Trauerspielwut" ausgelassen und das eigentümlich Unzeitgemäße daran satirisch gegeißelt.[10] Aber einen viel größeren Raum nehmen die neueren Definitionen ein, die freilich nicht auf strenge Abgrenzungen hinauslaufen,

---

7 Heinrich Heine: Die romantische Schule. In: Heinrich Heine. Historisch-kritische Gesamtausgabe der Werke. Hrsg. von Manfred Windfuhr. Bd. 8/1 bearbeitet von Manfred Windfuhr. Hamburg 1979. S. 217.

8 Ludolf Wienbarg: Ästhetische Feldzüge. Hrsg. von Walter Dietze. Berlin/Weimar 1964. S. 175.

9 Ebd., S. 162.

10 Ernst Willkomm: Civilisationsnovellen. Leipzig 1837. S. 129f.

sondern die vielmehr die Gattungsgrenzen sprengenden Intentionen der neuen Literatur zum Ausdruck bringen wollen. Ein wichtiges Kennzeichen der literarischen Revolution ist ein formales: es ist die Rechtfertigung der Prosa gegenüber der Poesie, also die einer lebensnahen und poetisch ungefilterten Darstellungsweise gegenüber der klassischen Formenstrenge. Über "Die Kunst der Prosa" schrieb Theodor Mundt nicht zufällig ein eigenes großes Buch.[11] "Unsere Dichter sind prosaischer geworden", bemerkte Ludolf Wienbarg, und damit meinte er, daß sich hier ein bedeutsamer Wechsel zeige, "weil Prosa unsere gewöhnliche Sprache und gleichsam unser tägliches Brot ist, weil unsere Landstände in Prosa sprechen, weil wir unsere Person und Rechte nachdrücklicher in Prosa verteidigen können als in Versen".[12] Damit wurde ein Prozeß rückgängig gemacht, der etwa seit der Mitte der 80er Jahre sich in Deutschland durchgesetzt hatte und der auf die Stilisierung der Wirklichkeit hinauslief, wie sich das am deutlichsten wohl in Schillers Dramen von "Don Karlos" an ablesen läßt. Prosa: das war fortan die "Poesie des Lebens",[13] und von hierher versteht sich, daß die nichtprosaischen Literaturformen wenn nicht völlig abgewertet, so doch zumindest dem neuen literarischen Wertekanon zufolge niedriger als zuvor angesiedelt wurden. Das betraf vor allem die Lyrik, aber auch das Drama, während jede Form der prosaischen Literatur jetzt von sich aus legitimiert erschien. Und so ist es denn auch alles andere als ein Zufall, daß der Roman und die Novelle am meisten von der neuen Literaturkonzeption profitierten. Wer keinen Unterschied mehr machen wollte zwischen Leben und Schreiben, sah sich auf die auch noch mit reflektierenden Filtern arbeitenden, aber von der Form her der Wirklichkeit gegenüber anpassungsfähigsten Gattungen und Darstellungsweisen verwiesen. Das waren die erzählenden Formen, und neben ihren fiktiven Spielarten bildete sich eine andere aus, die jetzt zu ungeahnten Erfolgen kam: die Memoiren. Heinrich Laube stellte sogar fest, daß die Memoirenform der Hauptausdruck der neuen Schriftstellerei sei, und setzte hinzu: "Sie sind der Roman und die Geschichte im Négligé, ein Übergang von der trocknen Geschichtsdarstellung zu einer bunteren, die äußerste Subjektivität".[14] Laube hat richtig erkannt, daß das Schreiben von Memoiren nicht mehr so zu verstehen sei, daß sich

---

11 Die Kunst der deutschen Prosa. Ästhetisch, literargeschichtlich. Berlin 1837.

12 Ludolf Wienbarg: Ästhetische Feldzüge. Hrsg. von Walter Dietze. Berlin/ Weimar 1964. S. 87.

13 Ebd.

14 Heinrich Laube: Moderne Charakteristiken. Erster Band. In: Heinrich Laubes gesammelte Werke in fünfzig Bänden. Unter Mitwirkung von Albert Hänel hrsg. von Heinrich Hubert Houben. Bd. 49. Leipzig 1909. S. 194.

hier ein Zeitalter gleichsam in Folio von selbst abbilde; die Memoiren des 19. Jahrhunderts haben subjektiven Charakter, und wenn sie auf der einen Seite gewissermaßen die Vorform einer objektiven Geschichtsdarstellung sind, so sind sie auf der anderen Seite doch gerade durch ihren individuellen Anspruch, durch die Forderung, die Zeit so zu schildern, wie der Einzelne sie erlebt hat, für die Jungdeutschen von sehr viel größerer Authentizität als die sogenannte objektive Geschichtsdarstellung. Es ist sicherlich nicht zufällig, daß denn auch fast alle Jungdeutschen ebenfalls eine persönliche Beziehung zu Memoiren hatten, da sie alle, sofern sie die dreißiger Jahre überlebten, Lebensberichte und Erinnerungen verfaßten; auch Heines Memoirenpläne gehören in diesen Umkreis. Den möglichen Vorwurf einer inkompetenten und subjektiv gefärbten Zeit- und Geschichtsdarstellung haben die Jungdeutschen dabei nicht nur in Kauf genommen, sondern ausdrücklich erklärt, daß die Objektivität "an sich" eben nicht erreichbar sei, sondern deren beabsichtigte Darstellung ohnehin auf Lügen und Schwindel hinauslaufe.

Doch die Memoiren waren ja schon eine etablierte Gattung, und die Jungdeutschen haben um ihre Herkunft aus der französischen Literatur und ihre Nutzungsmöglichkeit immer gewußt. Charakteristisch ist für sie denn eigentlich auch die Flexibilität, mit der man rasch zwischen den traditionellen Formen hin- und herwechselte. Wieder hat hier Gutzkow die literarischen Tendenzen der Zeit wohl am deutlichsten gesehen, wenn er, ausgehend von seiner Definition, daß die Literatur die Abspiegelung der Zeitgenossen in ihren symptomatischen Lagen und Situationen beinhalte, daraus folgerte: "Der Literatur gegenüber ist das moderne Genre in der Form leicht, im Inhalt zufällig, in Manier und Haltung subjektiv, witzig und melancholisch zugleich, launig in jeder Beziehung, begabt mit kritischem Talente und für die eigene Produktion entweder in manchen Fällen geradezu impotent oder zu wenig ehrgeizig, um es den großen Klassikern der Vergangenheit nachzutun. Roman, Novelle, die kleine Abhandlung, Briefe, empfindsame Reisen, das sind so die einfachsten Formen, wie der moderne Autor seine Empfindungen, Träume und Charaktere einfängt. Das moderne Genre entsteht schnell, verbreitet sich schnell, wird schnell verstanden und stirbt - schneller noch, als es oft eine Kritik erlebt hat".[15] Selten ist die literarische Stimmung eines Zeitalters treffender beschrieben worden, obwohl es Gutzkow sicherlich ferngelegen hat, hier Definitionen geben zu wollen;

15 Karl Gutzkow: Die Mode und das Moderne. In: Gutzkows Werke. Auswahl in zwölf Teilen. Hrsg. mit Einleitungen und Anmerkungen versehen von Reinhold Gensel. Teil 11. Berlin u. a. [1912]. S. 24.

sein Essay gleicht ja ohnehin eher einer flüchtigen Skizze, als daß er scharfe Abgrenzungen entwickelte. Aber diese wären der Sache nach ja auch unangemessen gewesen. Zur Literaturrevolution der "Moderne" gehört der Verzicht auf bewußte Grenzziehungen, die Fähigkeit, schnell von einer Gattung in eine andere zu wechseln und sich dort ebenso leichtfüßig und geschickt auszudrücken wie in der, die man gerade verlassen hatte. Die Moderne hat sich dabei, so Gutzkow, durchaus nicht als ein eigenes, fest abgeschlossenes Zeitalter definiert und konnte das auch gar nicht, weil zu ihrem Wesen ja das Unabgeschlossene gehörte, also das gewollt Unvollendete und in gewissem Sinne auch gar nicht Vollendbare. Es ist unschwer zu sehen, daß hier romantische Vorstellungen von der progressiven Universalpoesie und ähnliche Bekundungen weiterwirken, aber Gutzkow und die Seinen haben es nicht bei unverbindlichen Erklärungen belassen, sondern versuchten, derartige romantische Vorstellungen auch in die literarische Theorie, sofern man von einer solchen überhaupt sprechen will, umzusetzen. Und das hieß, in Gutzkows Worten: "Das Moderne ist, schon durch die große Schwierigkeit der sichern Definition, kein bleibendes, wenn auch sonst charakteristisches Merkmal unseres Zeitalters".[16] Zum Wesen der Moderne gehört nicht die Setzung neuer Grenzen, sondern die Einsicht in ihre Vergänglichkeit und Überwindbarkeit durch ein nachfolgendes Zeitalter; und man muß die ganze Tragweite dieser Feststellungen ermessen, um zu sehen, wie revolutionär eine solche Bemerkung auch in literarischer Hinsicht war. Denn hier wurden keine Definitionen gegeben, die Gültigkeit von Definitionen wurde vielmehr geleugnet; hier waren der Literatur nicht Ewigkeitsaufgaben zugewiesen, sondern diese gerade verneint, und von daher gesehen ist die scheinbare Definitionsohnmacht der Jungdeutschen, also der nahezu völlige Verzicht auf eigene Begriffsbestimmungen mit dem Anspruch auf langwährende Gültigkeit kein Mangel, sondern ein bewußt eingebrachter Gewinn. Daß eine Zeit nichts für das nächste Zeitalter mitbestimmen könne, auch das gehörte zur Vorstellung vom demokratischen Geist der Literatur, wie er sich jetzt überall ausbreitete, und zu diesem demokratischen Selbstverständnis zählte ferner, daß es dem Einzelnen freigestellt war, sich in Formen zu äußern, die er selbst zu bestimmen hatte; daß er nicht festgelegt wurde auf Begriffe oder Gattungen, sondern daß er die Wahl der Formen und die Art des Ausdrucks abhängig machte sowohl von den Ereignissen, die er zu schildern gedachte, wie auch von seinem eigenen Ich, seinen Zuständen und Aussagemöglichkeiten: Individualismus und Subjektivismus der modernen Literatur sind, auch wenn die Romantik als ihre Begründerin aufgetreten

16 Ebd., S. 25.

war, hier in die praktische literarische Tat umgesetzt worden. Man muß sehen, daß das zu einer außerordentlichen Geschmeidigkeit der Darstellung führte, die nach der Klassikerstrenge ebenfalls ein Gewinn war - der Verlust, nämlich das Aufgeben traditioneller Gattungszuordnungen und langzeitig gültiger Definitionen, ist also ein großer Schritt über die engen Normen der vorangegangenen Zeit hinaus.

Wollte man das Neue der jungdeutschen Bewegung definieren - man sähe sich dem Vorwurf ausgesetzt, etwas abklären und abgrenzen zu wollen, was sich jeglicher Abgrenzung eo ipso entzog. So lassen sich auch zu den Erscheinungsformen der neuen Literatur eigentlich nur additiv Bemerkungen machen. Verständlich, daß die Journale jetzt in den Mittelpunkt des literarischen Interesses gerieten, denn in ihnen ließ sich die Lehre von der Vereinigung von Wissenschaft, Kunst und Leben am deutlichsten in die Tat umsetzen, und die jungdeutschen Zeitungsprogramme und Manifeste zielen alle in diese Richtung. Dabei ging es nicht darum, neue Formen festzulegen oder gar vorzuschreiben; die Zeitschriften waren nur das Gefäß, in dem sich die vielfältigen Individualitäten begegnen konnten. Heinrich Laube hat völlig zu Recht erklärt, daß der Journalstil "nur ein Durchgang" sei, er solle "unserer Diktion eine Kur sein, nicht mehr, nicht minder",[17] wobei diese Kur freilich insofern eine literarische Abmagerungskur war, als sie die kürzeren Literaturformen bevorzugte und die längeren weitgehend ausschloß. Aber ein eigener Journalstil hat sich nicht entwickelt; die Journale forderten nur zur genauen Beobachtung und zur präzisen Wiedergabe dessen auf, was gesehen worden war; sie verlangten Realismus im Sinne der unitarischen Grundsatzforderungen der neuen Literatur und schlossen dabei die subjektive Präsentation des Gesehenen nicht aus, sondern forderten sie geradezu. Verständlich, daß in einem Zeitalter, das so sehr auf literarische Umorientierungen bedacht war, auch die literarische Kritik nicht nur einen außerordentlich großen Raum einnahm, sondern das kritische Schreiben am Ende sogar zu einem literarischen Darstellungsprinzip genereller Natur wurde. Literarische Kritik war im Bereich des Jungen Deutschland durchaus nicht nur an die bis dahin wenig variable Form der Rezension gebunden; sie konnte sich überall aussprechen, und die Leser waren das Forum, auf das die neue, so stark kritikorientierte Literatur hin zugeschrieben wurde. Dieses Publikum wollte nicht länger im alten Stile belehrt sein; vor allem Heine und Börne haben demonstriert, in welchem Ausmaß literarische Kri-

---

17 Heinrich Laube: Moderne Charakteristiken. Erster Band. In: Heinrich Laubes gesammelte Werke in fünfzig Bänden. Unter Mitwirkung von Albert Hänel hrsg. von Heinrich Hubert Houben. Bd. 49. Leipzig 1909. S. 316.

tik bei einem mündigen Leser eingeübt werden konnte. Literatur wurde damit generell Kritik in dem Sinne, daß die aufgeklärt-skeptische Bestandsaufnahme dessen, was darzustellen war, zum Schreibprinzip wurde. Literarische Kritik ist in der Zeit des Jungen Deutschland allerdings nie bloße Darstellung, sondern immer auch literarische Exegese; dahinter steht der Anspruch, die Wirklichkeit zwar klar und ungebrochen, aber dennoch nicht "an sich", sondern realistisch zu zeigen, d. h. durch die Feder eines Autors, der nicht mit dem übereinstimmen mußte, was sein Nachbar unter Wirklichkeit verstand. Theodor Mundt hat festgestellt, daß der alte Fluch von der Materie abgeschüttelt werde, und wenn er das auch in seiner "Ästhetik" gesagt hat, wo sich gelegentlich schon wieder eine fast neoklassizistische Haltung ausdrückte - schon der Untertitel "Die Idee der Schönheit und des Kunstwerks im Lichte unserer Zeit" deutet dahin -, so ist doch in diesem Buch genug vom früheren jungdeutschen Gedankengut erhalten geblieben. Es soll nicht geleugnet werden, daß klassizistische Anwandlungen auch sonst gelegentlich aufzuspüren sind: das aber hängt nicht mit einem Rückfall in die Ästhetik des deutschen Idealismus zusammen, sondern eher mit Rückversicherungstendenzen und dem Glauben an die Vorbildlichkeit auch früherer Zeiten. Nur gelegentlich gab es offenen Dissenz; das betraf etwa die Frage, in welchem Ausmaß Weltliteratur eine Forderung des Tages sei. Theodor Mundt hat gemeint, daß das weltliterarische Treiben keine literarische Bedeutung habe, und erklärt, daß er das nebulose Gerede über Weltliteratur herzlich satt sei;[18] Ludolf Wienbarg hingegen hat, auf Goethes Spuren, einer neuen Weltliteratur das Wort geredet.[19] Aber das waren Marginalien, die an der Gemeinsamkeit der jungdeutschen Literaturrevolution nicht viel änderten.

Die Kleinformen haben dabei am stärksten von der neuen Ausrichtung der Literatur profitiert, aber nicht weniger hat es eine Großform: der Roman. Romane wurden zahlreich im Bereich des Jungen Deutschland geschrieben, nicht so sehr deshalb, weil man auf diese Weise Zensurprobleme geschickt schon vom Umgang eines Buches her umgehen konnte, sondern vor allem deswegen, weil der Roman, eine bis dahin ja ebenso beliebte wie theoretisch verachtete literarische Form und von Schiller sogar als unpoetisch erklärte Gattung, von sich aus eben das war, was die neue Literatur auch darstellen wollte: Wirklichkeitsbeschreibung. Die Nähe des Romans

---

18 Theodor Mundt: Friedrich von Schlegel's Geschichte der alten und neuen Literatur. Bis auf die neueste Zeit fortgeführt von Theodor Mundt. Teil 2. Die Literatur der Gegenwart. Berlin 1842. S. 431ff.

19 Ludolf Wienbarg: Zur neuesten Literatur. Mannheim 1835. S. 30f.

zur "gemeinen Wirklichkeit" war von Schiller mit außerordentlich scharfen Worten beklagt worden;[20] nicht um Schiller zu widersprechen, aber aus Verständnis und Vorliebe für die Realitätsgebundenheit des Romans haben die Jungdeutschen sich gerne dieser Form angenommen. Die Romane wurden zu Zeitdaguerreotypien, zu Wirklichkeitsaufnahmen in Großformat, und die treffendsten Aussagen zur Zeit sind wohl in ihnen zu finden, gar nicht einmal so sehr in den essayistischen Arbeiten der Jungdeutschen. Im Bereich des Romans hat sich auch eine neue Theorie entwickelt, ohne daß sie in strikter Theorieform vorgebracht wurde: das ist Gutzkows Lehre vom "Roman des N e b e n e i n a n d e r";[21] kaum etwas anderes ist besser als diese Theorie geeignet, die Ziele der neuen Literatur zu verdeutlichen. Roman des Nebeneinander: das war die erzählerische Umsetzung der Vorstellung von der zwangsläufig unabänderlichen Unvollständigkeit der Moderne. Der Roman bot die Möglichkeit, das bunte Bild des Lebens so zu präsentieren, wie es dem Autor tatsächlich erschien. Die "Willkür der Erfindung", so Gutzkow, falle damit fort, oder, positiv formuliert: "Kein Abschnitt des Lebens mehr, der ganze runde, volle Kreis liegt vor uns". Gutzkow selbst mag die Ausmaße seiner Theorie vom Roman des Nebeneinander vielleicht gar nicht so recht erkannt haben, da er vor allem gegen das "N a c h e i n a n d e r" des traditionellen Romans opponierte. Der alte Roman: das war für ihn Erfindung, künstliche Konstruktion, kunstvolles Arrangement, alles präsentiert in einer Weise, die im Grunde genommen eher dem Drama zukam als dem epischen Erzählen: eben im Nacheinander, und Gutzkow hat mit Recht kritisiert, daß "das ganze Leben" dazwischenliege. Diese an sich nur skizzenhaft angedeutete, unausgeführte Theorie vom Roman des Nebeneinander gehört jedoch zu den "modernsten" Äußerungen der neuen Literatur. Kein geringerer als Alfred Döblin hat später in seinem "Berlin Alexanderplatz" so etwas wie einen "Roman des Nebeneinander" geschrieben, ebenfalls mit der Absicht, die Realität des Lebens, oder, um Stifters Formulierung zu gebrauchen, die wirkliche Wirklichkeit des Daseins einzufangen.

Verständlich, daß so gesehen auch die benachbarten Formen des Romans, vor allem die Novelle, miteinbezogen wurden in das neue Erzäh-

---

20 Schillers Werke. Nationalausgabe. Hrsg. von [...] Lieselotte Blumenthal und Benno von Wiese. Bd. 20. Pilosophische Schriften. Erster Teil. Unter Mitwirkung von Helmut Koopmann hrsg. von Benno von Wiese. Weimar 1962. S. 479.

21 Karl Gutzkow: Die Ritter vom Geiste. Vorwort zur 1. Auflage. In: Gutzkows Werke. Die Ritter vom Geiste. In drei Teilen. Hrsg. mit Einleitung und Anmerkungen versehen von Reinhold Gensel. Berlin u. a. [1912]. S. 41f.

len, daß es keine scharfe Grenze zwischen Roman und Novelle gab. Romane wurden zu Novellen erklärt, Novellen bekamen das Ausmaß umfangreicher Romane: auch hier zeigt sich die Umorientierung in der Literatur, zeigt sich das literarisch Revolutionäre des Jungen Deutschland. Theodor Mundts "Madelon oder die Romantiker in Paris" (1832) erschien als "Novelle"; Ernst Willkomm veröffentlichte "Julius Kühn. Eine Novelle" (1833) - in zwei Bänden, und wenn Willkomm auch nur sehr bedingt zum Jungen Deutschland gezählt werden konnte, so entspricht er doch mit dieser Novelle, die eigentlich ein Roman ist, den jungdeutschen Tendenzen. Gattungsspezifische Eigenheiten kamen der Novelle nicht mehr zu, aber sie sind auch für den Roman nur schwer auszumachen; doch gemeinsam ist beiden, daß sie im Grunde genommen erzählte Historiographie sind und die Wirklichkeit, wenn auch in fiktiver Weise, einfangen wollen.

Was sich auf den ersten Blick hin als Verwilderung der Formen zu erkennen geben mag, ist tatsächlich revolutionäres Neuland. Zu keiner Zeit ist im 19. Jahrhundert die Wirklichkeit näher an die Literatur herangeholt, ist die Literatur stärker zur gedeuteten Reproduktion der Wirklichkeit geworden, als im Bereich des Jungen Deutschland. Also nicht nur der Protest gegen die Goethesche Alleinherrschaft, sondern auch gegen die überlieferten Gattungsstarrheiten: da entwickelte sich eine fast grenzenlose Freiheit im Gebrauch alter und neuer Formen, da wurde eine moderne "Schreibart" proklamiert, die sich nicht an Definitionen ausrichtete, sondern an der Sache selbst. Daß das Junge Deutschland im Kern eine Literaturrevolution war, läßt sich am besten an den zahlreichen Aussagen zur Literatur ablesen, mit deren Hilfe die Schriftsteller des Jungen Deutschland der neuen Literatur Bahn brechen wollten. Die Revolution ereignete sich nicht ersatzweise in der Literatur; die Literatur des Jungen Deutschland *war* die Revolution, und Börne und Heine haben das klar gesehen, als sie feststellten, daß ihr Stil das einzige Verbrechen war, das man ihnen vorhalten konnte.

IX. DAS VERBOT DES JUNGEN DEUTSCHLAND: DIE REAKTIONEN DER SCHRIFTSTELLER

Heinrich Heine: Die ganze Verfolgung des jungen Deutschlands nehme ich nicht so wichtig

Die ganze Verfolgung des jungen Deutschlands nehme ich nicht so wichtig. Sie werden sehen, viel Geschrey und wenig Wolle. Sollte ich würklich auf eine Proskripzionsliste gestellt seyn, so glaube ich daß man nur Demarschen von meiner Seite verlangt, um mich davon zu lösen. Es ist nur auf Demüthigungen abgesehen. Das Unerhörte, das Verboth von Büchern die noch nicht geschrieben sind, darf Preußen nicht wagen, zu dem öffentlichen Unwillen käme da noch das Ridikül. Ich lasse mich nicht verblüffen und bin der Meinung je keckere Stirne man bietet, je leichter lassen sich die Leute behandeln. Angst ist bey Gefahren das Gefährlichste. Im Bewußtseyn seit 4 Jahren nichts gegen die Regierungen geschrieben zu haben, mich, wie es notorisch ist, von dem Jakobinismus geschieden zu haben, kurz bey gutem loyalen und royalen Gewissen wie ich bin, werde ich nicht so feige seyn die jungen Leute, die politisch unschuldig sind, zu desavouiren, und ich habe im Gegentheil gleich eine Erklärung nach der All*gemeinen* Zeitung geschickt (die vielleicht schon gedruckt ist) worin ich erkläre daß ich gar keinen Abstand genommen hätte an der Deutschen Revüe mitzuarbeiten.

Heinrich Heine: Säkularausgabe. Bd. 21. Briefe 1831-1841. Bearbeiter Fritz H. Eisner. Berlin/Paris 1970. S. 132.

Theodor Mundt: Bestrebungen mehrerer Schriftsteller, mit denen ich leider zusammenrangirt worden bin, haben mir geschadet

Gleichzeitige Bestrebungen mehrerer Schriftsteller, mit denen ich leider und zu meinem Unglück zusammenrangirt worden bin, ungeachtet des polemischen Verhältnisses, in dem ich größtentheils zu denselben gestanden, haben mir mehr geschadet, als meine eigene unbedachtsame Jugend und meine eigenen Tendenzen. Hinsichtlich der letzteren bin ich seit dem Interdict, das meine ganze literarische Thätigkeit vernichtet hat, dermaßen mit mir selber zu Rathe gegangen, daß ich auf Ehre und Gewissen versichern kann, es sei in mir nichts Feindliches und Widerstrebendes gegen die öffentliche Ordnung und Sittlichkeit vorhanden! Um so mehr hemmt mich die Strafe, die ich mit andern, von mir sehr verschiedenen Schriftstellern zu gleichen Theilen tragen muß, in der Bethätigung derjenigen Gesinnung, die ich als eine gesetzmäßige schon aus meinen frühesten Schriften erweisen könnte.

Zitiert nach: Heinrich Hubert Houben: Verbotene Literatur von der klassischen Zeit bis zur Gegenwart. Ein kritisch-historisches Lexikon über verbotene Bücher, Zeitschriften und Theaterstücke, Schriftsteller und Verleger. Bd. 2. Bremen 1928. S. 432.

Heinrich Laube: Es ist ein Unglück der modernen Schrifstellerei, daß sie mit der herrschenden Politik in Konflikt geraten ist

Es ist ein Unglück der modernen Schriftstellerei, daß sie mit der herrschenden Politik in Konflikt geraten ist, sie ist dadurch in eine nachteilige, lebensgefährliche Stellung gekommen; aber ein ehrlicher Literat macht sich niemals ein Unglück des andern Literaten zunütze, und er tadelt da nicht, wo nichts als Tadel erlaubt ist.

Heinrich Laube: Moderne Charakteristiken. Zweiter Teil. In: Heinrich Laubes Gesammelte Werke in fünfzig Bänden. Unter Mitwirkung von Albert Hänel hrsg. von Heinrich Hubert Houben. Bd. 49. Leipzig 1909. S. 240.

Heinrich Laube: Liberale Schriftsteller sollten beseitigt werden

Man hat später oft das sogenannte junge Deutschland dahin charakterisiert, daß es eine sträfliche Sinnlichkeit einführen gewollt. Etwas Unwahres. Das Thema der Sinnlichkeit ist in unseren Schriften kaum gestreift worden, und drei von uns Jungdeutschen, Wienbarg, Mundt und Gutzkow, haben dazu gar keine innere Beziehung gehegt. Wienbarg nicht die geringste, Mundt, ein glücklicher Ehemann, auch nicht. Er war ein philosophischer Theoretiker, welcher dem im Mode kommenden Thema von freier Sinnlichkeit eine Novellenform verleihen zu müssen glaubte in seiner 'Madonna', und zwar eine recht theoretische, eine künstliche, nicht künstlerische. Er war kein Fabulist, kein erzählendes Talent; die Figuren in seiner 'Madonna' lebten gar nicht, sie blieben abstrakt.

Heinrich Laube: Erinnerungen 1841-1881. In: Heinrich Laubes gesammelte Werke in fünfzig Bänden. Unter Mitwirkung von Albert Hänel hrsg. von Heinrich Hubert Houben. Bd. 41. Leipzig 1909. S. 302.

Karl Gutzkow: Nie ist etwas verabredet worden

Man hat so oft von einer Verabredung gesprochen, die zwischen den Mitgliedern des 'Jungen Deutschlands' stattgefunden hätte. Nie ist etwas verabredet worden. Die jetzige Auflösung jenes gewaltsamen Vereins würde nicht erfolgt sein, hätte man den Verrat eines Geheimnisses fürchten müssen. Ich fand mich damals, wie früher und noch jetzt, von den Schriften Mundts und Laubes so wenig angesprochen, daß ich deren Unwert nur verschwieg, weil uns alle bald ein gemeinschaftliches Schicksal traf und sich in den heillosen Angriffen W. Menzels ein wesentlicherer Gegenstand zeigte, die Kräfte, die die politische Reaktion noch frei ließ, gemeinsam zu üben. So entstand mit einem scheinbaren Grunde die Sage von einem Verein junger Schriftsteller, die auf Leben und Tod verbunden einen gemeinschaftlichen, nicht grell genug zu malenden Zweck verfolgten. Die Grille des einen wurde die Schmach des andern; man schuf sich ein System von Anklagen, welches alle betraf, die jetzt gemeinschaftlich genannt wurden. Der Prozeß war ein solidarischer. Laubes Frivolität und Unreife mußte der entgelten, der sie verabscheute. Mundts Frauenemanzipation und Fleischwiedereinsetzung kam als System auf die Rechnung dessen, der nur einzelne Szenen und Aussprüche gegeben hatte, die man im Sinne desselben deuten konnte. Menzel verfehlte nicht, aus dem, was kaum im ersten Keime da war, ja aus dem, woran niemand gedacht hatte, die verworrensten Konsequenzen zu ziehen.

Karl Gutzkow: Vergangenheit und Gegenwart. In: Gutzkows Werke. Auswahl in zwölf Teilen. Hrsg. mit Einleitung und Anmerkungen versehen von Reinhold Gensel. Teil 8. Berlin u. a. [1912]. S. 117.

***

Der Beschluß des Bundestages vom 10. Dezember 1835, der eigentlich nur empfehlenden Charakter hatte, praktisch aber auf ein Verbot der Schriften des Jungen Deutschland hinauslief, führte zur Begründung an, daß die "junge Literatur" dahin abziele, "in belletristischen, für alle Klassen von Lesern zugänglichen Schriften die christliche Religion auf die frechste Weise anzugreifen, die bestehenden sozialen Verhältnisse herabzuwürdigen und alle Zucht und Sittlichkeit zu zerstören".[1] Die Vorwürfe waren allgemeiner Natur, gerade deswegen aber für das Junge Deutschland gefährlich: es wurde nicht um einzelner Taten willen, sondern wegen einer Haltung und Gesinnung, also gleichsam aus grundsätzlichen Erwägungen heraus verurteilt.

Vorausgegangen waren Verdächtigungen, Verleumdungen, Behinderungen, die erkennen lassen, daß das Verbot des Jungen Deutschland im Grunde genommen eine Spätfolge der Reaktionen auf die Julirevolution von 1830 war. Die überlieferten Dokumente zeigen jedoch auch, daß die eigentlich kritische Phase der Verfolgungen offenbar erst im Sommer 1835 begann. Dabei waren es nicht die Behörden, die von sich aus auf das Junge Deutschland aufmerksam wurden; öffentlicher Streit kam vielmehr durch die Angriffe Wolfgang Menzels auf, des leitenden Redakteurs des Stuttgarter Literatur-Blattes im Cotta-Verlag. Ausgangspunkt der Kontroverse war Karl Gutzkows Roman "Wally, die Zweiflerin", der im August in einem neu von Karl Löwenthal gegründeten Verlag in Mannheim erschienen war. Der Roman lehnte sich an sein romantisches Vorbild, Friedrich Schlegels "Lucinde", unübersehbar deutlich an, forderte aber dennoch scharfe Kritiken Menzels heraus. Sie erschienen schon Anfang und Mitte September 1835. Die Angriffe Menzels gipfelten in dem Aufsatz über "Unmoralische Literatur" vom 23. und 26. Oktober 1835, und dort war nicht mehr nur

1 Abgedruckt in: Das Junge Deutschland. Texte und Dokumente. Hrsg. von Jost Hermand. Stuttgart 1966. S. 331f.

Gutzkow Ziel der Kritik, sondern ebenfalls Ludolf Wienbarg. Die Attacken richteten sich gegen die unchristlichen Tendenzen, die die Moral, so Menzel, zu untergraben drohten, zugleich aber auch gegen das Französische der neuen "Sekte", das nach Menzel gegen das Deutsche, gegen die deutsche Nation gerichtet sei. Menzel fand Anlaß zu kritischen Bemerkungen auch bei Wienbargs "Ästhetischen Feldzügen", die 1834 erschienen waren, und mochte ihm dieses Buch zunächst auch noch als Erzeugnis eines aufrührerischen Einzelgängers erschienen sein, so sah Menzel die von ihm vermutete Gefährlichkeit der neuen Ansichten durch das Auftreten Gutzkows plötzlich ins Öffentliche gehoben; und so kam er auf die Idee einer "neuen Sekte", deren Grundsätze weit ausgebreitet werden sollten.

Vermutlich hat dieser Aufsatz Menzels bei Unterstellungen, die in dem Beschluß der Bundesversammlung dann in gedrängter Form zum Ausdruck kamen, eine Schlüsselrolle gespielt. Zumindest der Vorwurf, die christliche Religion auf die frechste Weise anzugreifen und alle Zucht und Sittlichkeit zu zerstören, findet sich bereits zu Beginn des zweiten Absatzes von Menzels Schmähschrift, wenn er behauptet: "Herr Wienbarg zieht unter dem Vorwand, als ob er für das Schöne fechte, förmlich gegen das Christenthum und gegen die Moral zu Felde." Aber auch die Anklage, "die bestehenden socialen Verhältnisse herabzuwürdigen", ist in Menzels Artikel enthalten. Denn Menzel unterstellt Gutzkow, daß er "jetzt die Sinnlichkeit, die Herrschaft des Fleisches setzen" wolle, "daher die Ehe aufheben, die Weiber alle gemein machen". Und: "Unter der Maske des französischen Republikanismus schwärzt diese neue Frankfurter Läster- und Lasterschule eine furchtbare Unzucht ein. Das Fleisch, die freie Sinnlichkeit, die Aufhebung der Ehe sind ihre Schlagwörter, und sie schreiben nicht nur selbst obscöne Bücher, sondern wärmen auch die alten wieder auf". Angesichts der außerordentlichen Bedeutung Menzels in diesen Jahren mußte ein solcher Artikel seine Früchte tragen. Zugleich unterstellte Menzel der neuen Literatur und Gutzkow insbesondere eine antinationalistische Tendenz; diese verband sich mit einer stark antisemitischen Grundhaltung. Gutzkow wurde zum literarischen Lakai der "Judenschaft", die sich, so Menzel, angesichts "der etwas delikaten Frage ihrer Emancipation" offenbar Vorteile verspreche, "da man überall hören muß, das sogenannte Junge Deutschland sey eigentlich ein junges Palästina, und da von der öffentlichen Meinung alles Widerliche, was in der grenzenlosen Zudringlichkeit, in der Franzosensucht, in dem tückisch ohnmächtigen

Deutschen- und Christenhaß der neuen Frankfurter Propaganda liegt, bereits allgemein dem Judaismus zur Last gelegt wird."[2]

Damit waren den Behörden wichtige Argumente geliefert, und Menzel machte sich geschickt die wachsende Opposition der Zensurbehörden zunutze. In Preußen war Gutzkows "Wally, die Zweiflerin" schon Ende September 1835 verboten worden; Preußen wandte sich im November auch mit einer behördlichen Anordnung gegen Gutzkow und Wienbarg, Laube und Mundt. Andere Regierungen schlossen sich an; im Dezember wurde in Preußen auch Heines Name genannt. In Mannheim, dem Verlagsort Löwenthals, konnte Gutzkows Roman am 13. November nur deswegen nicht mehr beschlagnahmt werden, weil die Auflage bereits so gut wie völlig vergriffen war. Aber es gab einen Prozeß, der damit endete, daß Gutzkow einen Monat Gefängnis seiner "Wally" wegen erhielt. Vor diesem Hintergrund war der Beschluß der Bundesversammlung vom 10. Dezember 1835 nur der zunächst letzte Höhepunkt in der Verfolgungskampagne gegen das Junge Deutschland. Diese lief darauf hinaus, die Verbreitung der Literatur des Jungen Deutschland in "sämtlichen deutschen Regierungen" zu unterbinden; Heine, Gutzkow, Laube, Wienbarg und Mundt sollten den bestehenden Vorschriften der Presse "nach ihrer vollen Strenge" unterworfen sein, die Verbreitung ihrer Schriften sollte "mit allen ihnen gesetzlich zu Gebote stehenden Mitteln" verhindert werden; dazu wurden die Buchhändler verwarnt, nichts gegen "die Maßregeln der Regierungen gegen die zerstörende Tendenz jener literarischen Erzeugnisse" zu unternehmen; sie wurden sogar aufgefordert, diese "wirksam zu unterstützen". Damit waren nicht nur die bereits veröffentlichten Schriften des Jungen Deutschland verboten, sondern auch alle zukünftigen.

Dennoch war der Beschluß der Bundesversammlung nur eine behördliche Aktion unter vielen anderen; hier war eigentlich nur noch einmal zusammengefaßt, was ohnehin schon an Verfügungen und Verboten erlassen worden war. Zeitungsberichte spiegeln die Verhältnisse sehr deutlich. Im Grunde genommen war die Kampagne gegen das Junge Deutschland schon im November 1835 auf einen ersten Höhepunkt gekommen. Am 19. November war im "Schwäbischen Merkur" vom "vielfach angefoch-

2 Wolfgang Menzel: Unmoralische Literatur. In: Literatur-Blatt (zum Morgenblatt für gebildete Stände). Nr. 109-110. 23.10., 26.10.1835. S. 435f; 437-440. Abgedruckt in: Alfred Estermann (Hrsg.): Politische Avantgarde 1830-1840. Eine Dokumentation zum Jungen Deutschland. Bd. 1. Frankfurt 1972. S. 56-85.

tenen literarischen jungen Deutschland" die Rede,[3] auch von einer Stadtverbannung; Wienbarg war (zusammen mit Fritz Kottenkamp) von einer Stadt aufgefordert worden, diese "binnen Kurzem zu verlassen". In Bayern waren schon vor dem 19. November mehrere Werke von Gutzkow "confiszirt und verboten". Der Schwäbische Merkur berichtete am 23. November: "Wie man nun aus sicherer Quelle vernimmt, so hat sich die Königlich Bairische Regierung im Interesse der Sittlichkeit und der Religion zu dem Antrage bewogen befunden, es mögen gegen diese und ähnliche Werke, so wie überhaupt gegen die Tendenz eines Vereins von Gelehrten, der sich unter dem Namen 'das junge Deutschland' ankündige, von Seite des deutschen Bundes die geeigneten Maßregeln ergriffen werden". Und am 25. November 1835 teilte eine Frankfurter Zeitung mit: "Man hat bisher dem, was von dem sogenannten jungen Deutschland, und namentlich denen, welche sich als die Repräsentanten desselben geriren wollen, den HH Gutzkow, Wienbarg etc. ausgegangen ist, mit ziemlicher Ruhe zugesehen, und keinen entscheidenden Schritt gethan; aus sicherer Quelle weiß ich jedoch daß in diesen Tagen eine sehr energische Maßregel abseiten der hiesigen Regierung getroffen werden wird, um diesem Unwesen zu steuern, und daß dieser Schritt die obenbenannten Herren wenigstens wohl zur Erkenntniß dessen bringen dürfte, was sie zu vermeiden haben; was sie thun sollen, ist schwer zu sagen". Der Beschluß der Bundesversammlung ist dann nur noch die Umsetzung dieser Strömungen und Meinungen in die politische Aktion. Und wiederum zeigen die Zeitungen, wie schnell die Verfügung bekanntgemacht und auch befolgt wurde. Eine Frankfurter Zeitung berichtete am 3. Januar 1836: "Die Maßregeln gegen die literarische Koterie 'das junge Deutschland' haben, wie man von allen Seiten hört, einen Anklang gefunden, der ganz dem Charakter des deutschen Volkes entspricht und sicherlich keines der unwichtigsten Zeichen der Zeit ist. Die Bundesversammlung hat sich nicht getäuscht, als sie bei ihren Beschlüssen voraussetzte, in dem Urtheile der Nation ein Echo zu finden. Was die Motive betrifft, so sind sie so naheliegend, daß sie sich gewissermaßen von selbst begründen. Man ging davon aus, die Tendenz jener Coterie als irreligiös, gotteslästerlich, Sitte, Scham und Ehrbarkeit mit Füßen tretend, für um so gefährlicher zu erkennen, als sie ihre aus pantheistischen und saintsimonistischen Ideen zusammengesetzte Lehren in ein

3 Abgedruckt in: Verboten! Das Junge Deutschland 1835. Literatur und Zensur im Vormärz. Hrsg. von Jan-Christoph Hauschild in Verbindung mit Heidemarie Vahl. Düsseldorf 1985. S. 39-43. Dort auch die folgenden Zitate.

lockendes poetisch-witziges Gewand kleide, und z. B. die Abolition der Ehe in der verführerischen Form der Unterhaltungsliteratur - und wo ist die Unterhaltungsliteratur frequenter als in Deutschland? - mit blühend sinnlichem Redeschmuck predigt. Es ist charakteristisch, daß ein hochgestellter Staatsmann diese Tendenz für gefahrvoller und den Grundlagen des Sozialzustandes verderblicher erklärte, als alle politischen Entscheidungen der Presse in den letzten 5 Jahren gewesen seyen". Der Bann hatte gewirkt, die Öffentlichkeit wurde in den Feldzug gegen das Junge Deutschland gründlich eingestimmt. Die neue literarische Bewegung schien mundtot gemacht worden zu sein.

Doch die Wirklichkeit sah nicht so finster aus. Hier war zwar eine offenbar ungemein bedrohliche Bewegung rechtzeitig verboten worden - aber da die Vorwürfe nur sehr genereller Natur waren und auf der anderen Seite über die tatsächlichen Ziele der jungen Literatur nur so wenig in Erfahrung zu bringen war, gab es rasch Lockerungen der Verbote. Weil die Bundesversammlung entschlossen gewesen war, die Verbreitung der jungen Literatur mit allen gesetzlichen Mitteln zu verhindern, mußten die Lockerungen wiederum den Verdacht aufkommen lassen, als sei die tatsächlich drohende Gefahr doch reichlich überschätzt worden. Die "Staats und Gelehrte Zeitung" teilte am 30. Dezember 1836, also rund ein Jahr nach dem verhängten Veröffentlichungsverbot, ihren Lesern mit, daß eine Reihe von Schriften des Jungen Deutschland wieder zugelassen sei; vorher war schon "vorläufig von der Zurücknahme des Verbots aller Schriften aus der Literatur des sogenannten jungen Deutschlands in diesen Blättern die Rede gewesen". Zu den wieder zugelassenen Schriften gehörten Werke von Gutzkow, Heine, Laube, Mundt. Zugelassen wurden auch "alle seit Michaeli d. J. in den Bundes-Staaten gedruckten neuen Werke der Schriftsteller Heinrich Heine, Carl Gutzkow, Heinrich Laube, Ludolph Wienbarg und Theodor Mundt". Im übrigen wirkte sich die Kleinstaaterei hier einmal positiv aus. Denn die Verbote waren nicht in allen Staaten durchsetzbar gewesen, und schon am 17. Mai 1836 hatte die gleiche Zeitung einen Artikel veröffentlicht, aus dem hervorging, daß auch auf seiten der Staaten reichlich unklar war, was nun gegen das Junge Deutschland tatsächlich zu unternehmen sei. Es hieß dort: "Die Schriften des jungen Deutschlands sind zwar von Seiten des Bundes verboten, dieß behindert aber in keiner Weise, daß Laube's und Mundt's Producte, welche unter sächsischer Censur erscheinen, nach wie vor in Sachsen erlaubt bleiben". Werke von Laube und Mundt waren seit Anfang 1836 auch in Preußen schon wieder zugelassen. Am 20. Februar 1836 berichtete die "Berliner Allgemeine Zeitung", daß es "Theodor Mundt, Heinrich Laube, H. Heine und einigen Anderen" wieder erlaubt sei, ihre Schriften in Preußen nach eingeholter Zensur ungehindert zu verbreiten. Von einer Milderung und Zurücknahme der scharfen Maßnahmen gegen das Junge Deutschland unterrichtete die "Staats und Gelehrte Zeitung des Hamburgischen unpartheiischen Correspondenten" auch am 4. März 1836. Unterschiedliche Zensurpraktiken vergrößerten die Verwirrung. Vor allem in Sachsen und Preußen wurden Zensur und Verbot unterschiedlich gehandhabt. Ein in Preußen zugelassenes Buch war freilich nicht automatisch auch in Sachsen erlaubt. Der Grund ist verständlich: die sächsische Zensur wollte sich nicht auf diese Weise ausschalten lassen. Aber die öffentliche Wirkung ging ohnehin in eine andere Richtung. So konnte man am 17. Mai 1836 in der "Staats und Gelehrten Zeitung" lesen: "Es leuchtet ein, daß Sachsen Bücher, welche von preußischer Seite als erlaubt hingestellt werden, unbedingt erlauben könne". Und der Korrespondent fügte hinzu: "Von Hrn. Mundt erscheint nächstens in Berlin bei Veit ein rein wissenschaftliches Werk: 'Die Kunst der Prosa', ein Product von des Verfassers mehrjährigen literarischen Studien. Es fragt sich: wird dasselbe in Sachsen verkauft und in sächsischen Zeitschriften zur Anzeige gebracht werden dürfen?" Im Grunde nutzte diese Verwirrung dem Jungen Deutschland, und einzelnen der Angeklagten gelang es, sich aus dem literarischen Gefängnis, in das sie alle zusammen hineingesteckt worden waren, zu befreien. Schon am 11. Januar 1836 konnten die Leser der "Staats und Gelehrten Zeitung" lesen: "Das Publicum wird aber in der That bald nicht mehr wissen, wer denn eigentlich zu dem gefürchteten 'jungen Deutschland' gehöre, da der Dr. Laube im Eingang der von ihm neu zu übernehmenden Mitternachtzeitung ausdrücklich erklärt hat, daß er mit dem 'jungen Deutschland' nicht nur nichts gemein habe, sondern auch dasselbe stets bekämpfen werde. Noch weniger klar ist man darüber, den Dr. Mundt überall in den Reihen dieses 'jungen Deutschlands' mit angeführt zu sehen, da dieser Gelehrte bekanntlich der erste war, der (im Octoberheft seines 'Literarischen Zodiacus') eine sehr kräftige und wissenschaftlich begründete Polemik gegen Gutzkow's 'Wally' aus seiner Feder gehen ließ". So war die literarische Öffentlichkeit in der Tat verwirrt und wußte nicht, was sie vom Jungen Deutschland denn nun eigentlich halten sollte. Heine setzte sich gegen die Anklagen, in die er mit einbezogen war, am 28. Januar 1836 im "Journal des Débats" zur Wehr, verfuhr in seiner Verteidigungsstrategie aber nun ganz anders als die übrigen Betroffenen, denn er stellte fest, daß viele "unserer gefeyertesten Schriftstellern, sowohl Dichter als Philosophen", das gleiche gewollt hätten wie er und daß seine Schriften "nicht aus irreligiöser und immoralischer Laune, sondern aus einer wahrhaft religiösen und moralischen Synthese hervorgegangen" seien.[4] Das wurde deutschen Lesern bereits am 6. Februar 1836 in der "Staats und Gelehrten Zeitung" zugänglich gemacht. So ist verständlich, daß auch die Korrespondenten am Ende nicht mehr wußten, wer eigentlich zum Jungen Deutschland gehörte und was die Hauptpunkte der Anklage ausmachte. Am 13. April 1836 konnte man wiederum in der "Staats und Gelehrten Zeitung" lesen, "das Seltsamste bei der Sache sey, daß niemand eigentlich wisse, was das junge Deutschland eigentlich sey, nicht einmal die Theilnehmer an demselben: es scheine nur in der Idee zu existiren, etwa wie die romantische oder die doctrinäre Schule." Der Kampf der Regierungen gegen das Junge Deutschland erschien als ein Fechten gegen einen Gegner, den es nirgendwo gab.

Im übrigen setzten sich die Jungdeutschen gegen Menzels Angriffe zur Wehr. Gutzkow veröffentlichte eine "Erklärung gegen Doktor Menzel in Stuttgart" in der "Allgemeinen Zeitung" vom 19. 9. 1835. Gutzkow personalisierte den Streit, berichtete von sich und seiner Fehde mit Menzel als einer sehr persönlichen Angelegenheit. Menzel schrieb eine Gegenerklärung, Gutzkow wiederum veröffentlichte ein eigenes Büchlein mit dem Titel "Vertheidigung gegen Menzel und Berichtigung einiger Urtheile im Publikum", das im Löwenthalschen Verlag 1835 erschien. Auch hier personalisierte Gutzkow den Streit mit Menzel, und er bediente sich darüber hinaus eines nicht ungeschickten Mittels: einer Auseinandersetzung mit Menzels Goethe-Kritik, die schon 1824/25 eingesetzt hatte und über die man in Menzels Buch "Die deutsche Literatur" 1828 lesen konnte. Diese setzte er auch in den dreißiger Jahren im "Literatur-Blatt" fort, aber das entsprach natürlich nicht der allgemeinen öffentlichen Meinung und hatte Menzel, was seine Kritikfähigkeit anging, entschieden herabgesetzt. Zur Sache kam Gutzkow erst gegen Ende seiner Verteidigungsschrift; er ordnete seine "Wally" in den Rahmen der größeren zeitgenössischen Kritik an einem "mißverstandenen Christenthum" ein, und er behauptete kühn: "Wally ist ein Bild des Lebens". Gutzkow kam auch auf die Schriften seiner Freunde zu sprechen, und er nannte in etwa die Namen, die später im Beschluß der Bundesversammlung auftauchten: Heine, Wienbarg, Kühne, Laube, Mundt. Auch Wienbarg trat in seinem Aufsatz "Menzel und die junge Literatur" in den Streit mit Menzel ein; der Artikel enthielt zugleich das "Programm zur deutschen Revue". Und dort war zu lesen, wie sich Menzels Tun aus der

4 Heinrich Heine: An eine hohe Bundesversammlung. In: Heinrich Heine. Historisch-kritische Gesamtausgabe der Werke. Hrsg. von Manfred Windfuhr. Bd. 11 bearbeitet von Helmut Koopmann. Hamburg 1978. S. 148.

Sicht Wienbargs darstellte: "Er nahm die 'Wally', einen kürzlich erschienenen Roman Gutzkows zur Hand, knetete daraus einen alarmirenden Popanz, ein Ungeheuer der Irreligiosität und Sittelosigkeit, und, nachdem er, der deutsche Mann, eingängig eine persönliche Infamie dem jungen Autor angeschmitzt hatte, gab er dem ganzen monströsen Gebäck seiner Hände den Namen Gutzkow, *ad libitum* junges Deutschland. Warf's darauf zur Zermalmung unter die Hufen seiner Rosse".[5] Den Streit beschloß vorerst Gutzkows "Appellation an den gesunden Menschenverstand. Letztes Wort in einer literarischen Streitfrage", die 1835 in Frankfurt veröffentlicht wurde. Gutzkows Schrift erschien unmittelbar vor dem allgemeinen Schreibverbot, das der Beschluß der Bundesversammlung den Regierungen empfahl. Gutzkow bezog sich in seiner Verteidigungsschrift auf nichts anderes als auf die Zeitstimmung, die er habe präsentieren wollen: "Ich wollte eine Seelenstimmung schildern, die mir poetisch schien. Ich wollte die Zeitgenossen in ihr Inneres blicken lassen". Von daher gesehen waren die Vorwürfe, Gutzkow habe sich hier der Immoralität schuldig gemacht, in der Tat deplaziert. Gutzkows Gestalten sollten Erscheinungen der Übergangszeit sein, und eben das brachte er noch einmal zum Ausdruck, wenn er schrieb: "Mein Roman schildert Charaktere, die den Haltpunkt ihres Lebens verloren haben und als Hauptcharakter eine Person, die ihn zu finden sucht. Welchen Ton sollt' ich nun anschlagen, um hier den rechten zu treffen? Ich glaube meine Figuren deutlich genug gezeichnet zu haben".[6] Noch leichter fiel es ihm, den Vorwurf der allgemeinen Volksverhetzung, den der Bundestagsbeschluß enthielt, zu entkräften, und er erklärte zu Recht: "Für die Massen schreib' ich nicht. Mein Styl und meine Bildung entfremden mich der Durchschnittsintelligenz". Das Schreibverbot von 1835 beendete dann den Streit, der sich im Grunde genommen aber schon längst erschöpft hatte.

Diese ganze Auseinandersetzung zwischen Menzel und dem Jungen Deutschland war umrankt von weiteren Streitschriften und Manifesten - in Kapitel XI wird darüber noch ausführlicher berichtet. Friedrich Rohmer verfaßte ein Sendschreiben "An die moderne Belletristik und ihre Söhne und die Herren Gutzkow und Wienbarg insbesondere", das 1835 erschien, Gustav Bacherer eine Schrift "Die junge Literatur und der Roman Wally. Ein Vademecum für Herrn Carl Gutzkow", ebenfalls 1835 publiziert; Gustav Pfizer schrieb ein anonym erschienenes "Votum über das 'Junge

---

5 Ludolf Wienbarg: Menzel und die junge Literatur. Programm zur deutschen Revue. Mannheim 1835. S. 8.

6 Karl Gutzkow: Appellation an den gesunden Menschenverstand. Letztes Wort in einer literarischen Streitfrage. Frankfurt am Main 1835. S. 8f.

Deutschland'", 1835, und Wolfgang Menzel griff noch einmal in den Streit ein mit einem Artikel über "Die junge Literatur", das im "Literatur-Blatt" zum "Morgenblatt für gebildete Stände" Anfang Januar 1836 erschien. Diese Flugschriften und Pamphlete führten die Hetzkampagne gegen das Junge Deutschland weiter, brachten aber sachlich nichts Neues, sondern illustrierten nur die aufgeregte Stimmung unter den interessierten Intellektuellen. Zunächst schien Menzel mit seinen Attacken triumphiert zu haben. Er schrieb in seinem Artikel über die junge Literatur: "Die unter dem Namen der jeune Allemagne oder der jungen Literatur bekannte Coterie hat verdammliche Lehren ausgebreitet und ist von der Kritik deßhalb zurecht gewiesen worden. Man erkannte, daß diese Lehren zugleich staatsgefährlich seyen, sofern sie eine entschieden antinationale, französische Tendenz hatten und die Grundlage aller Staaten, Religion und Sitte, zu untergraben trachteten, und nun zog der Staat die Sache vor sein Forum. Wenn wir ein strenges Preßgesetz hätten, durch dessen Strafbestimmungen solche Frevel gegen Religion und Sitte und gegen das vaterländische Interesse in Schranken gehalten würden, so wäre das Publikum, so wären die Literatoren in dieser Sache beruhigt, so würde es Niemand einfallen, die Straffälligen zu bemitleiden. Da wir aber eine Censur [...] ohne bestimmte Normen haben, [...] ist es doppelte Pflicht, klar zu unterscheiden, das Wahre in dieser Sache festzustellen und Jeden, der sich etwa von seinem einseitigen Interesse verleiten ließe, zu weit zu gehen, davon zu überzeugen, daß er alsdann gerade gegen sein Interesse handeln würde".[7] Dann folgte noch einmal eine Zusammenfassung der Anklagen, die Menzel immer schon vorgebracht hatte: das Junge Deutschland sei antipatriotisch, es ziele auf die "künftige Revolutionirung Europas durch die Ideen St. Simons", und die dritte Lehre des Jungen Deutschland sei "die der *Irreligiosität*"; die vierte Lehre die von der Irreligiosität "unzertrennliche *Unsittlichkeit*". Es war gewissermaßen die dem Bundesratsbeschluß nachgelieferte Begründung des Schreibverbots. Nicht weniger wichtig waren die Angriffe von kirchlicher Seite, wie sie in den Aufsätzen von Ernst Wilhelm Hengstenberg unter dem Titel "Über die Rehabilitation des Fleisches" seit dem 8. August 1835 in der "Evangelischen Kirchenzeitung" erschienen.[8] Sie dürften vor allem die Entscheidung des preußischen Hofes beeinflußt haben. Jedenfalls ist

---

7 Wolfgang Menzel: Die junge Literatur. In: Literatur-Blatt (zum Morgenblatt für gebildete Stände). Nr. 1-5. 1.1.1835-13.1.1835. Abgedruckt in: Alfred Estermann (Hrsg.): Politische Avantgarde 1830-1840. Eine Dokumentation zum Jungen Deutschland. Bd. 1. Frankfurt 1972. S. 164-185. (Gekürzt).

8 Ebd., S. 195-234.

nach alledem verständlich, daß es zu dem Beschluß der Bundesversammlung kam.

Alles das hat die Unsicherheiten darüber, was es denn nun mit dem Jungen Deutschland wirklich auf sich habe, sicherlich nicht gemindert, sondern immer nur vergrößert. Weil nun die Angriffe so unklar blieben, weil der Bundestagsbeschluß nur der offizielle Höhepunkt einer dunklen Kampagne war, haben die Jungdeutschen selbst das Verbot, so hart es sie auch im einzelnen traf, nicht so ernst genommen, wie es von seiten derer, die es erließen, beabsichtigt worden war. Die im Bundestagsbeschluß genannten Schriftsteller waren nicht zuletzt deswegen von der Aktion so wenig betroffen, weil eindeutige politische Zielsetzungen nicht existierten. Heinrich Laube hatte in einem damals allerdings ungedruckt gebliebenen Aufsatz formuliert: "'Was ist Junges Deutschland?' fragt man mit Recht von vornherein. Es werden einige junge Schriftsteller darunter verstanden, welche neue soziale und ethische Ideen ins Publikum zu bringen trachten, Ideen, welche mit den herrschenden dieser Art, mit denen, welche Grundlagen unserer jetzigen Gesellschaft sind, in mannigfachem, oft tödtlichem Widerspruch stehen. Man hat also hierbei nicht an *Giovine Italia* und *Espagna* oder *la jeune France* zu denken, welche mehr oder weniger eine politische Umgestaltung des Vaterlandes nach republikanischer Seite erstreben: das politische Moment scheint bei uns kein wesentliches, sicherlich kein lediglich auszumachen".[9] Auch einer der Pamphletisten hat das anerkannt; Anton Johannes Gross-Hoffinger schrieb in "Österreich im Jahre 1835 und Die Zeichen der Zeit in Deutschland": "Die schlechten Skribenten vermehren sich in unserer sozialen Krankheit wie das Ungeziefer in einem Hospital. Ich weiß nicht, ob es ein *junges Teutschland* gibt als politische Clique, gewiß aber gibt es kein solches als literarische Schule, sondern nur ein Heer von unwissenden Skribenten, die mit einigem Mutterwitz ausgestattet unter der beliebten Firma *geistreicher* Autoren auf dem Forum der Literatur sich wie Gassenjungen umtummeln, ehrlichen Leuten ein Bein stellen und mit ihren Kinderpeitschen in's Gesicht schlagen".[10] Das war alles in sehr feindseliger Absicht formuliert, traf aber im Grunde genommen nicht das Junge Deutschland, da das fehlte, was man ihm unterstellte: nämlich politisch-revolutionäre Bestrebungen. Die Verteidigungsaktion der Jungdeutschen zielte in der Regel denn auch darauf ab, die ganze Verfolgung zu bagatellisieren. Heinrich Heine machte aufklärerische Gesichtspunkte geltend, Laube bestritt, daß er je "unmoralisch oder irreligiös" geschrieben habe;

9 Ebd., S. 109f.
10 Ebd., S. 188.

Mundt betonte seine "mehr wissenschaftliche Richtung", Gutzkow gab zu bedenken, wie wenig er mit den anderen gemeinsam habe. Bei mehreren Autoren aber kam ein Verdacht auf, der erkennen läßt, wie sehr sie sich mißverstanden fühlten, wenn sie politisch zur Rechenschaft gezogen wurden. Heinrich Heine sprach von der "Zaubermacht des allgemein verständlichen Wortes" und der "Schwarzkunst eines gesunden, klaren, volkstümlichen Stiles" als seiner eigentlich revolutionären Waffe".[11] Und in einem Zusatz zu den "Göttern im Exil" schrieb er: "Mein Freund Heinrich Laube hat einst diesen Styl ein literarisches Schießpulver genannt. Es war in der That eine gute Erfindung, und die nachwachsende Generation, welche dieses Pulver nicht erfunden, hat wenigstens tüchtig damit zu knallen gewußt".[12] Am deutlichsten aber hat vielleicht Börne ausgesprochen, daß das Junge Deutschland einem literarischen Todesurteil deswegen ausgeliefert war, weil der neue Stil das eigentliche Verbrechen darstelle; er stellte fest:

La persécution qu'on exerce envers les auteurs de la *jeune Allemagne*, a encore un autre motif. Jusqu'aux derniers temps, la littérature périodique en Allemagne a été, à peu d'exceptions près, dans les mains des écrivains du dernier ordre. Les auteurs distingués, les véritables savants, dédaignaient de prendre part à la littérature périodique, comme autrefois la noblesse croyait déroger en embrassant l'industrie. Les écrivains de la *jeune Allemagne* avaient fondé quelques journaux littéraires estimés, et ils avaient le dessein d'en former encore d'autres. Plusieurs professeurs distingués de la Prusse s'étaient laissé séduire par l'esprit de ces jeunes écrivains, au point de s'attacher comme collaborateurs à leurs journaux. Le gouvernement prussien s'est effrayé de cette nouveauté, comme d'un commencement de morcellement des biens-fonds de la science. Voilà pour quelle raison M. Gutzkow et ses complices en beau style, ont été punis de la mort littéraire, je devrais dire, voilà justement ce qui fait que votre fille est muette; car, en vérité, je désespère d'avoir clairement expliqué aux Français le galimatias politique et littéraire de la sérénissime diète de Francfort.

Vorher schon hieß es bei ihm: "Les persécutions exercées contre les écrivains de la *jeune Allemagne* ont un tout autre motif. Il importe à la diète de Francfort de frapper ce qu'aucun censeur du monde n'a jamais pu

---

11 Ludwig Börne: Wally la Sceptique. Roman par C. Gutzkow. In: Ludwig Börne: Sämtliche Schriften. Neu bearbeitet und hrsg. von Inge und Peter Rippmann. Bd. 2. Düsseldorf 1964. S. 979.

12 Heinrich Heine: Zu 'Die Götter im Exil'. In: Heinrich Heine. Historisch-kritische Gesamtausgabe der Werke. Hrsg. von Manfred Windfuhr. Bd. 9 bearbeitet von Ariane Neuhaus-Koch. Hamburg 1987. S. 294.

atteindre: l'esprit. Les auteurs mis en interdit ont de l'esprit, et surtout ils ont un beau style: voilà tout leur crime".[13]

Das läßt erkennen, daß der Vorwurf, man habe "in belletristischen, für alle Klassen von Lesern zugänglichen Schriften" geschrieben, aus der Sicht des Jungen Deutschland der eigentliche Anklagepunkt war. Gelegentlich kamen auch noch später Bestätigungen. 1840 bemerkte Heinrich Laube in seiner Literaturgeschichte: "Auf die zwanziger Jahre ist zu blicken. Ein unausgesprochener innerer Drang nach neuer literarischer Art suchte [...] einen Ausdruck, ohne ihn und mit ihm eine Gewalt zu finden".[14]

Einen wirklich entscheidenden Einfluß auf das Junge Deutschland hat der Bundestagsbeschluß am Ende nicht gehabt. Es war zweifellos das spektakulärste Ereignis in der kurzen Geschichte dieser literarischen Bewegung, und sicherlich hat er Mißverständnisse gefördert. Die Absichten, die Verbreitung und die Flexibilität der neuen Literatur hat der Bundestagsbeschluß aber nicht zu treffen vermocht. Sieht man in der neuen Literatur das Eigentliche des Jungen Deutschlands, also die literarische Revolution in ihrem Aufstand gegen alte Formen und in ihrem Versuch, die Literatur aus der Umklammerung durch die Kunstperiode zu lösen, dann ist das Verbot einschließlich der vorausgegangenen denunziatorischen Feldzüge am Ende eine eher marginale Erscheinung. Allerdings wäre es irrig, wie Friedrich Engels von der "Unbestimmtheit" und der "Verwirrung der Begriffe" zu sprechen. Begriffe galten in der Tat wenig - aber die literarischen Tendenzen und Taktiken des Jungen Deutschland, sein literarischer Stil und seine Aussagekraft waren durch das Bundestagsverbot nicht zu treffen gewesen. Zwar waren die Folgen für das Junge Deutschland bis in die frühen 40er Jahre zu spüren. Aber die sehr unterschiedlich ausgelegten Ausführungsbestimmungen zu dem Beschluß der Bundesversammlung zeigten, daß Menzels Attacken sich nicht in behördliche Verfügungen hatten umsetzen lassen. Das Junge Deutschland hat das Verbot seiner Schriften am Ende nicht schlecht überstanden.

---

13 Ebd., S. 977.

14 Heinrich Laube: Geschichte der deutschen Literatur. Bd. 4. Stuttgart 1840. S. 98.

X. LITERARISCHE GEHEIMBERICHTE ÜBER DAS JUNGE DEUTSCHLAND

Das Junge Deutschland will den Umsturz des geistig Bestehenden

'Ich glaube an die Reformation der Liebe sowie an jede soziale Frage unseres Jahrhunderts', heißt es in Gutzkows Vorrede zu Schleiermachers 'Vertrauten Briefen' über Schlegels 'Lucinde' - in welcher Vorrede auch von 'Catilina, Prinz Louis, Schmettau' gesprochen wird und die mit dem Seufzer endet: 'Ach! hätte auch die Welt nie von Gott gewußt, sie würde glücklicher sein!' - Ich habe schon in meinem ersten Bericht bemerkt, daß jeder und aller Angriff auf die sozialen Fragen notwendigerweise auch den auf die politischen in sich schließt, denn erstere bilden den letzteren das Fundament. Die junge deutsche Literatur, oder besser gesagt, das junge (geistige) Deutschland hat sich die Reformation der sozialen Fragen nicht bloß zum Glauben, zur Hoffnung gesetzt, nein, es steckte sich dieselbe zum Ziel ihres Wirkens. In der ersten Zeit, wo sich die Geister des 'jungen Deutschland' erkannten und einander näherten, konnten sie nicht recht einig werden. Jeder brachte seine Privateigentümlichkeit mit ins Spiel und wollte ihr den Sieg verschaffen. Doch dadurch lernten sie einsehen, daß sie ihrer gemeinschaftlichen Sache, dem Umsturz des geistig Bestehenden, schaden. Sie suchten sich zu verständigen und ein und dasselbe Ziel zu verfolgen.

> Literarische Geheimberichte aus dem Vormärz (Separatdruck aus dem Jahrbuch der Grillparzer-Gesellschaft. Jg. XXI-XXIII). Mit Einleitung und Anmerkungen hrsg. von Karl Glossy. Wien 1912. S. 31f. Bericht vom 15. November 1835.

Der Kampf Menzels gegen die sogenannte junge Literatur

Sie kennen ohne Zweifel den Kampf Menzels gegen die sogenannte junge Literatur. Dieser Fehde Ursprung ist das zu Wort gekommene Unheil der Zeit! Es ist der alles Höhere ertötende derbe Realismus, das Evangelium der Genußprediger; es ist das Abstreifen aller Blüten, die nicht irdische Früchte tragen; das Streben, alles herabzuwürdigen, was noch bis jetzt reine und frische Gemüter erfreut und erhebt, das Streben der Vernichtung aller sittlichen Schranken nicht bloß im inneren Menschen und in der bisher noch immer oder doch häufig beibehaltenen Dunkelheit frevelnder Sinnenlust, sondern offen und frech, ohne Hehl und Zügel, strebend, auch in den bürgerlichen und gesetzlichen Einrichtungen und Satzungen diese Schranken niederzubrechen. - Christentum und Ehe sind diesen Herren allerdings sehr hinderlich, sowie auch Ehrfurcht vor Regierungen und gesetzliche Ordnung. Dies alles liegt in der unseligen Richtung, welche die Jugend genommen hat; Gutzkow und der, wie mir scheint, bessere L. Wienbarg sind blos Organe, Zeugen des bestehenden Übels; Menzel jedoch ist nicht der Mann, der mit Erfolg entgegenstehen wird, denn seine verletzte Eigenliebe, sein Brotneid sind im Spiele und der Kampf muß von allen Guten und mit voller Reinheit geführt werden, sonst wird dadurch das Übel noch ärger.

Ebd., S. 38f., Bericht vom 20. November 1835.

Das Junge Deutschland hat fast allen Einfluß verloren

Als vor einigen Jahren das sogenannte junge literarische Deutschland hier sein Wesen trieb und, wie Gutzkow an Wienbarg schrieb, die Liberalen die jungen Schriftsteller als besondere Stützen betrachteten und sich ihnen gewissermaßen in die Arme warfen, hatten diese jungen Schriftsteller wohl nicht geahnt, daß sie so bald um alles Ansehen bei der liberalen Partei kommen würden. Ja, nicht allein auf die liberale Partei, sondern überhaupt auf die Geistesrichtung in Deutschland hat die moderne Literatur fast allen Einfluß verloren. Was aber vollends die moderne Literatur, die mit Recht eine modernde genannt werden kann, ganz in Mißkredit gebracht, sind die Verfolgungen, die nun in pöbelhafter Art die Schildhalter der modernen Literatur gegeneinander ausüben. Man kann aber in der Tat sagen, seitdem Börne tot ist, ist fast alles Interesse an dem jungen literarischen Deutschland bei den Liberalen verschwunden.

Ebd., S. 154f., Bericht vom 20. Jänner 1839.

***

Konfidentenberichte haben zwar nicht das Bild des Jungen Deutschland in der Öffentlichkeit geprägt, aber dennoch nicht unwesentlich zu Entscheidungen von seiten der Regierungen beigetragen. So erklären sich manche Reaktionen, denen eigentlich die öffentliche Begründung ermangelt. Aber die geheimen Berichte sind noch aus einem anderen Grunde interessant: sind sie doch auch wirkungsgeschichtliche Zeugnisse, die einen Eindruck davon vermitteln, wie sich ein Ereignis einem einzelnen, zumeist aufmerksamen Beobachter darstellte. Dieser Beobachter war in der Regel geschult, auch Einzelereignisse zu einem ganzen Bild zu verknüpfen, wurde von ihm doch nicht nur die Mitteilung von Fakten, sondern auch die wenn auch vorsichtige Interpretation der Geschehnisse erwartet.

Auch das Junge Deutschland erscheint so in Geheimberichten, wie sie schon früh von Karl Glossy gesammelt worden sind. Diese Geheimberichte präsentieren sich als eine Darstellung des Jungen Deutschland im Kontext der übrigen revolutionären Bewegungen der 20er und 30er Jahre, und da sie für die Regierungen bestimmt waren, sind politische Konnotationen hier sehr viel wichtiger als literarische, ist die soziale Bedeutung derartiger Bünde viel schärfer betrachtet worden als etwa ihr literarischer Stil.

Die literarischen Geheimberichte zum Jungen Deutschland setzen erst relativ spät ein, im Herbst 1835 - unpubliziertes Material nicht mitgerechnet. Verständlich, daß die Geheimberichte auf ihrer Suche nach öffentlichen Gefahren vor allem auf die Zeitungen und Zeitschriften zu sprechen kommen, deren Redakteure rasch als Wortführer des Jungen Deutschland gelten. Heine und Börne sind das nicht, nicht zuletzt deswegen, weil sie nicht im Lande sind. Die geheimen Berichte haben dabei eines durchaus richtig erkannt: die relative Politikferne vor allem Gutzkows. Zwar sollten soziale Fragen beleuchtet werden; aber die Kriegserklärung, die Gutzkow ausstreuen ließ, galt, so ein Geheimbericht, "fast der ganzen in Ansehen stehenden Literatur und den sie pflegenden Literatoren".[1] Gutzkow wird ausdrücklich genannt, Theodor Mundt; eine gewisse Gutzkow-Partei scheint sich abzuzeichnen. Kottenkamp, Beurmann und Spazier erscheinen ebenfalls als Sympathisanten des Jungen Deutschland, und als Zentrum des Jungen Deutschland gilt "Die deutsche Revue"; Gutzkow und Wienbarg sind ihre "Fahnenträger".[2] Sehr bald wird allerdings in den geheimen Berichten auch die potentielle Gefahr erwähnt, die von der literarischen Bewegung des Jungen Deutschland ausgehe; Gutzkow, der nur soziale Fragen berühren wolle, gerate damit automatisch zugleich in den Bereich der Politik - wenn es sich um soziale Reformen handele, so gehe es auch um Politisches, oder, wie der Berichterstatter anmerkt: es schließe ein Angriff "auf die sozialen Fragen notwendigerweise auch den auf die politischen in sich" ein.[3] Genaueres ist dem Konfidenten nicht bekannt, der Hinweis auf die politische Brisanz des Jungen Deutschland beruht auf einer rein theoretischen Schlußfolgerung, die für ihn auch nicht dadurch ins Wanken gebracht wird, daß das Junge Deutschland ja gar nicht als geschlossene Gruppe auftrat. "Jeder brachte seine Privateigentümlichkeit mit ins Spiel und wollte ihr den Sieg verschaffen"[4] - dieser für die Bewegung des Jungen Deutschland so kennzeichnende Zug wird zwar auch von dem Berichterstatter gesehen, aber es wird der Bewegung dennoch unterstellt, daß gerade die Zersplitterung sie dazu gebracht habe, die gemeinschaftliche Sache stärker zu beachten, näm-

---

1 Literarische Geheimberichte aus dem Vormärz. Mit Einleitungen und Anmerkungen hrsg. von Karl Glossy. Wien 1912. S. 29.

2 Ebd., S. 31.

3 Ebd., S. 32.

4 Ebd.

lich den "Umsturz des geistig Bestehenden".[5] So verwechselt der Berichterstatter schon früh die literarische Revolution mit der angeblich gewollten politischen, und die Tatsache, daß sich das Junge Deutschland ja gar nicht in Frankfurt am Main etablierte, weckt den Verdacht, daß dann in einem anderen politischen Zentrum eine Übereinkunft stattgefunden habe. Von da an ist es nicht mehr sehr weit zur Annahme politischer Zielsetzungen; Wienbargs Vorrede zu den "Wanderungen durch den Thierkreis" dient als Beleg dafür, daß es dem Jungen Deutschland nicht um eine Evolution zu tun sei, "sondern um ein rasches Umstürzen".[6] Und wieder wird ein falscher Schluß gezogen, wenn dem Jungen Deutschland unterstellt wird, daß es zwar die geistige Revolution gewollt habe, "die aber wiederum die materielle (politische) nicht ausschließt".[7] Zugleich werden die aufklärerischen Momente in den Äußerungen der Jungdeutschen als Angriffe auf die Kirche als eine "gotteslästerliche Institution" interpretiert. Das Junge Deutschland war damit zur politischen Gefahr geworden, politische Absichten konnten nicht ausgeschlossen werden, und politisches Handeln der Regierungen war also nichts anderes als eine Forderung des Tages. Es ist unschwer zu erkennen, daß der Vorwurf der politischen Revolutionsgesinnung und auch der des Angriffs auf das Christentum hier ihre Wurzeln haben. Da nichts Definites auszumachen war, die Tendenz aber klar war, schien die Gefahr dadurch nicht etwa geringer, sondern nur um so größer zu sein. Zwar war ein erster Streich gegen das Junge Deutschland durch Menzels Attacken geführt, aber Vorsicht, so die Konfidentenberichte, sei weiterhin angebracht. Das Feindbild war fertig.

Der Verdacht, daß das Junge Deutschland eine revolutionäre Bewegung sei, mußte gerade durch die Zeitschriften des Jungen Deutschland genährt werden, und die Konfidentenberichte spiegeln diese Auffassung deutlich wider. Dabei wird sichtbar, daß die Bewegung des Jungen Deutschland in den Berichten der Konfidenten immer mehr zusammenschrumpft, vor allem auf Gutzkow und Wienbarg. Geht man von diesen Berichten aus, wird das Junge Deutschland also nicht etwa immer breiter und unüberschaubarer, sondern engt sich zusehends auf einige wenige Autoren ein: Heine und Börne rechnen im Hintergrund hinzu, und Frankfurt und Berlin zeichnen sich als Zentren der Jungdeutschen Bewegung ab - dahinter sind vor allem Gutzkow und Mundt zu sehen, wenngleich Mundt und Laube als unpoliti-

---

5 Ebd.

6 Ebd., S. 33.

7 Ebd., S. 34.

sche Köpfe gelten, da sie sich "fern von politischen Bemühungen" halten; aber das hat die Verdächtigungen und Unterstellungen nicht beendet.

Erstaunlicherweise spiegelt sich das Bundestagsverbot vom 10. Dezember 1835 in den Geheimberichten kaum wider. Von dem Verbot ist gar nicht die Rede, nur vom "Mißfallen der Regierungen über die Bestrebungen des Jungen Deutschland", und so erscheint die öffentliche Kontroverse um das Junge Deutschland im wesentlichen als eine Auseinandersetzung zwischen dem Jungen Deutschland und Wolfgang Menzel. Den Konfidentenberichten ist nur zu entnehmen, daß die Ereignisse um den 10. Dezember 1835 herum dazu geführt haben, daß diejenigen, die sich in öffentlichen Stellungen befanden, sich vom Jungen Deutschland zurückzuziehen gedachten - Namen erfährt man allerdings nicht, und so haben wir es auch hier wohl eher mit Vermutungen als mit definitiven Entschlüssen zu tun. Jedenfalls lassen die Konfidentenberichte erkennen, daß der Beschluß der Bundesversammlung aus dieser Sicht nur als Vorsichtsmaßnahme gedacht war, die gerade deswegen nötig schien, weil nichts Genaues über die wahren Ziele des Jungen Deutschland in Erfahrung zu bringen war. Gutzkow beschränkte sich auf die Feststellung, daß er es nur "auf literarische und soziale Lebensfragen" abgesehen habe[8] - eine unverdächtige, freilich auch wieder mit Argwohn betrachtete Äußerung, die dann zu politischer Konterbande wurde, wenn man sie mit den Schlußfolgerungen des Konfidenten versah. Von einer wirklichen politischen Gefahr ist aber bezeichnenderweise auch in diesen Geheimberichten nirgendwo die Rede, wenngleich ständig unterstellt wird, daß diese virtuell vorhanden sei.

Was die Bundesversammlung dann offenbar doch dazu bewog, ein Verbot der Schriften zu empfehlen, obwohl von seiten der Geheimberichte nur Verdächtigungen ausgesprochen worden waren, hat mit diesen Berichten selbst nichts zu tun, sondern mit einem Phänomen, in dessen Nachbarschaft die Bewegung des Jungen Deutschland fast automatisch geraten mußte, zumal dann, wenn von den drohenden Gefahren des Jungen Deutschland die Rede war. Das waren Bewegungen, die mit eindeutig politischer Zielsetzung schon vor dem Erscheinen des Jungen Deutschland gegründet worden waren; bekannt war Mazzinis "Giovine Italia", also ein junges Italien, das sich bis in die italienischen Provinzen Österreichs hin festsetzte und die österreichische Regierung veranlaßte, jeden Untertanen des Hochverrates anzuklagen, der sich mit dieser Verbindung einließ. Zugleich hatte sich ein "Junges Europa" in der Schweiz gebildet; und wenn auch die Konturen dieser Bewegung durchaus unscharf waren, so sollte sich dort ebenfalls ein

8 Ebd., S. 49.

"Junges Deutschland" entwickeln. Diesem Jungen Deutschland - Glossy hat darüber im einzelnen berichtet - sollte die Aufgabe zukommen, auf die Verwirklichung einer europäischen Republik hinzuarbeiten. Dieses Junge Deutschland war in Clubs aufgeteilt und bestand, so Glossy, aus 14 Zentren mit fast 170 Mitgliedern. Das Aufmarschgebiet dieser Bewegung war die Schweiz, aber die Bewegung griff auch nach Deutschland über. Ziel war offenbar die politische Einheit Deutschlands, die nur durch eine Revolution erreichbar schien.

Für die literarischen und sozialen Ziele des "Jungen Deutschland" wurde es verständlicherweise sehr gefährlich, daß es ein anderes Junges Deutschland gegeben hatte, das tatsächlich eine Revolution beabsichtigt hatte, und rechnet man noch die aufrührerischen Handwerkerlieder hinzu, die etwa als "Vaterländische Lieder" 1833 erschienen waren, so ist nicht unverständlich, daß mit dem Aufkommen des literarischen Jungen Deutschland die revolutionär-politischen Bewegung jenes andere Junge Deutschland wieder am Horizont auftauchte. Auch der Name des Jungen Deutschland erklärt sich von daher, und Glossy weist mit Recht darauf hin, daß nichts nähergelegen habe, als "diese gang und gäbe Bezeichnung auf jene Schriftsteller zu übertragen, die dahinstrebten, auch der Literatur eine neue Richtung zu geben".[9] Und: "Was lag also näher, als das literarisch junge Deutschland auch für einen Geheimbund zu halten? So dachten wenigstens die leitenden Staatsmänner der Zeit, allen voran Metternich, dessen Meinung auch der preußische Minister des königlichen Hauses Fürst Wittgenstein beitrat".[10] So waren es also nicht die erklärtermaßen revolutionären Ziele des Jungen Deutschland, die zu dem Beschluß der Bundesversammlung vom 10. Dezember 1835 führten, sondern die zwangsläufig auftauchenden Parallelen zu jenen anderen radikalen Bewegungen, die den Verdacht schüren mußten, daß hier etwas ähnliches ans Licht dränge. Die Konfidenten machten sich diese Befürchtung zunutze und hatten am Ende offenbar auch ihr Ziel, die Verdächtigung gegen das Junge Deutschland zu politischen Beschlüssen werden zu lassen, erreicht. Von daher gesehen erschien es fatal, daß das Junge Deutschland sich nicht genauer über seine Ziele und Zwecke erklärt hatte; so mußte es notwendig in die Nähe politischer Geheimbünde geraten. Dieses wiederum führte zu Verboten, Verdächtigungen und Verfolgungen. Nimmt man noch den diplomatischen Notenwechsel über das Junge Deutschland hinzu, so ist verständlich, daß es aus dem Netz der politischen Verdächtigungen nicht mehr entkommen

---

9 Ebd., S. XCIf.

10 Ebd., S. XCII.

konnte. Einer der wenigen, die das Ausmaß der Vorwürfe wieder mit den Realitäten in Einklang zu bringen versuchten, war Varnhagen, der in einem Gutachten für Metternich auf die allgemein kritische Tendenz der Literatur überhaupt hinwies, auf den Mode gewordenen Angriff auf überkommene Institutionen und Haltungen; er schrieb: "Diese junge Schule hat bei aller Verächtlichkeit eine löbliche Eigenschaft, die gegenwärtig in Deutschland sehr fehlt, eine, wenn auch täppische Geradheit nämlich. Sie ist frech, weil das Zeitalter frech ist; irreligiös, und die ganze Religion der Zeit ist Selbsttäuschung oder Heuchelei; sie sagt, was sie denkt, indes man in Deutschland häufig nichts denkt bei dem, was man sagt".[11] Erst im nachhinein wurde klar, daß die Gefahr, die vom Jungen Deutschland angeblich ausging, in politischer Hinsicht gewiß nicht groß war; für die literarischen revolutionären Bestrebungen aber hatten die Regierungen kein Auge.

Im Verlauf des Jahres 1836 gehen die Konfidentenberichte über das Junge Deutschland zurück; Berichte aus Paris drängen sich vor. Im späteren Verlauf der 30er Jahre ist vom Jungen Deutschland kaum noch die Rede, und 1839 gilt es als erledigt und fast schon vergessen. "Auf die Geistesrichtung in Deutschland hat die moderne Literatur fast allen Einfluß verloren", heißt es in einem Bericht vom 20. Januar 1839.[12] Die moderne Literatur war in Mißkredit gebracht, und allmählich scheint sich die Überzeugung durchgesetzt zu haben, daß es mit dem politischen Liberalismus nicht so weit her gewesen sei; im ganzen eine wenig erfreuliche Bilanz, die der Berichterstatter zieht, wenngleich er in einem völlig recht hatte: daß die Bewegung des Jungen Deutschland an ein Ende gekommen war. Sie war es zunächst wohl auch in literarischer Hinsicht. Die Fernwirkungen waren damals noch nicht erkennbar; die Neuentdeckung von Literaturformen, die revolutionären Umwälzungen in der Frage, was das Wesen der Literatur überhaupt ausmache - alles dieses war nicht mehr aktuell. Eine stärker politisierte Lyrik drang vor, die Zeit des Vormärz begann. Aus der Retrospektive aber erscheint das Junge Deutschland auch dem Konfidenten als eine Bewegung, deren politische Zielsetzungen man offenbar maßlos überschätzt hatte.

---

11 Ebd., S. XCIX.
12 Ebd., S. 155.

XI. POLEMIKEN

Gustav Bacherer: Der krankhafte Körper der jungen Literatur

Der Zweck somit, den ich mir in meinem *vade mecum* für Herrn Gutzkow gesetzt, geht dahin: dem deutschen Vaterlande ein Warnungswort zuzurufen über die Begebnisse im Kreise seiner sogenannten jungen Literatur; es zu veranlassen, - wenn es die gegen die Letztere gerichtete Anklage für begründet gefunden - seine Entrüstung ob solcher fratzenhaften Unnatur mehrerer seiner Söhne zürnend auszusprechen, zu seinem eigenen Heil und zum Heile der Herren Gutzkow und Consorten.

Gustav Bacherer: Die junge Literatur und der Roman Wally. Ein Vademecum für Herrn Carl Gutzkow. Dem deutschen Publikum zugeeignet. Stuttgart 1835. S. Vf.

Wolfgang Menzel: Die Coterie des jungen Deutschland und die antichristlichen Lehren Heines

H e i n e wird fast immer mit Börne zusammen genannt, weil auch er ein Jude ist oder war, weil auch er in Paris in freiwilliger Verbannung lebt, weil auch er Sarkasmen gegen Deutschland sprüht, weil auch er eine äusserst witzige Prosa schreibt. Und doch ist er trotz dieser äußern Aehnlichkeit von Börne sehr verschieden, ja gewissermaßen dessen Gegensatz. Wie Börne nämlich tief und glühend und schmerzlich fühlt, ist bei Heine alles bloße Tändelei und Affectation. Wie Börne oft den Cyklopenhammer seines schweren Zornes aufhebt, um eine Mücke zu erschlagen, nimmt Heine umgekehrt auch das Gewichtigste und Heiligste in seinem Munde so leicht, als ob es eine Cigarre wäre. [...] Eine Anzahl junger Leute, sämmtlich aus Norddeutschland, vereinigte sich in einer Coterie, die antichristlichen Lehren Heines systematisch in Deutschland auszubreiten. Da aber auch Heine nur aus französischen Quellen geschöpft hatte, so giengen sie folgerecht auf diese zurück und sammelten alles Gift, das die Juliussonne in der Stagnation der französischen Zustände erzeugt hatte, sorgfältig auf, um auch uns damit zu besudeln und anzustecken.

Wolfgang Menzel: Die deutsche Literatur. 2. vermehrte Aufl. 4. und letzter Teil. Stuttgart 1836. S. 334f., 341.

Friedrich Rohmer: Berühmte Söhne moderner deutscher Belletristik, große Pikante!

Verzeiht mir, wenn ich euch so anrede. Ich suche ja nur, wie Schiller es oft gemacht hat, den Erzzug eures Charakters und Inbegriff eures Strebens größerer Wirkung wegen herauszuheben (und er ist nicht schwer anzugreifen), ich will ihn mir individualisiren, wie Schiller es mit dem absoluten philosophisch-moralischen

Edelmuth, den er Marquis Posa nannte, gethan hat; ihr pikanten Leute sollt lediglich als pikant, ohne sonstige Tugenden und Laster, vor mir auf und ab gehen, nur eben der so pikant und der anders.

Ich beschwöre euch, mich anzuhören. Ihr seyd gut, kräftig zum Theil, talentvoll Alle. Bei diesen Tugenden möchte ich euch beschwören - es wäre eine gute Beschwörung - aber sie gilt nichts mehr; darum beschwöre ich euch bei dem Gott des Pikanten, und das ist ein Schwur, furchtbar für euch, wie der beim Styx dem Zeus war; denn wie Zeus, verlassen vom Styx, in ewige Nacht stürzte, würdet auch ihr, verlassen von jenem eurem großen Gott, in Oede und Leerheit sinken, baar alles Lebens und aller Bewegung, trostlos, ohne Realität, steifleinen durch und durch. Hört ihr mich nun?

Friedrich Rohmer: An die moderne Belletristik und ihre Söhne und die Herren Gutzkow und Wienbarg insbesondere. Stuttgart 1836. S. 9.

***

Die Umstände, unter denen das Junge Deutschland seinerzeit bekannt wurde, brachten es mit sich, daß es zwangsläufig in eine öffentliche Diskussion hineingeriet, die ebenso uferlos wie hemmungslos war; wirkliche Kritik war dabei schwer von bloßer Polemik zu unterscheiden. Polemik kam besonders dort hoch, wo allgemeine Unwissenheit darüber herrschte, was das Wesen des Jungen Deutschland denn nun eigentlich ausmache. Wo sich das mit mangelnder Unvoreingenommenheit verband, da war die Bewegung des Jungen Deutschland wie kaum eine andere dem Streit der Meinungen und Verdächtigungen ausgesetzt. Es kam hinzu, daß die vom Namen her schon gegebene Nähe zu anderen europäischen Bewegungen, die sehr viel stärker politisch orientiert waren, Verdächtigungen provozieren mußte, die um so schärfer wurden, je unklarer dieser Zusammenhang des Jungen Deutschland mit den politischen Bestrebungen in anderen Ländern blieb. Literarische Konkurrenzgefühle mögen ein übriges getan haben, um das Junge Deutschland in den Strudel der Polemiken mit hineinzureißen, und wenn die literarische Kritik auch schon im 18. Jahrhundert nie ein Blatt vor den Mund genommen hat und, wie etwa die Verurteilung der Bürgerschen Gedichte durch Schiller zeigt, vor grausamen Hinrichtungen nicht zurückschreckte, so sind die Angriffe gegen das Junge Deutschland doch von besonderer Haltlosigkeit und vom Mangel an tatsächlichen Begründungen gekennzeichnet.

Der Streit um das Junge Deutschland war nicht gerade endlos, aber doch ohne Konturen, und er zentrierte sich nicht auf einige wenige Anklagepunkte, sondern ergoß sich in Verdächtigungen und Unterstellungen überall hin. Und so bildete sich in den Polemiken ein Stil heraus, der auf sehr unerfreuliche Weise Bekanntes und Halbbekanntes, Vermutetes und bloß Befürchtetes zusammenmischte. Je unklarer die Lage war, desto gewalttätiger wurden die Angriffe, die uns heute eher die Engstirnigkeit der Kritiker vor Augen führen, als daß sie deutlich machen könnten, welche Punkte tatsächlich damals einer Diskussion für wert erachtet wurden. Dabei spielte vor allem Wolfgang Menzel, wie schon in Kapitel IX gezeigt wurde, eine wichtige Rolle - wenngleich man sein Tun nicht überbewerten darf; er war zwar ein sehr einflußreicher, aber doch nicht allmächtiger Kritiker, und wenn auf der einen Seite auch die Polemik gegen das Junge Deutschland ohne ihn wohl nicht in dieser Form hochgekommen wäre, so verselbständigte diese sich doch in der Folgezeit und artete aus, geriet in Pamphlete und Verunglimpfungen hinein. Bei alledem darf man nicht vergessen, daß die starke Personalisierung des Jungen Deutschland in den Augen ihrer Gegner wie auch aus ihrer eigenen Sicht heraus Polemiken nicht etwa abschwächte, sondern nur noch begünstigte.

Es lag in der Natur dieser Polemiken, daß sie weiträumig waren, also sich nicht auf bestimmte Forderungen des Jungen Deutschland oder auch auf bestimmte Aussagen konzentrierten, sondern immer wieder sofort ausuferten, auch bei Einzelauseinandersetzungen das gesamte Junge Deutschland miteinbezogen, also eher auf eine allgemeine Verdächtigung der neuen Literatur hinausliefen als auf eine begrenzt-sachliche Auseinandersetzung. Dabei wurde beim Leser die Kenntnis der Hauptwerke in der Regel vorausgesetzt - womit das Publikum vermutlich überfordert war, nicht nur in bezug auf seine Belesenheit, sondern auch in Hinsicht auf sein Urteilsvermögen, was die Vorwürfe der Gegner des Jungen Deutschland anging. Aufklärung über die eigentlichen Absichten des Jungen Deutschland kann man aus diesen Polemiken nicht erwarten, nicht einmal eine Orientierung über die Zusammensetzung jener Gruppe von Jungdeutschen, die hier in der Regel als "Coterie" figurierte. Auffällig ist jedoch, daß die sogenannten "Chorführer" Heine und Börne als eigentliche Inauguratoren der neuen Ideen herhalten mußten, um die Vorwürfe auf sich zu nehmen. Grundtenor vieler Auseinandersetzungen war das angeblich "Undeutsche" der neuen, hier so gründlich beargwöhnten Literatur; dem entsprach in der Regel, wie bei Gustav Bacherer, der Appell an das "deutsche Publikum", das selbst urteilen sollte, dazu aber aufgrund der Informationen, die die Fehden und Polemiken boten, gewiß nicht imstande war.

Dabei wurde die eigentlich konservative Haltung der Kritiker in diesen Polemiken gar nicht einmal besonders sichtbar; sie läßt sich allenfalls indirekt aus den verbalen Angriffen herauslesen. Ebensowenig wurde die eigene Gegenposition deutlich markiert. Aber es ging im Grunde ja auch nicht um eine sachliche Auseinandersetzung, sondern fast immer um nichts anderes als um die Vernichtung des Jungen Deutschland, und dazu war eine propagandistische Sprache recht, die nicht auf die Erkenntnis des wirklichen Gegenstandes aus war, sondern auf dessen Verunglimpfung. Die angeblichen Angriffe auf das Christentum standen dabei häufig im Mittelpunkt; da die Jungdeutschen die Religion attackierten, wie ihre Gegner meinten, waren damit für diese aber auch die Gesetze und Institute in Frage gestellt, waren "Moral, Scham, Treue, Ehe etc."[1] verworfen, wobei sich die Gegner des Jungen Deutschland damit indirekt gleichsam zu Verteidigern dieser Werte aufwarfen; man darf annehmen, daß gerade die moralische Verurteilung des Jungen Deutschland nicht etwa nur eine Nebenabsicht der Polemiken war, sondern das erklärte eigentliche Ziel. Nirgendwo anders ist ein bedenklicher Nationalismus so deutlich herauszuspüren als aus diesen Polemiken, die die Sprache einer gehässigen Propaganda sprachen und die sich nicht scheuten, den Gegner zu diabolisieren. Die unklaren Kenntnisse der deutschen Öffentlichkeit, was die Beziehungen des Jungen Deutschland zum Saint-Simonismus betraf, Verdächtigungen, hier sei eine Sekte des Sinnengenusses entstanden, wurden von den Pamphletisten ausgiebig genutzt, um nicht nur jene angebliche Glückseligkeitsphilosophie satirisch zu brandmarken, sondern um die tiefe Verworfenheit einer solchen Haltung aufzudecken. Um den Eindruck der Gefährlichkeit des Feindes zu erhöhen, hatte schon Menzel das Junge Deutschland als eine wohlorganisierte Gesellschaft dargestellt, die die antichristlichen Lehren Heines systematisch in Deutschland ausbreiten wolle. Hinweise auf französische Bedenklichkeiten in Sachen der allgemeinen Moral und auf Sittenverwilderungen in Frankreich sollten ein übriges tun. Paris erschien als verdorbene Hauptstadt, der Journalismus als eine gefährliche Waffe von Atheisten und Revolutionären. Und es ist nicht verwunderlich, daß auch antisemitische Strömungen hier sichtbar wurden; die Verfasser der Pamphlete wußten offenbar nur zu genau, was sie damit erreichen konnten. Der Appell an den Patriotismus der eigenen Landsleute war in diesem Zusammenhang also alles andere als harmloser Art.

Verteidigungen nutzten nicht viel, Gutzkow und Heine waren in dieser Hinsicht von vornherein auf ziemlich verlorenem Posten. Sie sahen sich

---

1 Wolfgang Menzel: Die deutsche Literatur. Zweite vermehrte Auflage. Vierter und letzter Theil. Stuttgart 1836. S. 342.

freilich auch nicht veranlaßt, auf das Niveau der Pamphletisten herabzusteigen. Das wiederum gab den Attacken auf das Junge Deutschland jedoch eher noch weiteren Auftrieb, und so geriet die Verurteilung des Jungen Deutschland auf eine beinahe schon subliterarische Ebene, auf der nur wenig widersprochen wurde; dieses wiederum mußte den Verdacht erwecken, die Kritiker des Jungen Deutschland hätten recht, da dieses selbst ja vor einer Verteidigung zurückzuschrecken schien. Die relative Ausführlichkeit der Pamphlete schien ihre Gründlichkeit zu belegen, der spöttische Ton mancher Denkschriften war dazu angetan, eine Position der Stärke zu illustrieren, die propagandistische Sprache mit ihren Entartungen täuschte auf den ersten Blick Überzeugungsstärke vor, schien sich in diesen Manifesten und Attacken endlich doch die ganze Wahrheit darzubieten. Der Hinweis darauf schließlich, daß die Sache ja für bzw. gegen sich selbst spreche, ermutigte alle, auch dort noch kritisch aufzutreten, wo Genaues gar nicht mehr gesagt worden war. Erst in den Pamphleten wurde die liberale Haltung der Jungdeutschen zum Skandalon, und wenn nicht französische Reminiszenzen in den Augen der Pamphletisten das eigentümlich Undeutsche sichtbar machten, so waren es Hinweise auf Nordamerika und dessen Institutionen, die ebenfalls zur Verdächtigung der Jungdeutschen aufgeführt wurden. Der Ruf nach dem Staat klang zwar nicht deutlich an, wurde aber gelegentlich doch laut - so vor allem bei Wolfgang Menzel. Schließlich kamen noch Vermutungen hinzu, die das Privatleben der Angefeindeten angingen; dort schien schon Wirklichkeit geworden zu sein, was in den Romanen, insbesondere in Gutzkows "Wally, die Zweiflerin", nur literarisch proklamiert worden war. Dabei schienen die Pamphletisten das Recht um so mehr auf ihrer Seite zu haben, als sie als Beleidigte und Empörte auftraten, denen ein moralisches Unrecht geschehen war. Von hieraus war es zum Vorwurf der Staatsgefährdung nicht mehr sehr weit, und dieser verband sich damals bruchlos mit dem der Areligiosität, ja der Exekution aller christlicher Vorstellungen. Daß es im übrigen eine junge Literatur war, die scheinbar so großspurig auftrat, machte sie in einer Zeit, in der alles Jugendliche wenn nicht verdächtig, so doch als unreif und vorlaut galt, besonders fragwürdig.

Über die Wirkung der Pamphlete gegen das Junge Deutschland läßt sich nichts Eindeutiges sagen. Man darf wohl davon ausgehen, daß allerdings die Attacken Menzels zumindest in literarischen Kreisen sehr wohl gehört wurden; schließlich haben sie den Beschluß der Bundesversammlung stark mitbeeinflußt, und angesichts der großen Bedeutung, die Menzel in Stuttgart als wichtigsten Verlagsort hatte, sind dessen Urteile besonders gefährlich gewesen. Weniger tief dürften die schon in Kapitel IX genannten

Pamphlete etwa von Gustav Bacherer gewirkt haben, und auch Friedrich Rohmers Adresse an das Junge Deutschland verriet zwar eine gewisse Begabung zu polemischer Propaganda, dürfte im übrigen aber nicht allzu weit gedrungen sein. Menzel hatte zudem noch den Vorteil, die von ihm kritisierten Schriften doch relativ genau zu kennen; dem entsprach eine gewisse Mäßigung im Urteil. Je wilder sich ein Pamphlet gebärdete, desto lückenhafter war in der Regel das Wissen des Verfassers, desto grobschlächtiger freilich auch die Polemik.

Die Grenze zwischen sachlicher Kritik, begründeter Auseinandersetzung hier und polemischer Vernichtungssucht dort ist nur schwer zu ziehen. In den 30er Jahren waren die Polemiken und Pamphlete um das Junge Deutschland zahlreich, aber im wesentlichen verfolgten sie alle gleiche Ziele. In fast allen überschreiten Ton und Stillage dieser Auseinandersetzungen häufig die Grenze des Polemischen und sind gewollte Vernichtungsfeldzüge, die den Gegner mundtot machen wollen um jeden Preis - geführt von jenen, die sich in jedem Fall im Besitz der besseren Wahrheit wußten. Die einzig sinnvolle Antwort darauf hat Heinrich Heine gegeben, als er über die Emanzipation als die große Aufgabe seiner Zeit geschrieben hatte.[2]

2 Heinrich Heine: Reise von München nach Genua. In: Heinrich Heine. Historisch-kritische Gesamtausgabe der Werke. Hrsg. von Manfred Windfuhr. Bd. 7/1 bearbeitet von Alfred Opitz. Hamburg 1986. S. 69.

XII. DAS ENDE DES JUNGEN DEUTSCHLAND

Levin Schücking: Das junge Deutschland am Ende seines Jahrzehnts

Die Werke, welche uns vom jungen Deutschland vorliegen, sind nur noch Propyläen; es will den eigentlichen Tempel noch bauen; die Steine, welche es jetzt dazu zusammenfährt, lassen uns hoffen, daß er auf festeren Basen sich erheben werde, als jener Vorbau. [...] Oder wird man gar nicht bauen? es scheint, als wenn nach verzetteltem geistigen Reichthume jetzt eine Erschöpfung, eine geistige Verarmung über so manchen, anfangs so rüstigen Kämpen gekommen wäre, daß man allen Ernstes befürchten muß, sie bald der Gewohnheit breitgetretnen Pfad einlenken zu sehen.

Levin Schücking: Jahrbuch der Literatur. Jg. 1. Hamburg 1839. S. 211f.

Karl Gutzkow: Deutschlands Gegenwart 1841

Die Spitzen stumpfen sich ab, die culminirenden Ideen dehnen sich in breite behagliche Schwebe aus und so eitel ist auch der Geist des Völkerlebens, daß es ihm an Gründen für seine Trägheit und Entnervung nie fehlt, an Gründen, von denen der Geschichtsschreiber und Zeitdenker nur einen, die oben angeführte Thatsache, als ein Naturgesetz, gelten lassen kann. [...] Eine Anwedung dieser Bemerkungen auf Deutschlands politisch-literarische Gegenwart ergiebt sich von selbst, wenn wir das offene Geständniß hier folgen lassen, daß uns der Umschwung der öffentlichen Meinung, wie er in diesem Augenblicke in Deutschland vorliegt, nur mit der größten Betrübniß erfüllt. Wer die geheimnißvoll waltenden Faktoren sind, die auf den Volksgeist seit einigen Jahren zu wirken suchen und in diesem Augenblicke ein höchst bedenkliches Resultat erreicht haben, wollen wir hier an der Schwelle unserer Betrachtungen nicht untersuchen; aber das Resultat ist da. Die Ergebnisse der Julirevolution und der ihr folgenden Bewegung sind in Frage gestellt. Aus Debatten über das Prinzip sind wir in eine gemeine Abhängigkeit unter die Eingebungen des nationalen Instinktes gesunken. Aus unklaren Denkern sind wir schlechte Dichter geworden.

Karl Gutzkow: Öffentliches Leben in Deutschland. 1838-1842. In: Vermischte Schriften. Von Karl Gutzkow. Bd. 1. Leipzig 1842. S. 241f.

***

Das Ende des Jungen Deutschland kam wenig spektakulär. Aber am Ausgang des Jahrzehnts war nicht nur denen, die sich dieser Bewegung zugerechnet hatten, völlig klar, daß das Junge Deutschland sich überlebt hatte, und das nicht nur deswegen, weil die Jungdeutschen inzwischen alt geworden waren. Die jungdeutsche Bewegung war zerfallen, Spannungen und Aversionen waren nicht geringer geworden, sondern hatten sich vergrößert, gemeinsame Foren, wie sie die jungdeutschen Zeitschriften jedenfalls ansatzweise geboten hatten, existierten nicht mehr. 1842 wurde das Verbot des Jungen Deutschland und seiner Schriften in Preußen, das de facto längst wirkungslos gewesen war, auch de jure aufgehoben, und wenn Gustav Kühne noch 1838 von einem "Complex junger Schriftsteller" gesprochen hatte, so war die Gruppe doch unmittelbar darauf zerfallen. Heine bezeichnet Gutzkow als literarisches Unglück, Gutzkow hatte Laube und Mundt im "Jahrbuch der Literatur" von 1839 scharf angegriffen, und wenn Immermann Gutzkow 1837 auch noch "das Junge Deutschland" genannt und in ihm gewissermaßen die Personifikation der neuen Bewegung gesehen hatte, so war das am Ende des Jahrzehnts doch alles dahin. Natürlich schrieben die Jungdeutschen, sofern sie überlebt hatten, weiter, aber ihre Literatur war keine jungdeutsche Literatur mehr. Der eine oder andere machte seinen Pakt mit den Verhältnissen, jeder für sich allein, wie sich versteht; von konspirativen Gesinnungen war keine Rede mehr, nicht einmal mehr bei den Kritikern des Jungen Deutschland. Die Bewegung hatte sich überlebt.

Die Grabredner des Jungen Deutschland waren die Jungdeutschen selbst. "Die ungünstige Epoche der Literatur, welche die so verderblich gewordene Kategorie des 'jungen Deutschlands' hervorrief, ist abgelaufen und beendigt" - so äußerte sich Theodor Mundt in seinem Aufsatz über "Heine, Börne, und das sogenannte Junge Deutschland" 1840.[1] Er selbst sagte sich von dieser Bewegung des Jungen Deutschland ausdrücklich los. Zu dem inneren Auflösungsprozeß kam aber noch äußerliche Konkurrenz. Karl Gutzkow hat sich darüber ausgelassen, und er hat auch gesehen, daß die "Hallischen Jahrbücher" 1838 eine Veränderung im literarischen Umfeld eingeleitet hatten, die nicht mehr rückgängig zu machen war. Er schrieb: "Die Zeit brach an, wo dem 'Jungen Deutschland' die Tonangabe in der Kritik (denn diese besaß es) entwunden wurde. Es geschah dies durch die Stiftung der 'Hallischen Jahrbücher'. Das Kurze, Desultorische, Subjektive, Willkürliche hörte jetzt auf. Lange Abhandlungen, die vom Ei an-

1 Theodor Mundt: Heine, Börne, und das sogenannte junge Deutschland. In: Der Freihafen. Jg. 3. Heft 4. 1840. S. 274.

fingen, aber ebenso subjektiv, ebenso willkürlich waren, traten an seine Stelle".[2] Ein Nekrolog - gesprochen von dem, der eine Zeitlang der Inbegriff des Jungen Deutschland gewesen war. Gutzkow und Heine zerstritten sich endgültig, Heines Börne-Buch von 1840 machte aller Welt überdies deutlich, daß Heine und Börne zusammen gewiß nicht die sich einigen Chorführer des Jungen Deutschland gewesen waren, sondern daß da neben persönlichen Rivalitäten auch grundsätzliche Unterschiede etwa in der Bewertung der Revolution bestanden hatten. Eine politische Literatur kam hoch, die als Literatur des Vormärz bekannt wurde. Heine hat über sie zuweilen seinen beißenden Spott ausgegossen.

Karl Gutzkow hat in seiner Retrospektive noch einmal gesagt, worauf es angekommen war. Daß sich die Kunst wieder mit dem Leben zu verbinden habe, war auch am Ende des jungdeutschen Jahrzehnts noch eine Forderung geblieben, wenngleich sie von der jungdeutschen Literatur selbst im Grunde genommen nur approximativ verwirklicht worden war. Nachträglich gesehen erscheint das Junge Deutschland als eine Bewegung, die sich an den Untergang der Romantik anschließt; sie stellt sich sogar als eine solche dar, die die Romantik nicht nur überwand, sondern auch in ihrer Welt- und Wirklichkeitslosigkeit bloßgestellt hatte. Gutzkow hat freilich zugleich gesehen, daß das alles in einen Pragmatismus hineinführte, der der Literatur am Ende gefährlich werden mußte. Materialistisches, Materielles machte sich breit, aber Gutzkow hat darin nur die konsequente Entwicklung der Tendenzen erkannt, die im Laufe des jungdeutschen Jahrzehnts deutlich geworden war.

Das Junge Deutschland hatte, Gutzkow zufolge, seine Ziele, seine Tendenz nicht erreicht - die Annäherung an die Wirklichkeit, die Verbindung mit dem Leben war am Ende halbherzig gewesen. Gutzkow hat auch literarische Kritik geübt: daran, daß der Stil allein zum Kriterium geworden war, daß die Form dominiert hatte - so wie Börne das seinerzeit, freilich sehr viel lobender, auch schon festgestellt hatte. Jetzt stand der eleganten Form aus seiner Sicht gelegentlich die "Armuth des Stoffs" gegenüber. Gutzkow wußte zwar, daß die Bewegung des Jungen Deutschland vorüber war; er sah aber ihre Werke dennoch als "Propyläen" an, als Vorhalle zu einem erst noch zu bauenden Tempel: der prospektive, futuristische Aspekt der neuen Literatur wird hier noch einmal sichtbar, obwohl es sonderbar anmutet, daß vom Glauben an die Zukunft die Rede war, wenn zugleich das Ende des

2 Karl Gutzkow: Lebenserinnerungen II. Rückblicke auf mein Leben. In: Karl Gutzkows ausgewählte Werke in zwölf Bänden. Hrsg. von Heinrich Hubert Houben. Bd. 11. Leipzig o. J. S. 32.

Jungen Deutschland konstatiert wurde. Nicht weniger bedeutsam ist, daß sich auch bei Gutzkow (und nicht nur bei ihm) zunehmend verstärkt nationale Tendenzen und Überlegungen finden, die in den jungdeutschen Bekundungen früher schon gelegentlich eine Rolle gespielt hatten, doch immer nur eine untergeordnete. Wenn aber jetzt vom "nationalen Instinkt"[3] die Rede ist, so zeigt sich, wohin die neue Literatur sich entwickeln sollte. Gutzkow hat daran keinen entscheidenden Anteil mehr genommen, aber die von Heine so gründlich verspotteten politischen Dichter wie Herwegh und Dingelstedt haben die Wegmarken der neuen Literatur nach 1840 abgesteckt.

Die Selbsturteile der Jungdeutschen mögen nicht wenig dazu beigetragen haben, daß das Junge Deutschland nicht nur in Vergessenheit, sondern langsam auch in Verruf geriet. Sozialtheoretiker wie Friedrich Engels, der einen sehr genauen Blick für die Schwächen der jungdeutschen Bewegung gehabt hat, taten das Ihrige, um das Junge Deutschland endgültig zu einer problematischen, unklaren, in sich zerstrittenen Bewegung zu machen. Nicht zuletzt ist dem Jungen Deutschland das zum Verhängnis geworden, was man ihm vorwarf, was aber, wenn überhaupt, in ganz anderer Form existierte: der politische Bezug. Franz Mehring schrieb: "Was hätte aus Gutzkow werden können, wenn er bei seinem ersten Auftreten in der Literatur eine selbstbewußte Klasse hinter sich gehabt hätte?"[4] - und Sätze wie diese lassen erkennen, wie stark teilweise auch nachträglich die Erscheinungsweise des Jungen Deutschland unter politischen Aspekten gesehen wurde. Gerade an Gutzkow zeigte sich der Widerstreit der Meinungen noch einmal besonders deutlich. Friedrich Engels, der scharfe Kritiker, hat auch über Gutzkow nicht nur Negatives gesagt, sondern einmal festgestellt: "Gutzkows literarisches Tun und Trachten trägt den Charakter einer scharf ausgeprägten Individualität. Die wenigsten seiner Schriften hinterlassen einen ganz befriedigenden Eindruck, aber doch läßt sich nicht leugnen, daß sie zu dem Ausgezeichnetsten gehören, was die deutsche Literatur seit 1830 hervorgebracht hat". Engels hat also die literarischen Qualitäten Gutzkows durchaus erkannt. Aber dem steht das späte Urteil Theodor Fontanes gegenüber, der von alledem nichts hielt und über Gutzkow schrieb: "Sein Name wird bleiben, aber von seinen Werken nichts ... Ich kann des Mannes

---

3 Karl Gutzkow: Oeffentliches Leben in Deutschland. 1838-1842. In: Vermischte Schriften. Bd. 1. Leipzig 1842. S. 242.

4 Zitiert in: Karl Gutzkow. Liberale Energie. Eine Sammlung seiner kritischen Schriften. Ausgewählt und eingeleitet von Peter Demetz. Frankfurt/M. u. a. 1974. S. 9. Dort auch die folgenden Urteile.

nicht ohne tiefe Teilnahme gedenken, denn ich kenne kein ähnliches Beispiel von einer in gewissem Sinne glänzenden und bedeutenden und zugleich doch ganz nutzlosen und schon bei Lebzeiten beiseitegeworfenen Existenz. Möge es einem besser beschieden sein". Es gehört geradezu zur Tragik des Jungen Deutschland, weit über Gutzkow hinaus, daß in den späteren Bekundungen genauso wenig wie in den eigenen Nekrologen von dem die Rede war, was ihre Bedeutung ausmachte: der Literatur. Daß diese nur Ersatz für politisches Handeln sei, hat Gutzkow zwar selbst gelegentlich festgestellt, aber es kann kein Zweifel sein, daß es Gutzkow auf die Literatur und nur auf die Literatur angekommen ist; der "politischen Nützlichkeit", wie Peter Demetz es genannt hat, hat er die Literatur gewiß nicht unterworfen. In ihr sollten Demokratisierungsprozesse stattfinden, sie sollte die Revolution beinhalten, die sie, von heute her gesehen, auch enthielt: als literarische Revolution.

Daß die jungdeutsche Literatur um 1840 an ein Ende gekommen war, daß damals neue Impulse nicht mehr von ihr ausgingen, besagt allerdings nicht, daß die jungdeutsche Bewegung wirkungslos geblieben sei. Aus ihr hat sich der von 1840 an aufkommende soziale Roman entwickelt, hier sind auch wesentliche Voraussetzungen für Literaturtheorien des 20. Jahrhunderts geschaffen worden.

FORSCHUNGSLITERATUR ZUM JUNGEN DEUTSCHLAND

Albarus, Charlotte: Rahel Varnhagens Goethe-Erlebnis. Diss. Jena 1930.

Alexander, Marta: Die Novellentheorien der Jungdeutschen. Diss. München 1923.

Bauer, I./Liepert, A.: Engels und das Junge Deutschland (1839-1842). In: Wissenschaftliche Zeitschrift der Friedrich-Schiller-Universität Jena. Gesellschaftswissenschaftliche Reihe 35. Jena 1986. S. 511-520.

Behrens, Wolfgang W. (u. a.): Der literarische Vormärz. München 1973.

Bessler, Hanna: Studien zum Historischen Drama des Jungen Deutschland. Diss. Leipzig 1935.

Bieber, Hugo: Der Kampf um die Tradition. Die deutsche Dichtung im europäischen Geistesleben 1830-1880. Stuttgart 1928.

Bliemel, Günter: Die Auffassung des Jungen Deutschlands von Wesen und Aufgabe des Dichters und der Dichtung. Diss. Berlin 1955.

Bloesch, Hans: Das Junge Deutschland in seinen Beziehungen zu Frankreich. Bern 1903 (Untersuchungen zur neueren Sprach- und Literaturgeschichte. H. 1).

Bock, Helmut (u. a.): Streitpunkt Vormärz. Beiträge zur Kritik bürgerlicher und revisionistischer Erbe-Auffassungen. Berlin (DDR) 1977 (Literatur und Gesellschaft).

Bock, Helmut: Heinrich Heine auf Helgoland. Musterfall eines revolutionären Demokraten in Deutschland um 1830. In: Impulse 11. 1988. S. 128-168.

Boldt, Hans: Heine im Zusammenhang der politischen Ideen seiner Zeit. In: Heinrich Heine im Spannungsfeld von Literatur und Wissenschaft: Symposium anläßlich der Benennung der Universität Düsseldorf nach Heinrich Heine. Hg. von Wilhelm Gössmann und Manfred Windfuhr. Essen 1990. S. 65-80.

Böttger, Fritz (Hg.): Frauen im Aufbruch. Frauenbriefe aus dem Vormärz und aus der Revolution von 1848. Darmstadt, Neuwied 1979.

Brandes, Georg: Das junge Deutschland. Berlin 1904.

Brandes, Georg: Hauptströmungen der Literatur des neunzehnten Jahrhunderts. Bd. 3,6: Das junge Deutschland. Berlin ²1924.

Brandes, Helga: Die Zeitschriften des Jungen Deutschland. Eine Untersuchung zur literarisch-publizistischen Öffentlichkeit im 19. Jahrhundert. Opladen 1991.

Brandes, Helga: Zwischen Opposition und Resignation: die Zeitschriften des Jungen Deutschland (1830-1840). In: Presse und Geschichte 2. München, London, New York 1987. S. 307-327.

Brann, Henry Walter: The Young German Movement Creates a Political Literature. In: The German Quarterly 24. 1951. S. 189-194.

Brauer, Walter: Geschichte des Prosabegriffes von Gottsched bis zum Jungen Deutschland. Frankfurt/M. 1938. Reprint Hildesheim 1974.

Brenning, Emil: Ludolf Wienbargs Nachlaß. In: Euphorion 15. 1908. S. 535-548.

Breuer, Dieter: Geschichte der literarischen Zensur in Deutschland. Heidelberg 1982.

Brosswirt, Ferdinand: Heinrich Laube als Dramatiker. Diss. Gießen. Breslau 1908.

Burchardt-Dose, Hannelore: Das Junge Deutschland und die Familie. Zum literarischen Engagement in der Restaurationsepoche. Frankfurt/M., Bern, Cirencester/UK 1979 (Studien zum Verhältnis von Literatur und Literaturgeschichte zur Sozialgeschichte. Bd. 2).

Bürgel, Peter: Die Briefe des frühen Gutzkow. 1830-1848. Pathographie einer Epoche. Bern, Frankfurt/M. 1975.

Büssem, Eberhard: Die Karlsbader Beschlüsse von 1819. Die endgültige Stabilisierung der restaurativen Politik im Deutschen Bund nach dem Wiener Kongress 1814/15. Diss. München 1974.

Butler, E. M.: The Persecution of the Young Germans. In: Modern Language Review 19. 1924. S. 63-83.

Butler, E. M.: The Saint-Simonian Religion in Germany. A Study of the Young German Movement. Cambridge 1926. Reprint New York 1968.

Büttner, Georg: Robert Prutz. Ein Beitrag zu seinem Leben und Schaffen von 1816 bis 1842. Diss. Leipzig. Greifswald 1912.

Capelle, Magdalene: Der junge Gutzkow. Werden und Wirken im jungdeutschen "Sturm und Drang". Diss. Berlin 1950.

Carlsson, Anni: Die deutsche Buchkritik von der Reformation bis zur Gegenwart. Bern 1969.

Caselmann, August: Karl Gutzkows Stellung zu den religiös-ethischen Problemen seiner Zeit. Augsburg 1900.

Cowen, Roy C.: Grabbe und das Junge Deutschland. In: Grabbe und die Dramatiker seiner Zeit: Beiträge zum II. Internationalen Grabbe-Symposium 1989. Im Auftrag [...] hg. von Detlev Kopp und Michael Vogt unter Mitwirkung von [...]. Tübingen 1990. S. 202-216.

Dedner, Burghard: Politisches Theater und karnevalistische Revolution. Zu einem Metaphernkomplex bei Heinrich Heine. In: Heinrich Heine und das 19. Jahrhundert: Signaturen. Neue Beiträge zur Forschung. Hg. von Rolf Hosfeld. Berlin 1986. S. 131-161.

Demetz, Peter: Der Literaturkritiker Karl Gutzkow. Eine Einführung. In: Karl Gutzkow: Liberale Energie. Frankfurt/M. u. a. S. 10-33.

Demetz, Peter: Marx, Engels und die Dichter. Zur Grundlagenforschung des Marxismus. Stuttgart 1959.

Demetz, Peter: Young Germany and Soviet Goethe. Interpretation. In: German Life & Letters 9. 1955-56. S. 181-188.

Dietze, Walter: Junges Deutschland und deutsche Klassik. Zur Ästhetik und Literaturtheorie des Vormärz. Berlin 1957, ^{3}1962 (Neue Beiträge zur Literaturwissenschaft. Bd. 6).

Dobert, Eitel Wolf: Karl Gutzkow und seine Zeit. Bern, München 1968.

Draeger, Otto: Theodor Mundt und seine Beziehungen zum Jungen Deutschland. Marburg 1909 (Beiträge zur deutschen Literaturwissenschaft 10).

Dresch, Joseph: Gutzkow et la Jeune Allemagne. Paris 1904.

Dresch, Joseph: Heine à Paris (1831-1856) d'après sa correspondance et les témoignages de ses contemporains. Paris 1956.

Dresch, Joseph: Louis Börne. Études sur l'histoire et les hommes de la révolution francaise; manuscrit inédit publié avec introduction et commentaire. Lyon, Paris 1952 (Bibliothèque de la société des études germaniques 6).

Dresch, Jules: Schiller et la Jeune Allemagne. Études sur Schiller. Paris 1905.

Emrich, Berthold: Jean Pauls Wirkung im Biedermeier. Diss. Tübingen 1948.

Estermann, Alfred (Hg.): Politische Avantgarde 1830-1840. Eine Dokumentation zum "Jungen Deutschland". 2 Bde. Frankfurt/M. 1972.

Estermann, Alfred: Die deutschen Literaturzeitschriften 1815-1850. 10 Bde. Nendeln 1978-81.

Fester, Richard: Eine vergessene Geschichtsphilosophie. Zur Geschichte des jungen Deutschlands. Hamburg 1890.

Förster, Wolfgang: Heinrich Laubes dramatische Theorie im Vergleich zu seiner dramatischen Leistung (Historische Tragödien). Diss. Breslau 1932.

Freiburg-Rüter, Klemens: Der literarische Kritiker Karl Gutzkow. Eine Studie über Form, Gehalt und Wirkung seiner Kritik. Leipzig 1930 (Form und Geist. Arbeiten zur germanischen Philologie 15).

Friedrich, Eva: Georg Büchner und die Französische Revolution. Winterthur 1956.

Friedrich, Hans: Die religionsphilosophischen, soziologischen und politischen Elemente in den Prosadichtungen des jungen Deutschlands. Diss. Leipzig 1907.

Funke, Rainer: Beharrung und Umbruch 1830-1860. Karl Gutzkow auf dem Weg in die literarische Moderne. Frankfurt/M., Bern, New York, Nancy 1985 (Tübinger Studien zur deutschen Literatur. Bd. 8).

Galley, Eberhard: Der religiöse Liberalismus in der deutschen Literatur von 1830 bis 1850. Diss. Rostock 1934.

Galley, Eberhard: Heine im literarischen Streit mit Gutzkow. Mit unbekannten Manuskripten aus Heines Nachlaß. In: Heine-Jahrbuch 5. 1966. S. 3-40.

Galley, Eberhard/Estermann, Alfred (Hg.): Heinrich Heines Werk im Urteil seiner Zeitgenossen. 5 Bde. Hamburg 1981-90.

Gamper, Esther: Dichter und Dichtertum zur Zeit des Jungen Deutschland. Diss. Zürich 1932.

Geiger, Ludwig: Das Junge Deutschland und die preußische Censur. Nach ungedruckten archivalischen Quellen. Berlin 1900.

Gerig, Hermann: Karl Gutzkow. Der Roman des Nebeneinander. Diss. Bern 1953.

Gille, Klaus Friedrich: "Wilhelm Meister" im Urteil der Zeitgenossen. Ein Beitrag zur Wirkungsgeschichte Goethes. Assen 1971.

Glossy, Karl (Hg.): Literarische Geheimberichte aus dem Vormärz. (Jahrbuch der Grillparzer-Gesellschaft. Bd. 21-23.) Wien 1912. Reprint Hildesheim 1975.

Gössmann, Wilhelm: Die Verwandlung politischer Ideen in poetische Gestalten bei Heinrich Heine. In: "Stets wird die Wahrheit hadern mit dem Schönen". Festschrift für Manfred Windfuhr zum 60. Geburtstag. Hg. von Gertrude Cepl-Kaufmann. Köln 1990. S. 131-144.

Gowa, Ferdinand: Heinrich Heines Ästhetik. Diss. München 1923 (Auszug).

Grab, Walter/Friesel, Uwe: Noch ist Deutschland nicht verloren. Eine historisch-politische Analyse unterdrückter Lyrik von der Französischen Revolution bis zur Reichsgründung. München 1970. Neuaufl. Berlin 1980.

Grab, Walter/Schoeps, Julius H. (Hg.): Juden im Vormärz und in der Revolution von 1848. Mit Beiträgen von Michael Werner [...]. Stuttgart, Bonn 1983 (Studien zur Geistesgeschichte. Bd. 3). [Dass. als Beiheft 5 des Jahrbuchs des Instituts für deutsche Geschichte, Tel Aviv 1983.]

Granjard, Henri: Un almanach politique à l'époque de la Jeune-Allemagne: Mephistopheles de C. Herloßsohn. In: Études Germaniques 9. 1954. S. 128-139.

Greatwood, Edward Albert: Die dichterische Selbstdarstellung im Roman des Jungen Deutschland. Berlin 1935 (Neue Forschungen. Arbeiten zur Geistesgeschichte der germanischen und romanischen Völker 27).

Greiner, Martin: Zwischen Biedermeier und Bourgeoisie. Ein Kapitel deutscher Literaturgeschichte im Zeichen Heinrich Heines. Leipzig 1954.

Grimm, Herman: Das Jahrhundert Goethes. Erinnerungen und Betrachtungen zur deutschen Geistesgeschichte des neunzehnten Jahrhunderts. Hg. von Reinhard Buchwald. Stuttgart 1948.

Grolman, Adolf v.: "Biedermeier"-Forschung. In: Dichtung und Volkstum 36. 1935. S. 311-325.

Grupe, Walter: Mundts und Kühnes Verhältnis zu Hegel und seinen Gegnern. Halle 1928 (Hermaea 20).

Gulde, Hildegard: Studien zum jungdeutschen Frauenroman. Diss. Tübingen 1931. Weilheim (Teck) [o. J.].

Guzinski, Elisabeth: Karl Immermann als Zeitkritiker. Ein Beitrag zur Geschichte der deutschen Selbstkritik. Berlin 1937.

Habermas, Jürgen: Geist und Macht, ein deutsches Thema. Heinrich Heine und die Rolle des Intellektuellen in Deutschland. In: Das Junge Deutschland. Kolloquium zum 150. Jahrestag des Verbots vom 10. Dez. 1835. Düsseldorf 17.-19. Febr. 1986. Hg. von Joseph A. Kruse und Bernd Kortländer. Hamburg 1987. S. 15-38.

Hansen, Volkmar: "Freiheit! Freiheit! Freiheit!" Das Bild Karl Gutzkows in der Forschung; mit Ausblicken auf Ludolf Wienbarg. In: Literatur in der sozialen Bewegung. Aufsätze und Forschungsberichte zum 19. Jahrhundert. Hg. von Alberto Martino. Tübingen 1977. S. 488-542.

Hanson, William P.: F. G. Kühne. A forgotten Young German. In: German Life & Letters 17. 1964. S. 335-338.

Harsing, Erich: Wolfgang Menzel und das junge Deutschland. Diss. Münster. Düsseldorf 1909.

Hasubek, Peter: Der Roman des Jungen Deutschland und des Vormärz. In: Handbuch des deutschen Romans. Hg. von Helmut Koopmann. Düsseldorf 1983. S. 323-341, 628-632.

Hasubek, Peter: Karl Gutzkows Romane "Die Ritter vom Geiste" und "Der Zauberer von Rom". Studien zur Typologie des deutschen Zeitromans im 19. Jahrhundert. Diss. Hamburg 1964.

Hauke, Petra-Sybille: Literaturkritik in den Blättern für literarische Unterhaltung 1818-35. Stuttgart u. a. 1972.

Hauschild, Jan-Christoph: Büchner, Gutzkow ... und Heine. Spätfolgen einer "Namenskameradschaft". In: Heine-Jahrbuch 26. 1987. S. 223-238.

Hauschild, Jan-Christoph/Vahl, Heidemarie (Hg.): Verboten! Das Junge Deutschland. 1835. Literatur und Zensur im Vormärz. Eine Ausstellung des Heinrich-Heine-Instituts zum 150. Jahrestag des Bundestagsbeschlusses gegen das Junge Deutschland. Universitätsbibliothek der Fernuniversität-Gesamthochschule Hagen. 3.-30. Nov. 1985. Heinrich-Heine-Institut Düsseldorf 8. Dez. 1985 - 2. März 1986. Düsseldorf 1985.

Hecker, Konrad: Mensch und Masse. Situation und Handeln der Epigonen, gezeigt an Immermann und den Jungdeutschen. Berlin 1933.

Hering, Gerhard F. (Hg.): Meister der deutschen Kritik. Bd. 2: Von Börne zu Fontane 1830-1890. München 1963 (Vorbericht S. 9-19).

Hermand, Jost/Windfuhr, Manfred (Hg.): Zur Literatur der Restaurationsepoche 1815-1848. Forschungsreferate und Aufsätze. Stuttgart 1970.

Hermand, Jost: "Was ist des Deutschen Vaterland?" Börne contra Menzel. In: Ludwig Börne. 1786-1837. (Zum 200. Geburtstag des Frankfurter Schriftstellers. Freiheit, Recht und Menschenwürde.) Bearbeitet von Alfred Estermann [...]. Frankfurt/M. 1986. S. 199-209.

Hermand, Jost: Das Junge Deutschland. In: J. H.: Von Mainz nach Weimar 1793-1919. Stuttgart 1969. S. 152-173.

Hermand, Jost: Die literarische Formenwelt des Biedermeier. Gießen 1958 (Beiträge zur deutschen Philologie 27).

Hermand, Jost: Jungdeutscher Tempelsturm. Zur Austreibung des Poetischen aus der Literatur. In: Das Junge Deutschland. Kolloquium zum 150. Jahrestag des Verbots vom 10. Dez. 1835. Düsseldorf 17.-19. Febr. 1986. Hg. von Joseph A. Kruse und Bernd Kortländer. Hamburg 1987. S. 65-82.

Heselhaus, Clemens: Wiederherstellung. Restauratio-Restitutio-Regeneratio. In: DVjs 21. 1951. S. 54-81.

Hillebrand, Karl: Jungdeutsche und Kleindeutsche (1830-1860). In: K. H.: Zeiten, Völker und Menschen. Bd. 7. Berlin 1885. S. 74-101.

Hinck, Walter: Die Wunde Deutschland. Heinrich Heines Dichtung im Widerstreit von Nationalidee, Judentum und Antisemitismus. Frankfurt/M. 1992.

Hinnah, Fritz: Ernst Willkomm. Ein Beitrag zur Geschichte des "Jungen Deutschland". Diss. Münster. Bocholt 1915.

Hohendahl, Peter Uwe: Der revolutionäre Geist. Lessing und das Junge Deutschland. In: Das Junge Deutschland. Kolloquium zum 150. Jahrestag des Verbots vom 10. Dez. 1835. Düsseldorf 17.-19. Febr. 1986. Hg. von Joseph A. Kruse und Bernd Kortländer. Hamburg 1987. S. 83-107.

Hohendahl, Peter Uwe: Literarische Kultur im Zeitalter des Liberalismus: 1830-1870. München 1985.

Hohendahl, Peter Uwe: Literaturkritik und Öffentlichkeit. München 1974. Darin bes.: Literarische und politische Öffentlichkeit. Die neue Kritik des Jungen Deutschland. S. 102-127.

Höllerer, Walter: Zwischen Klassik und Moderne. Lachen und Weinen in der Dichtung einer Übergangszeit. Stuttgart 1958.

Hömberg, Walter: Zeitgeist und Ideenschmuggel. Die Kommunikationsstrategie des Jungen Deutschland. Stuttgart 1975.

Hömberg, Walter: Zwischen Anpassung und Auflehnung. Die jungdeutschen Schriftsteller und ihre Leser. Ein Rekonstruktionsversuch zur Kommunikationssituation im Vormärz. In: Literatur für viele. Studien zur Trivialliteratur und Massenkommunikation im 19. und 20. Jahrhundert. Hg. von Helmut Kreuzer. Bd. 2. Göttingen 1976. S. 17-42.

Hommes, Timon: Holland im Urteil eines Jungdeutschen. Beitrag zur Kenntnis der geistigen Beziehungen zwischen Holland und Deutschland anläßlich des Wienbargschen Buches: Holland in den Jahren 1831 und 1832. Diss. Amsterdam 1926.

Houben, Heinrich Hubert: Der gefesselte Biedermeier. Literatur, Kultur, Zensur in der guten, alten Zeit. Leipzig 1924.

Houben, Heinrich Hubert: Gutzkow-Funde. Beiträge zur Litteratur- und Kulturgeschichte des neunzehnten Jahrhunderts. Berlin 1901.

Houben, Heinrich Hubert: Heinrich Laubes Leben und Schaffen. Leipzig 1906.

Houben, Heinrich Hubert: Jungdeutscher Sturm und Drang. Ergebnisse und Studien. Leipzig 1911. Reprint Hildesheim, New York 1974.

Houben, Heinrich Hubert: Polizei und Zensur. Berlin 1926. Reprint Kronberg (Taunus) 1978 unter dem Titel: Der ewige Zensor. Längs- und Querschnitte durch die Geschichte der Buch- und Theaterzensur.

Houben, Heinrich Hubert: Verbotene Literatur von der klassischen Zeit bis zur Gegenwart. Ein kritisch-historisches Lexikon über verbotene Bücher, Zeitschriften und Theaterstücke, Schriftsteller und Verleger. 2 Bde. Berlin 1924, Bremen 1928. Reprint Hildesheim 1965.

Houben, Heinrich Hubert (Hg.): Zeitschriften des Jungen Deutschlands (Veröffentlichungen der Deutschen Bibliographischen Gesellschaft). Bibliographisches Repertorium T. 1 (= Bibliogr. Repertorium. Bd. 3). Berlin 1906. T. 2 (= Bibliogr. Repertorium. Bd. 4). Berlin 1909. Reprint Hildesheim, New York 1970.

Huesmann, Michael: "... sie wissen nicht was sie tun". "Jungdeutsches" Bildungsbewußtsein und bürgerliche Krisenerfahrung als biographische Grundlagen Heinrich Laubes. In: Wirkendes Wort 41. 1991. S. 27-47.

Hüppauf, Bernd (Hg.): Literaturgeschichte zwischen Revolution und Reaktion. Aus den Anfängen der Germanistik 1830-1870. Frankfurt/M. 1972.

Iben, Harry: Karl Gutzkow als literarischer Kritiker. Die jungdeutsche Periode. Diss. Greifswald 1928.

Jasper, Willi: Keinem Vaterland geboren. Ludwig Börne. Eine Biographie. Hamburg 1989.

Jenal, Emil: Der Kampf gegen die jungdeutsche Literatur. In: Zeitschrift für deutsche Philologie 58. 1933. S. 165-195.

Jendretzki, Joachim: Karl Gutzkow als Pionier des literarischen Journalismus. Diss. Berlin (W). Frankfurt/M., Bern 1988.

Joeres, Ruth-Ellen B.: The Gutzkow-Menzel Tracts: A Critical Response to a Novel and an Era. In: Modern Language Notes 88. 1973. S. 988-1010.

Kainz, Friedrich/Kohlschmidt, Werner: Junges Deutschland. In: Reallexikon der deutschen Literaturgeschichte. Bd. 1. Berlin [2]1958. S. 781-797.

Kainz, Friedrich: Studien über das "Junge Deutschland". In: Euphorion 26. 1925. S. 388-417.

Kantzenbach, Friedrich Wilhelm: Biedermeier, Junges Deutschland, Vormärz. Zeitgeist in einer Diskussion der Literaturwissenschaft. In: Zeitschrift für Religions- und Geistesgeschichte 37. Köln 1985. S. 118-142.

Keller, Hans Gustav: Das "Junge Europa" 1834-1836. Eine Studie zur Geschichte der Völkerbundsidee und des nationalen Gedankens. Zürich, Leipzig 1938.

Kiel, Hanna: Ludwig Tieck und das Junge Deutschland. Diss. München 1922 (Auszug).

Kleinmayr, Hugo (v.): Welt- und Kunstanschauung des "Jungen Deutschland". Studien zur Geistesgeschichte des 19. Jahrhunderts. Wien, Leipzig 1930.

Klin, Eugeniusz: Drei Reisen nach Polen. Zur Beschreibung der polnischen Gesellschaft in der Literatur des "Jungen Deutschland". In: Studia i muterialy Germanystika 4. 1988. S. 165-180.

Kluckhohn, Paul: Biedermeier als literarische Epochenbezeichnung. Ein erweiterter Vortrag. In: DVjs 13. 1935. S. 1-43.

Koch, Franz: Idee und Wirklichkeit. Deutsche Dichtung zwischen Romantik und Naturalismus. Düsseldorf 1956.

Koopmann, Helmut: "Wer nicht schreiben kann, rezensiert"? Zur Literaturkritik des Jungen Deutschland. In: Das Junge Deutschland. Kolloquium zum 150. Jahrestag des Verbots vom 10. Dez. 1835. Düsseldorf 17.-19. Febr. 1986. Hg. von Joseph A. Kruse und Bernd Kortländer. Hamburg 1987. S. 173-192.

Koopmann, Helmut: Das Junge Deutschland. Analyse seines Selbstverständnisses. Stuttgart 1970.

Koopmann, Helmut: Die neue "Schreibart". Zur Zweckliteratur im frühen 19. Jahrhundert. In: Linguistische und literaturwissenschaftliche Analyse von deutschen Gebrauchstexten. Kopenhagen 1977 (Kopenhagener Beiträge zur germanistischen Linguistik 9). S. 146-172.

Koopmann, Helmut: Die Novellistik des Jungen Deutschland. In: Handbuch der deutschen Erzählung. Hg. von Karl Konrad Polheim. Düsseldorf 1981. S. 229-239, 585f.

Koopmann, Helmut: Ein gefährlicher Passagier in Deutschlands Postwägen. Börnes Erzählungen der 20er Jahre. In: "Die Kunst, eine Tochter der Zeit": Neue Studien zu Ludwig Börne. Hg. von Inge Rippmann und Wolfgang Labuhn. Bielefeld 1988. S. 32-50.

Koopmann, Helmut: Freiheitssonne und Revolutionsgewitter. Reflexe der Französischen Revolution im literarischen Deutschland zwischen 1789 und 1840. Tübingen 1989.

Koopmann, Helmut: Karl Immermann und das Junge Deutschland. In: "Widerspruch, du Herr der Welt!": Neue Studien zu Karl Immermann, aus Anlaß des 150. Todestages am 25. Aug. 1990. Hg. von Peter Hasubek. Bielefeld 1990. S. 196-215.

Köster, Udo: Literarischer Radikalismus. Zeitbewußtsein und Geschichtsphilosophie in der Entwicklung vom Jungen Deutschland zur Hegelschen Linken. Frankfurt/M. 1972.

Kruse, Joseph A.: Heine und die Französische Revolution. In: Zeitschrift für Religions- und Geistesgeschichte 41. 1989. S. 325-339.

Kruse, Joseph A./Kortländer, Bernd (Hg.): Das Junge Deutschland. Kolloquium zum 150. Jahrestag des Verbots vom 10. Dez. 1835. Düsseldorf 17.-19. Febr. 1986. Hamburg 1987.

Labuhn, Wolfgang: Literatur und Öffentlichkeit im Vormärz. Das Beispiel Ludwig Börne. Königstein (Taunus) 1980 (Hochschulschriften Literaturwissenschaft 47).

Labuhn, Wolfgang: Ludwig Börne als politischer Publizist 1818-1837. ([Mit] Debatte.) In: Juden im Vormärz und in der Revolution von 1848. Hg. von Walter Grab und Julius H. Schoeps. Stuttgart 1983. S. 29-57, 375f.

Lange, Walter: Heinrich Laubes Aufstieg. Ein deutsches Künstlerleben im papiernen Leipzig. Leipzig 1923.

Leibfried, Erwin: Deutsche Literatursprache vom Jungen Deutschland bis zum Naturalismus. In: Lexikon der Germanistischen Linguistik. Hg. von Hans Peter Althaus u. a. 2., neu bearb. und erw. Aufl. Tübingen 1980. S. 740-746.

Leich, Walther: Heines Kunstphilosophie. In: Zeitschrift für Ästhetik und Allgemeine Kunstwissenschaft 17. 1924. S. 411-415.

Levine, Michael G.: Heine's Ghost Writer. Zum Problem der Selbstzensur im "Schnabelewopski". In: Heine-Jahrbuch 26. 1987. S. 9-28.

Löwenthal, Leo: Das Junge Deutschland - die Vorgeschichte des bürgerlichen Bewußtseins. In: L. L.: Erzählkunst und Gesellschaft. Die Gesellschaftsproblematik in der deutschen Literatur des 19. Jahrhunderts. Neuwied, Berlin 1971. S. 83-108.

Löwith, Karl: Von Hegel zu Nietzsche. Der revolutionäre Bruch im Denken des 19. Jahrhunderts. Zürich 1941, Stuttgart ^{4}1958.

Lukács, Georg: Das Ende der Kunstperiode. In: G. L.: Fortschritt und Reaktion in der deutschen Literatur. Berlin 1947. S. 74-96. Unter dem Titel: Heine und das Ende der Kunstperiode auch in: Geist und Zeit 1. 1956. S. 40-46.

Lukács, Georg: Goethe und seine Zeit. Bern 1947.

Lukács, Georg: Heinrich Heine als nationaler Dichter. Essen 1956.

Maché, Ulrich: Der junge Heine und Goethe. Eine Revision der Auffassung von Heines Verhältnis zu Goethe vor dem Besuch in Weimar (1824). In: Heine-Jahrbuch 4. 1965. S. 42-47.

Maenner, Ludwig: Karl Gutzkow und der deutsche Gedanke. München 1921 (Historische Bibliothek 46).

Magill, C. P.: Young Germany: A Revaluation. In: German Studies Presented to L. A. Willoughby. Oxford 1952. S. 108-119.

Mah, Harold: The French revolution and the problem of German modernity: Hegel, Heine, Marx. In: New German critique 50. 1990. S. 3-20.

Mahrholz, Werner: Julius Mosens Prosa. Ein Beitrag zur Literaturgeschichte der Romantik und des Jungen Deutschland. Weimar 1912 (Forschungen zur neueren Literaturgeschichte 41).

Malthan, Paul: Das Junge Deutschland und das Lustspiel. Heidelberg 1930 (Beiträge zur neueren Literaturgeschichte N. F. 14).

Markwardt, Bruno: Geschichte der deutschen Poetik. 5 Bde. Berlin 1937-67. Bd. 4: Das neunzehnte Jahrhundert. 1959.

Martini, Fritz: Drama und Roman im 19. Jahrhundert. Perspektiven auf ein Thema der Formengeschichte. In: Gestaltprobleme der Dichtung. Hg. von Richard Alewyn u. a. Bonn 1957. S. 207-237.

Martini, Fritz: Spätzeitlichkeit in der Literatur des 19. Jahrhunderts. Überlegungen zu einem Problem der Formengeschichte. In: Stoffe, Formen, Strukturen. Studien zur deutschen Literatur. Hg. von Albert Fuchs und Helmut Motekat. Festschrift für Hans Heinrich Borcherdt. München 1962. S. 440-470.

Mattenklott, Gert: Junges Deutschland und Vormärz in Berlin. In: Berlin zwischen 1789 und 1848. Facetten einer Epoche. Ausstellung der Akademie der Künste vom 30. Aug. bis 1. Nov. 1981. (Katalog-Redaktion: Barbara Volkmann u. a.) Berlin (W) 1981. S. 139-146.

Mayer, Hans (Hg.): Meisterwerke deutscher Literaturkritik. Bd. 2. Berlin (DDR) 1954. Neuausgabe: Deutsche Literaturkritik im 19. Jahrhundert. Von Heine bis Mehring. Frankfurt/M. 1976 (Einleitung S. 13-37).

Mayer, Hans: Karl Immermanns "Epigonen". In: H. M.: Studien zur deutschen Literaturgeschichte. Berlin 1954. S. 123-142 (Neue Beiträge zur Literaturwissenschaft 2).

Mayer, Hans: Literatur der Übergangszeit. Essays. Wiesbaden [o. J.].

Mayrhofer, Otto: Gustav Freytag und das Junge Deutschland. Marburg 1907 (Beiträge zur deutschen Literaturwissenschaft 1).

McConkey, Elizabeth: Karl Gutzkow as Literary Critic, with Special Emphasis on the Period 1852-1862. Diss. Chicago 1940. Chicago 1941.

McInnes, Edward: Zwischen "Wilhelm Meister" und "Die Ritter vom Geist": zur Auseinandersetzung zwischen Bildungsroman und Sozialroman im 19. Jahrhundert. In: DVjs 43. 1969. S. 487-514.

Mehring, Franz: Karl Gutzkow. In: Die Neue Zeit. Wochenschrift der deutschen Sozialdemokratie 29. 1911. Bd. 1. S. 889-895.

Meisner, Heinrich/Schmidt, Erich (Hg.): Briefe an Wolfgang Menzel. Für die Literaturarchiv-Gesellschaft mit einer Einleitung von Richard M. Meyer. Berlin 1908.

Mende, Fritz: Die "Volkwerdung der Revolution". Heinrich Heines Rezeption der Französischen Revolution. In: Weimarer Beiträge 36. 1990. S. 1593-1627.

Mentze, E.: Ungedruckte Briefe und Billette von Ludwig Börne an Jeanette Wohl. In: Euphorion 15. 1908. S. 522-525, 725-738.

Metis, Eduard: Karl Gutzkow als Dramatiker. (Mit Benützung unveröffentlichter Stücke.) Stuttgart 1915 (Breslauer Beiträge zur Literaturgeschichte 48).

Miersemann, Wolfgang: Der junge Karl Gutzkow und sein "Forum der Journal-Literatur". In: Wissenschaftliche Zeitschrift der Humboldt-Universität zu Berlin. Reihe Gesellschaftswissenschaften 36. 1987. S. 555-563.

Möckel, Karl: Der Gedanke der Menschheitsentwickelung im Jungen Deutschland. Diss. Leipzig 1916.

Morawe, Bodo: List und Gegenlist. Heinrich Heine als politischer Schriftsteller. In: Euphorion 82. 1988. S. 281-315.

Mücke, Georg: Heinrich Heines Beziehungen zum Mittelalter. Diss. München 1907. Berlin 1908 (Teildruck).

Muckle, Friedrich: Henri de Saint-Simon. Die Persönlichkeit und ihr Werk. Jena 1908.

Müller, Peter: Beiträge zur Würdigung von Karl Gutzkow als Lustspieldichter. Mit einem einleitenden Teil über ein unbekanntes Tagebuch Gutzkows. Diss. Marburg 1910 (Teildruck).

Nerrlich, Paul: Herr von Treitschke und das junge Deutschland. Berlin 1890.

Nolle, Karl: Heinrich Laube als sozialer und politischer Schriftsteller. Diss. Münster. Bocholt 1914.

Novák, Arne: Menzel, Boerne, Heine a pocákové kritiky mladonemecké. Studie literárne-historická. Prag 1906.

Oesterle, Ingrid und Günter: Der literarische Bürgerkrieg. Gutzkow, Heine, Börne wider Menzel. Polemik nach der Kunstperiode und in der Restauration. In: Demokratisch-revolutionäre Literatur in Deutschland: Vormärz. Hg. von Gert Mattenklott und Klaus R. Scherpe. Kronberg (Taunus) 1975. S. 151-185.

Oesterle, Ingrid: Der "Führungswechsel der Zeithorizonte" in der deutschen Literatur. Korrespondenzen aus Paris, der Hauptstadt der Menschheitsgeschichte, und die Ausbildung der geschichtlichen Zeit "Gegenwart". In: Studien zur Ästhetik und Literaturgeschichte der Kunstperiode. Hg. von Dirk Grathoff. Frankfurt/M., Bern, New York 1985. S. 11-75.

Opitz, Alfred: "Zimmer mit Spiegeln überall". Zur Revolutions-Metaphorik bei Weitzel, Börne, Heine und Büchner. In: Georg Büchner im interkulturellen Dialog. Vorträge des Kolloquiums vom 30.9. bis 1.10.1987 in der Universität Aalbog. Hg. von Klaus Bohnen und Ernst-Ullrich Pinkert. Kopenhagen 1988. S. 72-98.

Pierson, Edgar: Gustav Kühne, sein Lebensbild und Briefwechsel mit Zeitgenossen. Dresden [1889].

Politzer, Heinz: Hamlet, der Rezensent. Zu Ludwig Börnes Shakespeare-Deutung. In: Forum 11. 1964. S. 207-211.

Preisendanz, Wolfgang: Heine, Saint-Simonismus und Kunstautonomie. In: Art social und art industriel. Funktionen der Kunst im Zeitalter des Industrialismus. Hg. von Helmut Pfeiffer (u. a.). München 1987. S. 153-169.

Prinz, Walter: Theodor Mundt als Literarhistoriker. Diss. Halle 1912.

Proelß, Johannes: Das junge Deutschland. Ein Buch deutscher Geistesgeschichte. Stuttgart 1892.

Przygodda, Paul: Heinrich Laubes literarische Frühzeit. Berlin 1910 (Berliner Beiträge zur germanischen und romanischen Philologie 42).

Pustau, Erna v.: Die Stellung der Frau im Leben und im Roman der Jungdeutschen. Diss. Berlin 1928.

Ras, Gerard: Börne und Heine als politische Schriftsteller. Diss. Groningen, Den Haag 1926.

Reich-Ranicki, Marcel: Heinrich Heine, das Genie der Haßliebe. In: M. R.-R.: Über Ruhestörer. Juden in der deutschen Literatur. Erweiterte Neuausgabe. Stuttgart 1989 (1977).

Reich-Ranicki, Marcel: Ludwig Börne oder Bruchstücke einer großen Rebellion. In: Ebd. S. 61-77, 188f.

Reisner, Hanns-Peter: Literatur unter der Zensur. Die politische Lyrik des Vormärz. Stuttgart 1975 (Literaturwissenschaft - Gesellschaftswissenschaft 14).

Richter, Helmut: Das Verhältnis der deutschen Literatur des 19. Jahrhunderts zur Revolution von 1789. In: Weimarer Beiträge 30. 1984. S. 279-304.

Richter, Helmut: Wilhelm Raabe und das Junge Deutschland. Ein Diskussionsbeitrag zum literarhistorischen Standort des Dichters. In: Jahrbuch der Raabe-Gesellschaft. Braunschweig 1988. S. 76-109.

Rieffert, Bernhard: Karl Gutzkows Stellung zur Romantik. Diss. Münster. Borna, Leipzig 1908.

Rippmann, Inge: "... statt eines Weibes Mensch zu sein." Frauenemanzipatorische Ansätze bei jungdeutschen Schriftstellern. In: Das Junge Deutschland. Kolloquium zum 150. Jahrestag des Verbots vom 10. Dez. 1835. Düsseldorf 17. -19. Febr. 1986. Hg. von Joseph A. Kruse und Bernd Kortländer. Hamburg 1987. S. 108-133.

Rippmann, Inge/Labuhn, Wolfgang: Die Kunst, eine Tochter der Zeit: neue Studien zu Ludwig Börne. Bielefeld 1988.

Ritter, Joachim: Hegel und die französische Revolution. Köln, Opladen 1957 (Arbeitsgemeinschaft für Forschung des Landes Nordrhein-Westfalen. Geisteswissenschaften. H. 63).

Rosenberg, Rainer: Jungdeutsche Klassik- und Romantik-Kritik. Die Jungdeutschen als Literaturgeschichtsschreiber. In: Das Junge Deutschland. Kolloquium zum 150. Jahrestag des Verbots vom 10. Dez. 1835. Düsseldorf 17.-19. Febr. 1986. Hg. von Joseph A. Kruse und Bernd Kortländer. Hamburg 1987. S. 51-64.

Rosenberg, Rainer: Literaturverhältnisse im deutschen Vormärz. Berlin (DDR), München 1975.

Royen, Eduard: Die Auffassung der Liebe im jungen Deutschland. Diss. Münster 1928.

Sammons, Jeffrey L.: "Der prosaisch bombastischen Tendenzpoesie hoffentlich den Todesstoß geben". Heine and the political poetry of the "Vormärz". In: J. L. S.: Imagination and history. Selected papers on 19th-century German literature. New York, Bern usw. 1988 (1978). S. 135-147.

Sammons, Jeffrey L.: Six Essays on the Young German Novel. Chapel Hill 1972, [2]1975.

Sammons, Jeffrey L.: Wilhelm Raabe as successor to Young Germany. In: J. L. S.: Imagination and history. Selected papers on 19th-century German literature. New York, Bern usw. 1988 (1978). S. 265-280.

Santkin, Paul: Ludwig Börnes Einfluß auf Heinrich Heine. Diss. Bonn. Betzdorf 1913.

Scherer, Wingolf: Heinrich Heine und der Saint-Simonismus. Diss. Bonn 1949.

Schieder, Theodor: Das Problem der Revolution im 19. Jahrhundert. In: Historische Zeitschrift 170. 1950. S. 233-271.

Schimmig, Wolfgang: Ludwig Börnes Theaterkritik. Emsdetten 1932.

Schneider, Franz: Pressefreiheit und politische Öffentlichkeit. Studien zur politischen Geschichte Deutschlands bis 1848. Neuwied 1966 (Politica. Abhandlungen und Texte zur politischen Wissenschaft. Bd. 24).

Schneider, Manfred: Die kranke schöne Seele der Revolution. Heine, Börne, das "Junge Deutschland", Marx und Engels. Frankfurt/M. 1980.

Schüler, Gerhard: Die Novelle des Jungen Deutschland. Düsseldorf 1940.

Schweizer, Viktor: Ludolf Wienbarg. Beiträge zu einer Jungdeutschen Ästhetik. Leipzig 1897.

Sengle, Friedrich: Biedermeierzeit. Deutsche Literatur im Spannungsfeld zwischen Restauration und Revolution 1815-1848. 3 Bde. Stuttgart 1971-80.

Sengle, Friedrich: Der Romanbegriff in der ersten Hälfte des 19. Jahrhunderts. In: F. S.: Arbeiten zur deutschen Literatur 1750-1850. Stuttgart 1965. S. 175-196.

Sengle, Friedrich: Stilistische Sorglosigkeit und gesellschaftliche Bewährung. Zur Literatur der Biedermeierzeit. In: Ebd. S. 155-174.

Sengle, Friedrich: Voraussetzungen und Erscheinungsformen der deutschen Restaurationsliteratur. In: Ebd. S. 118-154.

Simon, Ernst: Heine und die Romantik. In: Essays. Presented to Leo Baeck on the Occasion of his 80th Birthday. London 1954. S. 127-157.

Srbik, Heinrich Ritter v.: Metternich. Der Staatsmann und der Mensch. Bd. 2. München ^{2}1957.

Stein, Peter: Epochenproblem "Vormärz" (1815-1848). Stuttgart 1974 (Realien zur Literatur. Sammlung Metzler 132).

Steinecke, Hartmut: "Unsre neuste Erfindung, eine productive Kritik": Thesen und Materialien zur Diskussion um Kritik als Literatur bei den Jungdeutschen. In: Literaturkritik - Anspruch und Wirklichkeit: DFG-Symposion 1989. Hg. von Wilfried Barner. Stuttgart 1990. S. 175-184.

Steinecke, Hartmut: "Weltliteratur". Zur Diskussion der Goetheschen "Idee" im Jungen Deutschland. In: Das Junge Deutschland. Kolloquium zum 150. Jahrestag des Verbots vom 10. Dez. 1835. Düsseldorf 17.-19. Febr. 1986. Hg. von Joseph A. Kruse und Bernd Kortländer. Hamburg 1987. S. 155-172.

Steinecke, Hartmut: Das Junge Deutschland. Nachdrucke und Texteditionen 1965-1974. In: Zeitschrift für deutsche Philologie 93. 1974. S. 586-596.

Steinecke, Hartmut: Die "zeitgemäße" Gattung. Neubewertung und Neubestimmung des Romans in der jungdeutschen Kritik. In: Untersuchungen zur Literatur als Geschichte. Festschrift für Benno von Wiese. Hg. von Vincent J. Günther u. a. Berlin 1973. S. 325-346.

Steinecke, Hartmut: Kritik als Literatur? Zur Neuorientierung der Literaturkritik im Jungen Deutschland. In: Festschrift für Friedrich Kienecker. Hg. von Gerd Michels. Heidelberg 1980. S. 247-264.

Steinecke, Hartmut: Literaturkritik des Jungen Deutschland. Entwicklungen - Tendenzen - Texte. Berlin 1982.

Steinecke, Hartmut: Romantheorie und Romankritik in Deutschland. Die Entwicklung des Gattungsverständnisses von der Scott-Rezeption bis zum programmatischen Realismus. 2 Bde. Stuttgart 1975-76.

Stern, Alfred: Geschichte Europas von 1830 bis 1848. Bd. 2 (= Geschichte Europas seit den Verträgen von 1815 bis zum Frankfurter Frieden von 1871. Bd. 5). Stuttgart, Berlin 1911.

Storch, Werner: Die ästhetischen Theorien des jungdeutschen Sturms und Drangs. Diss. Bonn 1926.

Strich, Fritz: Heinrich Heine und die Überwindung der Romantik. In: F. S.: Kunst und Leben. Vorträge und Abhandlungen zur deutschen Literatur. Bern, München 1960. S. 118-138.

Strodtmann, Adolf: H. Heine's Leben und Werke. Bd. 1. Berlin ^{2}1873.

Suhge, Werner: Saint-Simonismus und Junges Deutschland. Das Saint-Simonistische System in der deutschen Literatur der ersten Hälfte des 19. Jahrhunderts. Berlin 1935 (German. Studien 164).

Tatlock, Lynne: The Young Germans in praise of famous women: ambivalent advocates. In: German Life & Letters 39. 1985-86. S. 193-209.

Tymms, Ralph: Cultural Affinities between Berlin and Vienna in the "Vormärz". In: German Life & Letters 4. 1950-51. S. 153-161.

Valentin, Veit: Das Hambacher Nationalfest. Berlin 1932.

Van Hessen, Jozef: Nicolaus Lenau und das Junge Deutschland. Diss. Groningen 1925.

Van Valkenburg, Janet Kay Zacha: Karl Gutzkow and "Wally, die Zweiflerin": A Biographical Revaluation. Diss. University of Illinois at Urbana-Champaign. Ann Arbor 1981.

Wadepuhl, Walter: Heine-Studien. Weimar 1956.

Wagner, Reinhard: Die theoretische Vorarbeit für den Aufstieg des Romans im 19. Jahrhundert. In: Zeitschrift für deutsche Philologie 74. 1955. S. 252-263.

Webber, Mark Joel: The Concept of Organic Growth in Young Germany (Laube, Mundt, Wienbarg). Diss. Yale University 1976. Ann Arbor 1985.

Wegener Bernd: Gutzkows Wally und die Folgen. Anmerkungen zu antisemitischen Elementen in der Literaturkritik des Vormärz. In: Mannheimer Hefte. 1977. S. 51-59.

Wehl, Feodor: Das Junge Deutschland. Hamburg 1886.

Weidl, Erhard: Heinrich Heines Arbeitsweise. Kreativität der Veränderung. Hamburg 1974.

Weiglin, Paul: Gutzkows und Laubes Literaturdramen. Diss. Breslau 1910 (Palaestra 103).

Wellek, René: A History of Modern Criticism: 1750-1950. 4 Bde. New Haven 1955-65; dt.: Geschichte der Literaturkritik 1750-1950. 3 Bde. Berlin, New York 1977-78. Bes. Bd. 2: Das Zeitalter des Übergangs. 1977. Kap. "Das Junge Deutschland". S. 187-191.

Werner, Michael: Das "Augsburgische Prokrustesbett". Heines Berichte aus Paris 1840-1847 und die Zensur. In: Cahier Heine I. Paris 1975. S. 42-65.

Werner, Michael: Der politische Schriftsteller und die (Selbst-)Zensur. Zur Dialektik von Zensur und Selbstzensur in Heines Berichten aus Paris 1840-1844 ("Lutezia"). In: Heine-Jahrbuch 26. 1987. S. 29-53.

Weydt, Günter: Biedermeier und Junges Deutschland. Eine Literatur- und Problemschau. In: DVjs 25. 1951. S. 506- 521.

Wiese, Benno v.: Karl Immermann als Kritiker seiner Zeit. In: B. v. W.: Zwischen Utopie und Wirklichkeit. Studien zur deutschen Literatur. Düsseldorf 1963. S. 163-176. (Auch in: B. v. W.: Der Mensch in der Dichtung. Studien zur deutschen und europäischen Literatur. Düsseldorf 1958. S. 208-220.)

Wiese, Benno v.: Kritik und Überwindung der Romantik in der deutschen Literatur des 19. Jahrhunderts. In: B. v. W.: Der Mensch in der Dichtung. Studien zur deutschen und europäischen Literatur. Düsseldorf 1958. S. 189-207.

Wiese, Benno v.: Zeitkrisis und Biedermeier in Laubes "Das junge Europa" und in Immermanns "Epigonen". In: Dichtung und Volkstum 36. 1935. S. 163-197.

Wildhaber, Arno: Das Bild der Reformation in der jungdeutschen Epoche. Diss. Bern 1936.

Windfuhr, Manfred: Das Junge Deutschland als literarische Opposition. Gruppenmerkmale und Neuansätze. In: Heine-Jahrbuch 22. 1983. S. 47-69.

Windfuhr, Manfred: Der Epigone. Begriff, Phänomen und Bewußtsein. In: Archiv für Begriffsgeschichte 4. 1959. S. 182-209.

Windfuhr, Manfred: Heines Fragment eines Schelmenromans "Aus den Memoiren des Herren von Schnabelewopski". In: Heine-Jahrbuch 6. 1967. S. 21-39.

Windfuhr, Manfred: Heinrich Heines deutsches Publikum (1820-1860). Vom Lieblingsautor des Adels zum Anreger der bürgerlichen Intelligenz. In: Literatur in der sozialen Bewegung: Aufsätze und Forschungsberichte zum 19. Jahrhundert. In Verbindung mit Günter Häntzschel u. a. hg. von Alberto Martino. Tübingen 1977. S. 260-283.

Windfuhr, Manfred: Immermanns erzählerisches Werk. Zur Situation des Romans in der Restaurationszeit. Gießen 1957 (Beiträge zur deutschen Philologie 14).

Windfuhr, Manfred: Zensur und Selbstzensur nach dem Bundestagsbeschluß. Heines "Florentinische Nächte". In: Das Junge Deutschland. Kolloquium zum 150. Jahrestag des Verbots vom 10. Dez. 1835. Düsseldorf 17.-19. Febr. 1986. Hg. von Joseph A. Kruse und Bernd Kortländer. Hamburg 1987. S. 218-237.

Windfuhr, Manfred: Zum Verhältnis von Dichtung und Politik bei Heinrich Heine. In: Heine-Jahrbuch 24. 1985. S. 103-122.

Witte, Bernd (Hg.): Vormärz: Biedermeier, Junges Deutschland, Demokraten 1815-1848. (Glaser, Horst Albert [Hg.]: Deutsche Literatur. Eine Sozialgeschichte. Bd. 6.) Reinbek 1980. Darin bes.: Witte, Bernd: Literaturtheorie, Literaturkritik und Literaturgeschichte. S. 63-82.

Wülfing, Wulf: Junges Deutschland. Texte, Kontexte, Abbildungen, Kommentar. München, Wien 1978.

Wülfing, Wulf: Lästige Gäste? Zur Rolle der Jungdeutschen in der Literaturgeschichte. In: Zeitschrift für deutsche Philologie 91. 1972. Sonderheft. S. 130-149.

Wülfing, Wulf: Reiseberichte im Vormärz. Die Paradigmen Heinrich Heine und Ida Hahn-Hahn. In: Der Reisebericht. Die Entwicklung einer Gattung in der deutschen Literatur. Hg. von Peter J. Brenner. Frankfurt/M. 1989.

Wülfing, Wulf: Schlagworte des Jungen Deutschland. Mit einer Einführung in die Schlagwortforschung. Berlin 1982 (Philologische Studien und Quellen. H. 106).

Wülfing, Wulf: Stil und Zensur. Zur jungdeutschen Rhetorik als einem Versuch von Diskursintegration. In: Das Junge Deutschland. Kolloquium zum 150. Jahrestag des Verbots vom 10. Dez. 1835. Düsseldorf 17.-19. Febr. 1986. Hg. von Joseph A. Kruse und Bernd Kortländer. Hamburg 1987. S. 193-217.

Wunberg, Gotthard/Funke, Rainer: Deutsche Literatur des 19. Jahrhunderts (1830-1895). Erster Bericht: 1960-1975. Bern, Frankfurt/M., Las Vegas 1980 (Jahrbuch für Internationale Germanistik, Reihe C Forschungsberichte. Bd. 1).

Würffel, Stefan Bodo: Der produktive Widerspruch. Heinrich Heines negative Dialektik. Bern 1986.

Wyss, Hilde: Bettina von Arnims Stellung zwischen der Romantik und dem Jungen Deutschland. Bern und Leipzig 1935 (Sprache und Dichtung 60).

Ziegler, Edda: Julius Campe. Der Verleger Heinrich Heines. Hamburg 1976.

Ziegler, Edda: Literarische Zensur in Deutschland 1819-1848. Materialien, Kommentare. München 1983 (Literatur-Kommentare. Bd. 18).

Ziemann, Erich: Heinrich Laube als Theaterkritiker. Diss. Köln 1931. Emsdetten 1934.

Zur Linde, Otto: Heinrich Heine und die deutsche Romantik. Diss. Freiburg 1899.

REGISTER DER PERSONENNAMEN

Arnim, Achim von 2, 24
Bacherer, Gustav 106, 118, 120, 123
Beurmann, Eduard 113
Börne, Ludwig 4-6, 9-12, 20f., 26, 35, 37, 40, 44, 46, 57-62, 64f., 68-72, 74-77, 80f., 84, 93, 96, 109, 112-114, 118, 120, 125f.
Chamisso, Adelbert von 18
Cotta, Johann Friedrich, Freiherr von 24, 99
Demetz, Peter 128
Dietze, Walter 29, 49, 81
Dingelstedt, Franz, Freiherr von 127
Döblin, Alfred 95
Eichendorff, Joseph, Freiherr von 19, 30f., 33
Engels, Friedrich 68, 110, 127
Fichte, Johann Gottlieb 59
Fontane, Theodor 127
Friedrich Wilhelm IV., König von Preußen 7
Friedrich Wilhelm III., König von Preußen 7
Gathy, Franz August 18
Gentz, Friedrich von 24
Glossy, Karl 111, 112, 116
Goethe, Johann Wolfgang von 2, 5, 7f., 13f., 16f., 19, 24-26, 28, 44, 46, 56f., 60-63, 65, 75, 79, 83, 85, 93, 96, 105
Görres, Joseph 19
Grabbe, Christian Dietrich 18
Gross-Hoffinger, Johannes 108
Gutzkow, Karl 2, 4f., 14f., 19, 24, 27f., 31-33, 36, 41, 45f., 60-62, 64f., 67f., 74-79, 81-84, 87, 90f. 94f., 98-107, 109, 111-115, 118f., 121f., 124-128
Hegel, Friedrich Wilhelm Georg 7, 14, 24, 28, 41, 45, 59, 68, 77
Heine, Heinrich 3-7, 9-2, 15f., 18, 20-2, 24-26, 34-37, 39f., 46f., 50f., 53-59, 64-82, 84-90, 93, 96f., 101, 103-105, 109, 113f., 118, 120f., 123, 125-127
Hengstenberg, Ernst Wilhelm 107
Herwegh, Georg 127
Houben, Heinrich Hubert 1, 15, 65, 82, 97, 98
Humboldt, Wilhelm, Freiherr von 18, 19, 24
Immermann, Karl 4, 18, 125
Jahn, Friedrich Ludwig 6
Jean Paul (s. Richter)
Kant, Immanuel 5
Kottenkamp, Fritz 102, 113
Kotzebue, August von 6
Kühne, August 4, 68, 105, 125
Laube, Heinrich 4, 5, 26, 64-68, 73-77, 79, 82, 89f., 92, 98, 101, 103-105, 108-110, 115, 125
Lenau, Nikolaus 18
Lessing, Gotthold Ephraim 5, 10, 13, 55, 59, 63

Lewald, August 67
Löwenthal, Karl 98, 101, 105
Luther, Martin 5, 10, 55, 58f., 61, 63
Marggraff, Hermann 43
Mazzini, Giuseppe 7, 115
Mehring, Franz 127
Menzel, Wolfgang 49, 74, 78, 98-101, 105-107, 110-112, 114f., 118, 120-123
Metternich, Clemens Lothar Wenzel, Fürst 6, 7, 116, 117
Mörike, Eduard 18
Mundt, Theodor 4f., 12, 16f., 26-28, 33f., 36, 38f., 41-47, 52, 67f., 75-80, 85, 89, 93, 95, 97f., 101, 103-105, 109, 113-115, 125
Nicolai, Friedrich 2, 87
Niebuhr, Barthold Georg 18f., 24
Pfizer, Gustav 107
Proelß, Johannes 1
Richter, Jean Paul Friedrich 5, 24, 56, 59f., 62f.
Rohmer, Friedrich 106, 118f., 123
Sand, Karl 6
Schelling, Friedrich Wilhelm Joseph von 59
Schiller, Friedrich von 13, 62, 78, 89, 93f., 117f.
Schlegel, August Wilhelm von 2, 17, 19, 24, 31, 33, 37, 99, 111
Schleiermacher, Friedrich Daniel Ernst 111
Schlesier, Gustav 4, 79
Schücking, Levin 124
Shakespeare, William 30, 35, 59, 82, 86
Spazier, Richard Otto 113
Stifter, Adalbert 95
Tieck, Ludwig 2, 17, 56, 60, 77
Van der Velde, Franz 65
Varnhagen von Ense, Rahel 24
Varnhagen von Ense, Karl August 4, 19, 21, 65, 69, 117
Wienbarg, Ludolf 4, 17, 26, 29, 34, 37, 45, 49, 50-54, 56, 60-68, 78f. 81, 86, 88f., 93, 98, 100-103, 105f., 112-114, 119
Willkomm, Ernst 4, 89, 95
Wohl, Jeanette 69
Zelter, Carl Friedrich 14, 24

REGISTER DER SACHBEGRIFFE

Aufklärung 20, 33, 46, 60, 121
Beschluß der Bundesversammlung 5, 58, 67f., 70, 73f., 79, 84f., 101-103, 106f., 109, 111, 116f., 123
Bewegung 29, 33, 39f., 43, 47, 49, 52f.
Bewegungsparteien 39f., 47
Börne-Kritik 81
Burschenschaften 6, 15
Christentum 11, 31, 40, 56, 70, 101, 106, 112, 115, 122
Emanzipation 9, 23, 25f., 33, 54, 99, 101, 124
Ende der Kunstperiode 17, 27, 86
Einheit 14, 41-43, 47, 115
Februar-Revolution 3
Französische Revolution 20, 25, 31, 54, 64
Frühromantik 2, 5, 11
Geistige Revolution 60, 115
Geschichte 10, 12, 16, 21, 83, 91
Giovine Italia 109, 116
Goethe-Ablehnung 8
Goethe-Kritik 61, 63, 106
Goethe-Zustimmung 8
Goethes Tod VII, 2, 15, 25-27, 58, 86
Hambacher Fest 6, 8
Hamlet 31, 36
Heidentum 11
Jakobiner 12
Jakobinismus 98
Journalstil 93
Julirevolution 5-8, 15, 17, 19, 20-26, 29, 34f., 58f., 65, 100, 125
Junges Europa 7, 116
Kleinform 2, 95
Kritik 28, 34, 35, 39
Kritik, literarische 94, 120, 127
Kritik, stilistische 80
Kunstperiode 2, 7, 9, 25f., 111
L'esprit 85, 111
La jeune France 109
Leben 11, 13, 17, 30, 32, 34f., 43f., 46-49, 51f., 54-57, 62f., 74, 87-90, 93, 95f., 106, 120, 127
Memoiren VII, 83, 90, 91
Mischformen der Literatur 13
Mittelalterenthusiasmus 37
Moderne 8, 10, 13, 28f., 32f., 37f., 92, 95
Moderne Literatur 33, 82, 93, 113, 118
Moderne Lyrik 89
Nationalismus 12, 122
Novelle 2, 82, 90f., 96, 99
Philosophie 10, 12, 33, 39, 43, 46, 60, 64, 82, 88
Prosa 9, 16, 90, 105, 119
Rehabilitation des Fleisches 101, 108
Religion 3, 10-12, 39-41, 43,

47f., 56f., 59, 88, 100f., 103, 108, 118, 122
Religionskritik 86
Republikanismus 86, 101
Restauration 16
Restaurationszeitalter 1, 20, 64
Revolution (s. auch Julirevolution und Februar-Revolution) 5f. 17, 19, 48, 54f., 58, 70, 73, 87, 96f. 117, 127
Revolution, literarische 13, 26, 35, 73, 87, 90, 92, 95f., 111, 115, 129
Revolution, philosophische 60
Revolution, politische 13, 84, 110, 115
Roman VII, 2, 3, 5, 8, 18, 31, 34, 46, 61, 66, 74, 82-84, 90-92, 95f., 100, 102, 106f., 119, 123, 129
Romantik 2, 13, 35, 46, 63f., 93, 127
Romantiker 5, 7, 34, 37, 58
Romantikkritik 63
Saint-Simonismus 47, 122, 108
Schreibart (s. auch Stil) 13, 81, 85, 96
Schreibverbot (s. Beschluß der Bundesversammlung und Verbot)
Sensualismus 48
Sozialkritik 84
Stil (s. auch Schreibart) 9, 13, 31f., 77f., 81, 85, 94, 97, 107, 110f., 114, 121, 124, 127
Tendenzen 1-4, 8, 11, 33, 35, 39, 41-43, 47-49, 55, 64f., 80, 96, 98, 101-104, 115, 127
Tendenzen, antinationale 101, 108
Tendenzen, demokratische 48
Tendenzen, liberale 3
Tendenzen, literarische 91, 111
Tendenzen, nationale 128
Tendenzen, patriotische 8
Tendenzen, unitarische 12, 43-45, 87
Übergangsperiode 8, 27, 29, 34, 49, 53
Übergangszeit 13, 31-36, 38, 64, 107
Verbot (s. auch Beschluß der Bundesversammlung) 3f., 7, 24, 26f., 44, 67, 73f., 84f., 98, 100, 102-105, 107-109, 111, 116f., 126
Volksbewegung 3
Vorbilder 1, 5, 10, 56, 58-61, 63f.
Vormärz 3, 9, 112, 118, 127
Wartburg-Fest 6
Weltliteratur 61, 94
Zeitenwende 31, 86
Zeitgeist 26f., 29, 83
Zeitgeschichte 81
Zeitschriftsteller 5, 8, 10
Zensur 6, 9, 95, 102, 104f. 108